高职高专"十二五"规划精品教材
财经商贸类系列教材

推销实务

Tuixiao Shiwu

主　编　尹正年
副主编　周　蔚

西南财经大学出版社
Southwestern University of Finance & Economics Press

图书在版编目(CIP)数据

推销实务/尹正年主编．—成都:西南财经大学出版社,2010.11
ISBN 978-7-81138-996-8

Ⅰ.①推… Ⅱ.①尹… Ⅲ.①推销—高等学校—教材 Ⅳ.①F713.3

中国版本图书馆 CIP 数据核字(2010)第 210592 号

推销实务

主编:尹正年 副主编:周 蔚

策 划:肖 勋
责任编辑:向小英
助理编辑:王林一 李思齐
封面设计:杨红鹰
责任印制:封俊川

出版发行	西南财经大学出版社(四川省成都市光华村街55号)
网 址	http://www.bookcj.com
电子邮件	bookcj@foxmail.com
邮政编码	610074
电 话	028-87353785 87352368
印 刷	四川森林印务有限责任公司
成品尺寸	185mm×260mm
印 张	14.5
字 数	340 千字
版 次	2010 年 11 月第 1 版
印 次	2010 年 11 月第 1 次印刷
印 数	1—3000 册
书 号	ISBN 978-7-81138-996-8
定 价	28.80 元

高职高专“十二五”规划精品教材财经商贸类系列教材
编　委　会

《推销实务》

主　编

尹正年　四川财经职业学院 副教授 经济师 高级商务策划师

ERP 咨询管理师

主　审

王　瑶　四川财经职业学院工商管理系主任 副教授、经济师

副主编

周　蔚　江苏联合职业技术学院苏州旅游与财经分院

参　编

李晓欣　江苏联合职业技术学院苏州旅游与财经分院

葛　群　东北财经大学职业技术学院

季　宏　浙江嘉兴职业技术学院

余　翔　浙江湖州职业技术学院

编写说明

● **编写目的**

教育部颁发的《关于全面提高高等职业教育教学质量的若干意见》，是为进一步落实《国务院关于大力发展职业教育的决定》的精神，以科学发展观为指导，促进高等职业教育健康发展的纲领性文件。文件中明确地提出了高职教育要“加强教材建设，重点建设好3000种左右国家规划教材，与行业企业共同开发紧密结合生产实际的实训教材，并确保优质教材进课堂”的要求，奠定了高职教育的教材建设方向。对于高等职业教育来讲，教材建设历来是高职院校基本建设任务之一。高质量的教材是实施专业教学方案最主要的工具，是培养高质量的职业人才的基本保证，更是实现高等职业教育培养目标的重要手段。大力发展高等职业教育，培养和造就适应社会生产、建设、管理、服务和技术一线的高技术、应用型人才，需要我们高度重视高等职业教育的教材改革和建设，编写和出版体现高等职业教育特色的优秀教材。本系列教材正是基于这一宏观背景下诞生的。

● **编写思路**

职业教育是就业准备教育、生活准备教育、职业生涯规划教育，即对劳动者的终身教育。为了实现这个目标，我们在这套系列教材中形成了“宽基础、精专业、多岗位”的建设思路，构建了“基础模块、专业模块、拓展模块”，以实现“一年打基础、两年通专业、三年上岗位”的财经商贸类职业人才的培养目标。

“宽基础”是指在专业文化基础课教材的建设中，科学调整课程目标，推进此类教材的改革。在价值取向上坚持专业文化基础是培育学生综合素质的必备课程，避免只为确保就业的技能要求，而冲淡专业文化基础课的教学；在内容上贴近学生，贴近专业、贴近生活，着重培养学生对知识的学习和迁移能力、对问题的分析和解决能力、对职业环境的适应能力以及一定的创新能力。

“精专业”是指在专业教材建设中，从培养学生专业核心能力和职业岗位能力等两个方面入手，将专业基本知识与职业岗位基本要求进行有机整合，既考虑学生的“就业导向”，更关注学生的职业生涯发展。

“多岗位”是指教材是为满足学生就业需要，针对财经商贸类典型职业岗位的基本要求而编写的、具有很强的实战性的实训教材。这部分教材一般具有较为明显的时效性、新颖性和可操作性，在教材内容中即时融入现代职业岗位对新技术、新技能、新方法和新规程的要求，其目的就是把学生引入行。由于学生的就业具有较大的不确定性，所以在实训教材的构建中，选择了“多岗位”的设计来满足学生对不同岗位实训的需求。

采用“宽基础、精专业、多岗位”教材建设模式最大的优点就是可以有效地建构以专业人文素养、专业基础能力、典型职业岗位能力为主线的教材体系，使受教学生基础厚、专业强、就业好。

●**编写特点**

1. 加大实训教材开发力度

实训教材是站在专业的最前沿，紧密结合职业要求，与生产实际紧密相连，与相关专业的市场接轨，突出专业特色，渗透职业素质培养内容的载体。为了更好地体现高职教育特色，在本系列教材中我们加大了实训教材的开发力度。采取的主要方法是：对财经商贸类公共文化基础教材，采取加大练习和训练的方式来提升学生对知识的掌握程度；对专业性、实务性较强的课程，采取分步练习、强化训练、综合实训等方式进行学习，使学生既有较为扎实的专业理论基础，又有熟练的操作技能。

2. 组建“双师型”编者团队

在这套系列教材建设中，为了更好地实现加大实训教材开发、完善的目的，我们一方面增加了“双师型”编者的比例，另一方面采取邀请财经战线的一线技术专家审稿的措施，较好地体现了教材的实用性、先进性和技术性。在强调“双师型”作者比例的同时，我们还特别注意挑选一些具有一定教学经验、懂得教学规律、文字功底深厚的编写者，以保证教材的编写质量。

3. 方便教学的系统性设计

本系列教材在选题上强调系统性和配套性，选编教材绝大多数是财经商贸类专业的常用教材。在这批教材中，除了在主辅教材的配备上考虑了教学的实用性，更为教师的教学提供了很多附加资源。如教学课件（PPT）、相关制度及政策参考资料、练习的参考答案等，为教师在备课、授课、辅导等方面提供了诸多方便。

随着高等职业教育日益发展、壮大，高职教育教学改革必将结出丰硕的成果。我们将在教材的建设过程中不断汲取高职高专教学改革成果的精华，使教材能更好地服务于教学，向学生传递先进的、科学的职业知识。

值此系列教材出版之际，我们要特别感谢西南财经大学出版社的冯建、曾召友、肖勋等同志的全力支持和热情扶持，感谢出版社各位编校同志为教材的顺利出版所付出的辛勤劳动，感谢他们对财经高职教育教材建设作出的重要贡献。

高职高专财经商贸类教材建设是一个漫长的过程，我们才刚刚起步。在我们的教材中必定存在诸多不当和错误之处，恳请读者不吝赐教，以使本系列教材不断完善和提高。

高职高专“十二五”规划精品教材
财经商贸类系列教材编委会
2010 年 9 月

前 言

我国经济在世界经济格局中的快速崛起，使得市场营销环境也发生了重大的变化，特别是外国公司不断地进入中国市场，企业对推销人员的素质要求也越来越高。这对于推销人员来讲，既是机会，又是挑战。高等职业教育就是要打造以就业为导向的应用型推销人才。如何培养出能取得优秀销售业绩的推销人才，是摆在我们高职高专院校教学中的一项重要课题。要培养出一流的推销人员，除了要有优秀的教师外，还要有好的教材。为了培养学生的推销能力，让学生在走出校门后，能尽快地适应新形势、新的市场环境对推销工作者的要求，我们编写了这本《推销实务》教材。

教材目标定位

1. 突出推销活动的全部工作流程；
2. 主要宗旨是为初学者讲述有关推销的基本原理和基本方法；
3. 着重培养推销岗位人员应具备的综合推销技能与素质。

教材编写特色

1. 全面性。本教材不仅讲解了作为一名推销人员所应具备的素质，而且还向学生讲明了怎样开展推销前的准备工作，然后去寻找目标顾客、约见与接近顾客、推销洽谈、处理顾客异议、促成交易与签订合同、加强对顾客的管理，最后回收货款，这就是推销的全部过程。学完本教材的内容，也就完成了一次推销任务。

2. 实用性。本教材配有大量的案例资料和情景资料，让学生感受推销环境，找到正确解决推销过程中可能遇到的一些问题的处理方法和技巧。在仿真的推销环境中，学习作为一名优秀推销人员所应具备的推销技巧和能力。学生还可结合案例资料和情景资料，模仿对应的操作范例，迅速掌握推销工作的基本方法。

3. 新颖性。本教材增加了知识拓展和许多走在推销前列的一些推销故事，并适当编写了世界级推销大师在推销生涯中积累起来的经验和心得体会。教材内容始终突出职业教育的特点，即“就业为导向，能力为根本”，力图培养学生的推销技能。

教材内容体系与分工

本教材由四川财经职业学院副教授、经济师、ERP 咨询管理师和高级商务策划师尹正年老师任主编，并承担了全书的总纂与修改。江苏联合职业技术学院苏州旅游与财经分院的周蔚老师任副主编。

参加编写的人员和分工如下：尹正年（第六章的全部内容和第七

章第一、三节全部内容、第二节大部分内容)；浙江湖州职业技术学院的余翔老师（第七章第二节的小部分内容)；江苏联合职业技术学院苏州旅游与财经分院的周蔚老师（第三章和第五章的全部内容)、李晓欣老师（第一章和第四章的全部内容)；东北财经大学职业技术学院的葛群老师（第二章的全部内容)；浙江嘉兴职业技术学院的季宏老师（第八章的全部内容)。

教材特色板块

1. 走进推销。每章的开始都为学生提供一些围绕着本章内容所需的推销素材，以激发学生的学习兴趣，让学生去讨论，让学生在仿真的推销环境中去学习每课新的推销知识点。

2. 知识链接。主要是用一些推销素材对某些推销观点、推销原理或方法做进一步解释和说明，这有助于提高学生对推销知识的感性认识，帮助学生理解推销知识点。

3. 内容模块和小结模块。为了方便对每章内容的概括和总结，我们为教师和学生提供了每章内容的模块图、每章的重点和难点，使各知识点的脉络更为清晰。

4. 本章思考题。根据每章的重点和难点内容，为学生提供了一些课后思考题，帮助学生更好地理解推销知识，并为将来的推销工作做好推销知识储备。

教材适用对象

本教材适合高职高专学院、专科学院营销类各专业学生作为专业基础课必修教材或非营销类专业选修课教材的使用，也可供从事实际推销工作的人员阅读与参考，并可作为企业推销人员的培训教材或参考书。

在编写这本教材的过程中，我们到了连锁超市、商场去做实地考察。我们还特别邀请拥有丰富教学经验的四川财经职业学院工商管理系主任王瑶老师对全书进行了审稿。

本教材在编写过程中也参考引用了国内外有关的论著和资料，吸收了部分专家、学者的观点或成果，作者已尽可能地在参考文献中列出，在此表示感谢。由于时间仓促，不足之处，敬请读者指正。

尹正年

2010 年 8 月

目 录

目 录

第一章
推销职业概述

◆ **学习目的和要求**

美国人说，美国的繁荣是由推销员推出来的。过去如此，现在如此，将来依然如此。世界著名管理学家杜拉克曾经预言，在2020年前，美国大约有80%的企业将聘请曾经当过推销员的人担任公司总经理等重要岗位。其实，海内外企业领袖、创业精英几乎都有过从事推销工作的经历。21世纪的中国处于市场经济飞速发展的过程中，迫切需要像造就卓越企业家一样培养一大批精明能干的推销员。社会的不断进步和沟通交往的日益增加，促进了推销事业的繁荣发展和对推销艺术的锐意探求。通过本章的教学应使学生掌握以下几个方面的内容：

1. 掌握推销的概念与特点；
2. 理解推销的三个基本要素；
3. 理解推销的作用；
4. 了解推销观念、推销职业特性；
5. 熟悉推销礼仪的具体要求。

走进推销

华人首富李嘉诚的推销之路

李嘉诚先生是华人当中名副其实的首富，但其创业初期有过一段不寻常的推销经历。他出生于广东潮安县一个书香门第，但父亲的早逝，给李嘉诚留下了沉重的家庭重担和债务。11岁的李嘉诚在读完两年小学后便辍学，在他舅舅的南洋钟表公司做杂工。14岁时李嘉诚凭着毅力、韧性和真诚在港岛西营盘的春茗茶楼找到一份工作。期间，李嘉诚在努力干好每一件事的同时，给自己定了两门必修功课：一是时时处处揣测茶客的籍贯、年龄、性格、职业、财富等，以便找机会验证；二是揣摩顾客的消费心理，既待人真诚又投其所好，让顾客在高兴之余掏腰包。这样下来，李嘉诚对顾客的消费需求和习惯了如指掌，如谁爱吃干蒸烧卖，谁爱吃虾饺，谁爱吃肠粉加辣椒，谁爱喝红茶绿茶，什么时候上什么茶点，其心中都有一本账。后来，李嘉诚到一家五金厂做推销员，每天第一个来到厂里，挑着铁桶沿街推销。靠着一双铁脚板，他走遍了香港的每个角落，从不放弃每一笔可做的生意。就这样凭着坚韧不拔的毅力，其建立了销售网络，赢得了顾客的信任，也深受老板器重。再后来，因为塑胶业的蒸蒸日上，李嘉诚开始推销塑胶产品。因为他肯动脑筋，又很勤奋，在塑胶产品推销过程中大显身手，业绩突出，20 岁便被提升为业务经理，而且也使其淘得了人生的第一桶"金"，同时也练就了企业家的才能，为日后进军塑胶业和构建其庞大的企业帝国打下了坚实的基础。

原来家里一贫如洗，连小学学历都没有的李嘉诚，如何成为日后的华人首富呢？他是如何起步的呢？这里面要回答的问题很多。透过李嘉诚先生创业的艰辛历程，我们既可以了解李嘉诚先生非凡的智慧，也可以领悟到不同时代不同人的成功之道。但李嘉诚与许许多多成功人士的共同特点之一就是——靠推销起家，靠推销技艺这个无形资产白手起家。

然而，怎样起步，是白手创业者最艰难的历程。在没有资金，没有背景，没有任何社会资源的情况下，你除了理想简直一无所有。你不得不在黑暗中到处摸索，这是最险恶的一道关，你必须倾尽全力越过。记住：没有有形资产，必须有许多的无形资产。推销技巧便是这许许多多无形资产中最易找到，又最易学习掌握，最容易让人起步，又最使人一世受益的无价瑰宝。

（资料来源：豆丁网，http：//www. docin. com/p－4263041. html，经本书作者整理。）

问题讨论：

1. 为什么说许多成功人士能靠推销起家？
2. 李嘉诚具备优秀推销员的哪些素质和能力？

第一节　推销概述

推销的历史十分悠久，当人类社会第一次出现商品这个概念时，推销就应运而生了，它与商品同呼吸、共命运。可以这样说，推销伴随着商品的产生而产生，并伴随着商品的发展而发展，商品生产越发达，推销就越为重要。随着商品经济和科学技术的不断发展以及社会的不断进步，推销活动又被注入新的内容和方式，焕发出新的生机与活力。所以说，推销是一个既古老又年轻的概念。

推销既是一门科学也是一种艺术。一位美国管理专家评论道："中国人学会外国人的生产技术并不难，但学会外国人的推销技术则比较难。"原因在于：我国一些推销人员从未从科学的角度看待推销。推销是一门科学，提高推销业绩，需要推销员扎扎实实地掌握科学的推销原则和方法。推销是一门艺术，它要求推销员灵活地运用推销的原则和方法，灵活掌握推销的技巧。

一、推销的概念与特点

（一）推销的概念

推销可以从广义和狭义的角度来理解。

从广义的角度来看，推销泛指人们在社会生活中，通过一定的渠道进行信息传递，把自己的意愿、观念、思想等传递给对方并使对方接受和采纳，从而达到使双方都满意的效果。在我们的日常生活中处处充满着推销，如销售人员（包括推销员、营业员及其他人员）向顾客推销产品；教师向学生推销知识、观点和思想；领导向下属和员工推销其主张、观念、思想；孩子向父母推销其愿望与要求；演员向观众推销艺术；等等。因此，我们说现实生活中人人都是推销员。

从狭义的角度来看，推销是指营销组合中的人员推销，即推销人员直接与潜在顾客进行接触、沟通、洽谈，介绍商品，促使其采取购买行为的活动。本书主要阐述的是狭义的推销。

在现实生活中，有些人认为推销就是想方设法卖出商品，赚取利润，把产品销售出去就是推销的唯一目标，这种观点是对推销的错误理解。正确理解推销的含义应注意以下几个方面的问题：

(1) 推销是发掘和满足顾客的需求，帮助和说服顾客购买。推销的目标是双重的，既要售出产品，又必须满足顾客的需要。推销是卖和买的统一，没有顾客的“买”，也就不可能有推销员的“卖”。所以，推销员要将产品推销出去，就必须了解顾客现实和潜在的需要，刺激顾客的需求欲望，促使顾客自觉购买。美国施乐公司推销专家兰迪克说：“明确顾客的真实需求，并说明产品或服务如何满足这一需求，是改善推销，将推销成绩由平均水平提高到较高水平的关键。”

(2) 推销是一种“双赢”的公平交易活动。推销人员和推销对象是推销活动的两个重要方面，都有各自特定的利益和目的。要想使生意做得好，就要使买卖双方都满意。如果单从任何一方出发考虑问题，生意都不可能成交。推销员要想获得利润，就必须从顾客的利益出发，使顾客从购买产品中获得利益。正所谓“买者欢喜，卖者得意”。

(3) 在推销过程中，推销人员要运用一定的方法和技巧。推销是科学、是艺术，同时也是一种技能。推销人员在推销过程中必须掌握推销的基本原理和基本技能，在此基础上发挥个人的主观能动性，灵活运用各种推销方法和技巧，才能有效达成交易。

（二）推销的特点

推销是一项专门的技术，需要推销人员巧妙地融知识、天赋和技能于一身，它对推销人员的悟性有较高要求。无论是何种推销方式，在推销的过程中都必须灵活地运用，才能较好地达到预期效果。概括起来，推销主要有以下几项特点：

1. 推销对象的特定性

推销活动首要解决的问题是：谁是本公司产品的潜在顾客？谁需要购买本公司的产品？在明确了推销对象之后，再有针对性地向推销对象传递信息并进行说服。因此，推销总是有特定对象的。任何一位推销员的任何一次推销活动，都不是盲目的，都具有这种特定性。推销人员不可能漫无边际或毫无目的地寻找顾客，也不可能随意地向毫不相干的人推销商品；否则，推销就成为毫无意义的活动。

2. 推销方式的灵活性

虽然推销的对象具有特定性，但影响市场环境和推销对象需求的不确定因素很多，环境与需求的变化是不可控的，只有推销员自身是可控的。因此，推销人员在进行推销活动时，必须适应这种多变性，灵活运用推销原理和技巧，恰当地调整推销策略和方法。因地制宜、灵活机动的战略战术，是推销活动的一个重要特征。

3. 信息沟通的双向性

推销活动并不只是由推销员向推销对象传递信息的单向过程，而是传递与反馈的双向沟通过程。推销人员在向顾客提供有关产品、企业及售后服务等方面的信息的同时，还必须随时观察顾客的反应，调查了解顾客对企业产品的意见与要求，及时听取顾客的意见和建议，并且将顾客的意见与建议及时反馈给企业。在实际工作中，推销人员反馈的市场信息常常是企业领导做出正确经营决策的重要依据。因此，推销是一个信息双向沟通的过程，推销人员不仅是企业信息的发布者，也是市场信息的反馈者。

4. 买卖双方的互利性

传统推销观念认为，推销就是为了卖出商品，不在乎顾客的需求是否得到真正意义上的满足。事实上，推销的目的首先应该是满足顾客的需求，解决顾客的问题，让顾客获利；其次才是企业卖出了商品，实现了盈利。成功的推销需要买卖双方都有积极性，其结果应该是也必须是“双赢”。不仅推销的一方卖出了商品、实现了盈利，而且顾客也满足了需求。另外，推销员与顾客之间长期、友好、忠诚的合作关系，更是作为推销员应该着力建设和追求的，只有编织出一张企业与顾客和谐共赢的关系网络，推销员的推销事业才能有所发展。

5. 推销手段的说服性

推销的对象是人，而不同的人有不同的心理活动，因此，说服是推销的重要手段，也是推销活动的核心环节。为了赢得顾客对推销人员和推销产品的信任，进而使顾客愿意接受所推销的产品，推销人员必须周到、耐心地向顾客介绍商品的特点和优点，说服顾客接受推销人员的观点及所推销的商品或劳务。

6. 推销过程的服务性

推销不只是简单地销售出产品。在推销活动中，从一开始推销人员就必须提供优质的服务，这个服务是贯穿整个推销过程的。例如售前服务（提供贵宾待遇、提供舒适的购物环境等）；售中服务（产品说明、提供样品试用等）；售后服务（维修、以旧换新、退货等）；还有免费送货上门、分期付款和其他交易条件等。亚洲著名培训师林伟贤先生曾问世界销售大王乔·吉拉德：“服务这个词怎么拼写”时，乔·吉拉德回答说：“推销就是服务!”

7. 推销的高成本性

与其他促销方式相比，人员推销的成本高很多。特别是目标市场比较分散时，推销成本更高。一般来说，单位价值高、技术性较强的商品，或是销售对象明显集中、一次成交量较大的商品，适于采用人员推销的方式。推销费用主要包括推销人员的交通、住宿、业务交往等各项费用及工资。据资料显示，西方许多大公司的推销费用支出往往是销售费用中最大的一笔支出，约占销售额的8%～15%，而广告费用不过占销售额的1%～3%。因此，并不是任何产品、在任何情况下，都可以采用推销手段的。

二、推销的基本要素

推销要素是指使商品推销活动得以实现的一系列互相影响、互相作用的因素。这些因素主要包括三个方面（见图1－1），即推销人员（推销主体）、推销品（推销客体）和顾客（推销对象）。这三个要素在整个推销过程中互相依存、互相关联、互相作用。推销人员要通过各种方法和技巧，对顾客施加影响，顾客要通过识记、认知、感知，理解推销人员的这种影响力。推销人员为推销主体，其影响力大小，不仅表现在其他主观因素是否努力，还必须依赖推销品这一因素才能表现出来。比如，一个口齿伶俐、能说会道的推销员有天大的本领，也很难把质次价高、不为顾客所需要的伪劣商品推销出去。因此，推销人员应努力协调好三者之间的关系，保证推销目标的实现。

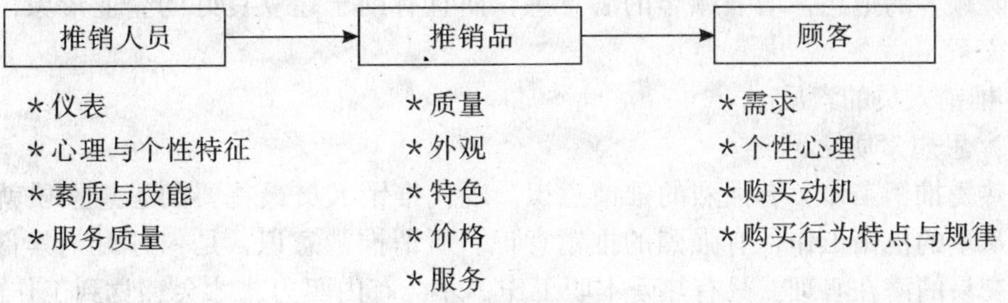

图 1-1　推销基本要素

（一）推销人员

推销人员是指主动向推销对象销售商品的推销主体，是商品推销活动得以实现的关键，在推销要素中居于首要位置。这里所指的推销人员，是专门从事商业性推销工作的专业推销人员。

1. 推销人员的职责

（1）销售企业产品

推销人员最基本的职责是销售产品。推销人员通过推销活动，运用恰当的推销技术和手段，利用人员推销的交际艺术，说明新产品的构造、特性、功能、使用和维修方法，消除顾客的疑虑，直接销售产品。推销人员的任务就是针对顾客的需求，唤起顾客的购买兴趣，刺激顾客的购买欲望，帮助顾客满足需要，促进成交。

（2）建立企业形象

在顾客面前，推销员就代表企业。通过推销过程中的个人行为，使顾客对企业产生信赖与好感，并促使这种信赖和好感向市场扩散，从而为企业赢得广泛的声誉，树立良好的形象。

（3）反馈市场信息

推销人员不仅要将有关商品、企业的信息传递给顾客，而且要将消费者需求、购买状况、市场供求关系的现状及变化趋势、同类产品竞争状况、产品经营状况等信息反馈给企业。推销人员是企业通往市场的桥梁，他们直接与市场、消费者接触，能及时、准确地捕捉信息，他们的活动是企业收集信息的重要途径，是企业情报的主要来源之一。

（4）与顾客建立联系

商品出售后，推销人员还要运用各种管理手段和人际关系与顾客建立长期、稳固的联系，定期与顾客接触，了解他们对产品使用情况的满意程度，以便培养顾客对企业的忠诚度，扩大企业产品的市场份额。

（5）提供服务

推销人员应做好推销前、推销过程中以及推销后的服务。在激烈的市场上，服务往往成为销售成功与否的关键因素。推销前的服务通常包括：帮助顾客确认需求或要解决的问题、为顾客提供尽可能多的选择、为顾客的购买决策提供必要的咨询等。这些工作为成交奠定了基础。推销过程中的服务主要包括为顾客提供运输、保管、装卸以及融资、保险，办理各种手续方面的帮助。这些能为顾客带来额外利益的服务项目，常常成为决定成交的主要因素。售后的服务一般包括：产品的安装、调试、维修、保养、人员培训、技术咨询、零配件的供应以及各种保证或许诺的兑现等。这些服务不仅能消除顾客的抱怨，增强顾客的满意感，而且有助于建立良好的企业形象，巩固与顾客的关系。

2. 推销人员的素质

（1）思想素质

①热爱推销工作，有强烈的推销意识。现代推销人员最首要的思想素质就是热爱自己所从事的推销工作，有强烈的推销意识。所谓推销意识，是一种时刻具备的强烈的达成交易的潜在心理。只有热爱本职工作，才会有内驱力，才会感觉到工作的意义，才会用饱满的热情感染顾客。一位专家说，"所有优秀的推销员都有一个共同点：有成为杰出之士的无尽动力。"这种强烈的内在动力可以通过锤炼和磨炼形成，但却不是能教会的。日本企业界曾经做过调查，得出这样的结论：成绩差的推销员都是因为不爱自己的职业，或不爱自己的企业或不爱自己所推销的商品，总之是因为缺乏内在动力而造成的；成绩好的推销员都有一个共同的特点，即爱企业、爱工作、爱推销的商品。《哈佛商业评论》杂志将最优秀推销员的素质精炼成两条：能够设身处地地感受到顾客的感受；自发地促成交易的强烈愿望与信心。

②高度的工作责任感。推销工作是一项崇高的职业，推销员是企业利润的实现者，是顾客的良师益友，是企业的形象代表。推销人员必须具有高度的责任感，才能想方设法为顾客排忧解难，千方百计完成销售任务；才能在推销活动中处处维护企业的形象，与顾客保持融洽、良好的关系，不会因个人利益而损害顾客利益。只有具备高度的责任感，才能正确处理好社会、企业与顾客的关系。在当今市场条件下，商品供应充足，卖者之间竞争激烈，推销员要想赢得顾客，不仅要向顾客提供满意的产品，而且必须切实树立为顾客服务的思想，视顾客为"衣食父母"，在行动上要设身处地为顾客着想。因此，推销人员必须有一种强烈的责任心，才能做好推销工作。

③良好的道德品质。推销活动是一项塑造形象、建立声誉的崇高事业。它要求从业人员必须具有优秀的道德品质，诚实严谨、恪尽职守的态度和廉洁奉公、公道正派的作风。良好的道德素养是现代企业推销人员必备的一个基本条件。推销员良好的道德品质主要体现在两个方面：一是对企业的忠诚，二是对顾客的诚实。诚实对于企业的销售来说无疑是非常关键的，诚实应当包括：真实地反映情况、不歪曲事实、能够及时地察觉问题的真相等。这些都属于诚实的范畴。许多企业都将这一条作为优秀销售人员的首要要素。

推销人员首先要忠诚于国家和企业的利益，避免私下交易或出卖国家、企业的利益。即使离职去别的企业或自己创业，也不能故意损害原来企业的利益。推销员多是单独行动，经常在一种无人管束的状态下工作，又多与钱财打交道，因此，推销员必须有良好的职业道德，有自我约束力，决不能干一些出卖企业利益的事；否则，个人收入再多，推销手段再高明，也只能算是一个贪婪的推销员。

从顾客的角度来看，绝大多数顾客认为诚实是销售人员的根本要素，对于顾客来说诚实的概念应当解释为"真诚、实在"更为贴切。这就要求销售人员不光在外表上体现实在，在内涵上也要体现真诚实在，并将此作为重要的追求目标。现代推销是说服推销而不是欺骗推销。因此，推销的第一原则就是诚实。乔·吉拉德指出，诚实是推销之本。只有以真诚的态度与顾客接触，才能使顾客对推销员产生信赖。诚实也是赢得顾客好感的最好方法，顾客都希望自己的购买决策是正确的，希望从交易中得到好处和利益，害怕蒙受损失，当顾客觉察到推销员说谎、故弄玄虚时，出于对自己利益的保护，就会对交易活动产生戒心，结果可能使推销员失去生意。推销员要做到诚实必须注意：

第一，介绍产品实事求是，切忌夸大其辞或片面宣传。

第二，遵守诺言。推销员常常通过向顾客许诺来打消顾客的顾虑。如许诺承担质量风险，保证商品优质，保证赔偿顾客的损失；答应在购买时间、数量、价格、交货期、服务等方面给顾客提供优惠。推销员一旦许下诺言，就要不折不扣地实现诺言。为了赢得交易的成功而胡乱许诺，其结果必定是失去客户信赖。

④百折不挠的进取精神。推销活动以人为工作对象，而人的心理和需求又是复杂多变的，这就使得推销工作具有很大的难度。加之，相对于企业的其他工作来说，推销是一种相对比较自主和自由的职业，推销人员可以自主选择推销对象，自由地开展推销活动，所以受到的约束最少，全靠自己的自觉性。因此，推销工作需要推销人员具备百折不挠的进取精神和坚韧不拔的毅力。在现实生活中，为什么条件基本相同的推销员，有些人业绩平平，而有些人却出类拔萃？这与推销员的个人努力和进取精神有很大关系。在推销活动中，只要有1%的成功可能性就要用100%的行动去争取，这就是百折不挠的精神在推销活动中的体现。

（2）文化素质

推销工作是一项极富挑战性的工作，推销人员除了具备过硬的思想素质外，还要具有较宽广的知识结构和文化素质。推销员需要接触众多的顾客，而顾客的心态和想法各不相同，在推销活动中，推销员必须在较短的时间内迅速做出判断和分析，从而确定推销的方式和技巧。推销员具备的文化知识越丰富，推销成功的可能性就越大。推销员的文化素质，主要表现在以下几方面的知识掌握上：

①企业方面的知识。掌握企业知识，一方面是为了满足顾客这方面的要求，另一方面是为了使推销活动体现企业的方针政策，达成企业的整体目标。

第一，企业的历史。推销员应掌握企业的创建时期、发展历程、经营指导思想、经营方针和策略、企业发展的背景知识以及发展过程中的名人轶事等。掌握这些知识不但可以使推销员在与顾客交谈时，显得知识渊博，有利于提高推销员自身的形象，而且让顾客在了解产品的同时，也了解了企业，增强顾客对企业和产品的信心。

第二，企业的规模和生产能力。推销员要熟悉企业的规模和生产能力的大小。企业规模的大小可以通过以下指标反映：企业的市场占有率；企业原材料的运用；日产量和年产量；企业员工人数；工厂、办公室的规模、数量。

第三，企业的财务状况。推销员在与顾客签订合同、顾客支付产品预付款的时候，要了解企业的资产和负债状况，熟悉财务状况有助于交易活动的成功。

第四，企业的组织机构和领导层。推销员应了解企业的组织构架，熟悉与销售有关的部门和人员，了解企业领导层的职务、姓名、行业地位等。

第五，企业的规章制度。推销员要熟悉企业的各项规章制度和政策，如企业的价格政策、赊销规定、服务措施等。

②产品方面的知识。推销员不是技术专家，也不是产品开发设计人员，不可能透彻了解有关产品的全部知识。推销员掌握产品知识的最低标准是顾客想了解什么、想

知道多少。顾客在采取购买行动之前，总是要设法了解产品的特征，以减少购买的风险。通常，越是技术上比较复杂、价值或价格高的产品，顾客要了解的产品知识就越多。掌握产品知识，是为了更好地了解自己的推销客体，更好地向用户介绍产品，从而增强自己的推销信心和顾客的购买信心。

推销员应掌握的产品知识包括以下内容：

第一，产品的生产制作流程与方法。了解产品的工艺流程、生产工序、所用材料、质量控制方法等。如果顾客因价格或发货时间提出异议时，推销员就能用所熟悉的产品生产流程解释其原因。例如，价格略高一些，是因为比同类产品多了哪些工序或特殊处理等。

第二，产品的技术性能。其包括产品使用的原材料；推销品的性能数据（尤其是推销工业用品时）；产品规格、型号、外观；产品用途、特色；产品寿命等。

第三，产品的使用和维修方面的知识。许多商品在推销过程中，顾客往往需要推销员进行示范操作，推销员必须掌握商品的操作步骤和方法，另外对一般性的技术问题应能及时排除。

③市场方面的知识。市场是企业和推销员的基本舞台，了解市场运行的基本原理和市场营销活动的方法，是推销获得成功的重要条件。推销员掌握的市场知识应当是非常广泛的，但并不要求推销员对这些学科知识要有很深的掌握，只要求对一些基本的常识要有所了解。这些学科知识包括市场营销学、市场调查与预测、经济学、金融学、经济法、企业管理、广告学等，尤其要懂得市场知识，掌握市场调查、预测、商务谈判和推销的技巧。

④顾客方面的知识。推销员需要掌握的顾客方面的知识主要是购买心理和购买行为方面的知识。因此，应掌握消费心理学、公共关系学、人际关系学以及社会学等方面的知识，以便能科学地分析顾客的购买心理和行为，并选择恰当的推销策略和技巧。

⑤竞争方面的知识。要成功地进行推销活动，推销员还必须了解同行业竞争对手和竞争产品的情况，知己知彼，才能百战不殆。推销员需要了解的竞争方面的信息包括：整个行业的产品供求状况；企业所处的竞争地位；竞争企业的市场策略、目标市场、生产规模；竞争产品的特色、价格、服务、付款方式等。竞争情况掌握得越清楚，推销员在推销活动中就越主动和自信，推销成功的可能性就越大。

（3）心理素质

心理素质渗透在人们的各种活动中，影响着人们的行为方式和活动质量。从推销的角度讲，心理素质是指推销人员在推销过程中应具备的心理品质。推销员成天与人打交道，要经受无数次的挫折与打击，要应付形形色色的推销对象，因此必须加强心理训练，培养正确的推销态度和心理品质。美国有关研究机构的抽样调查表明，销售业绩优秀的人群与销售业绩一般的人群之间的平均智商值是基本相当的，而反差最大的是心理素质，即销售业绩优秀人群的心理素质大大高于销售业绩一般的人群。可见，导致销售业绩好的主要原因并不是头脑聪明，而是良好的心理素质。良好的心理素质是指有很强的抵抗挫折的能力，遇到困难与失败时，能保持情绪稳定，能以高昂的精神状态去面对环境的压力。

良好的心理素质是对推销员的第一要求。推销是最容易遭遇挫折的职业，推销员经常会被冷落，会遭到拒绝、嘲讽、挖苦、打击，也常常失败，每一次挫折都可能导致情绪的低落，自我形象的萎靡或意志的消沉，最终影响业务的拓展，或者甚至想要退出竞争。因此，在市场竞争激烈的环境中，推销人员若没有良好的心理素质，无论其他各方面的条件多么好，也难以完成销售任务。

推销人员应具备的心理素质包括以下内容：

①信心。乔·吉拉德说："信心是推销员胜利的法宝。"自信是推销成功的第一秘诀，相信自己能够取得成功，这是推销员取得成功的绝对条件。推销员的信心，就是推销员在从事推销活动时，坚信自己能够取得推销成功的心理状态。信心是人办事的动力，信心是一种力量。每天工作开始的时候，都要鼓励自己，我是最优秀的！我是最棒的！信心会使你更有活力。要相信公司，相信公司提供给消费者的是最优秀的产品，要相信自己所销售的产品是同类中的最优秀的，相信公司为你提供了能够实现自己价值的机会，相信你是能够做好自己的销售工作的。要能够看到公司和自己产品的优势，并把这些熟记于心，要和对手竞争，就要有自己的优势，就要用一种必胜的信念去面对顾客。

②诚心。凡事要有诚心，心态是决定一个人做事能否成功的基本因素。作为一个推销人员，必须抱着一颗真诚的心，诚恳地对待客户，对待同事，只有这样，别人才会尊重你，把你当作朋友。推销员是公司形象和企业素质的体现，是连接企业与社会、消费者和经销商的枢纽，推销员的言行举止直接关系到公司的形象。无论你从事哪方面的业务都要用一颗真挚的心去面对你的客户、你的同事、你的朋友。待人以诚，可以获得他人的信赖和爱心，他们会帮助你获得事业的成功。

③爱心。乔·吉拉德说："只要你能真心实意地爱你的顾客，他们就不会让你失望。"在推销的时候，只要你有足够的爱心，就可以成为全世界最有影响力的人。热爱生活，热爱社会，热爱顾客，热爱自己所从事的推销工作。爱心就是要有一颗火热的心，热情地关心和帮助他人。真诚待客，热情服务，这正是推销精神的一大支柱。没有爱心就没有销售。爱心的具体表现是：

第一，要用爱心对待顾客。推销员面对的是人，推销是心与心的交流，推销员必须用爱心去感染对方。爱心意味着与人为善、友爱、关心、尊重、真诚、友谊、理解、帮助、生机、活力、微笑等。所有这些，都是赢得顾客好感的因素。爱心能够感人，由爱心散发出来的生机、活力、真诚与自信，会感染顾客，引起顾客的共鸣。

第二，推销员要热爱自己的职业，对自己的工作要充满热情。热情是事业成功的基础，热爱自己的职业，才能发挥出自己的潜力，从而做好自己的工作。推销工作是艰苦的，推销员要常年在外奔波，辛苦异常；同时，在推销中还会遇到各种障碍、困难需要解决，这些都需要推销员以满腔热情从事自己的工作。总之，爱心可以使推销员结交更多的朋友，创造和谐的推销气氛，赢得顾客的信任和好感，创造出良好的业绩。

④耐心。一个没有耐心的推销员要推销成功是很困难的，因为一个没有耐心的推销员一遇到困难就会想到放弃，而放弃正是推销的大敌。推销是一条漫长而又艰辛的路，不但要时时保持十足的冲劲，更要秉持一贯的信念，自我激励，自我启发，才能坚持面对重重难关。

在销售过程中处处都需要耐心，如每天要不断地去拜访客户，要去协调客户，甚至跟踪客户，提供服务。而这些工作绝不是一帆风顺的，会遇到很多困难。因此，推销员要有解决问题的耐心，要有百折不挠的精神，要有坚强的意志力。只有这样你才能做好销售工作。

⑤热诚。热诚是全世界推销专家公认的一项重要的人格特征。热诚即强烈的成就动机，发自内心地对事业的热爱、真诚。热诚就是燃烧自己，发出足够的热量，让客户随时吸取；热诚就是替人着想，凡事多替别人着想，尽量去帮助别人，给人方便；热诚就是热爱工作，充满自信，热情洋溢，依靠自己的信念来推销产品；热诚就是把"推销"本身当作一项事业，真正投身于其中，去认真地了解市场需求、揣摸顾客心理。

赞美客户是表现热诚的主要方法，但赞美要恰到好处，掌握好赞美的分寸，即既要真诚又要把握好时机。

（4）身体素质

推销工作既是一项复杂的脑力劳动，也是一项艰苦的体力劳动。推销工作的性质决定了推销员必须经常外出推销，并携带样品、产品说明书等资料；有时还要日夜兼程，工作时间长，劳动强度大；一些工业品的推销，还需要推销员进行安装、操作、维修等体力劳动；与形形色色的顾客打交道，更是费神费力的过程，需要充沛的精力作保证。因此推销员仅具备了过硬的思想素质、文化素质和心理素质，没有健康的体魄和旺盛的精力，也是难以胜任推销工作的，知识再渊博，还是要身体力行。强健的身体是推销事业成功的基础和重要保证。推销是一项十分辛苦的工作，特别是在工作中遇到困难和挫折时，心理压力和工作艰辛所带来的身心疲惫是常人难以体会的。还有，推销人员每一次交易的完成都是拜访多名顾客的结果，要付出心理上、体能上的大量消耗。因此，推销人员必须具有健康的身体、充沛的精力，这样才能胜任推销工作。

3. 推销人员应具备的能力

（1）说服能力

优秀的推销员应具有说服顾客的能力，而要说服别人就必须对自己所推销的推销品、所服务的企业及自己充满信心。此外，推销员要提高说服顾客的能力，还必须注意说服中的语言能力，动之以情，以情取胜；晓之以理，以理服人；导之以得，以利引人。

（2）社交能力

推销人员向客户推销商品的过程，实际上也是一种信息沟通的过程。推销人员必须完善与他人交往，有较强的沟通技巧；同时也能维持和发展与顾客之间长期稳定的关系，待人随和，热情诚恳，能设身处地为顾客着想，为顾客解决实际问题，取得客户的信任、理解与支持。为此，在推销活动中，应注意做好以下几点：

第一，待人热情诚恳，行为自然大方；

第二，能设身处地地站在顾客的立场上考虑问题，体谅顾客的难处；

第三，有自制能力，能控制自己的感情，能沉着、冷静地处理问题；

第四，既有主见，又不刚愎自用。

（3）洞察能力

由于多种原因，顾客在与推销员的接触中，常常发出一些真假难辨、虚实混淆的信息，或掩饰自己的真实意图。推销人员应具有正确的理解能力，通过对顾客环境的观察与分析，与顾客的接触和交流，抓住多数人所忽视的细枝末节，在头脑中快速形成印象并迅速做出判断，发现和掌握其典型特征和内在动机。特别是推销员独自一人在外地推销产品时，更需要对客户的种种应有或不应有的反应迅速做出判断，以决定自己的行动。作为推销员应培养自己良好的观察习惯，强化自己的观察意识，积累学会观察的知识，并注意运用系统的方法，不断提高观察市场及其变化的技巧。为了锻炼和提高自己的观察能力，推销人员可参考以下几方面的做法：

第一，要明确观察任务。

第二，要运用系统的观点看事物。

第三，要依赖平时的知识、技能。推销人员要注意丰富自己的知识和经验，知识越丰富、越熟练，对事物的观察能力就越强。

第四，观察事物要有步骤，要分清主次。

第五，做好观察记录。

（4）应变能力

应变能力是指为适应各种环境因素及内部因素的变化，及时调整自己的行为与变化的因素相适应的能力。在推销时，推销员面对的顾客形形色色，无法把所有顾客的可能反应都全部列举出来，必然会出现一些意想不到的问题，对于这样突然的变化，推销人员要理智地分析和处理，随机应变，并立即做出对策，这就是应变能力。

（5）创新能力

推销创新是推销人员应具备的基本能力之一。市场竞争是喜新厌旧、优胜劣汰的。推销工作无定式，必须要不断创新。推销创新包括推销观念、推销策划、推销手段、推销方式等。推销创新不是盲目的标新立异或搞形式主义，而是适应市场环境变化，适应竞争变化，不断超越自我的结果。

（6）不断学习的能力

学习是做好任何事情的首要前提，想要成为强者，最快的方式就是向强者学习。同样，想要成为一名优秀的推销员，学习别人的优点也是最快的方法。推销员要与各行各业、各种层次的顾客接触，而不同的顾客所关注的话题和内容是不同的。因此推销员应该清楚不同的顾客喜欢谈论什么样的话题，进而才能与对方有共同语言，谈起话来才能投机。这就要求推销员具有广、博而不一定深、精的知识面。因此，推销员要不断地充电和学习，以使自己拥有较广博的知识，能跟上时代的步伐。

另外，一个推销员还应勤思考，勤总结，要养成日总结、周总结、月总结、年总结的习惯。推销员面对不同的客户，需要用不同的方式去进行沟通，只有不断地去思考，去总结，才能与不同的客户达成最满意的交易。推销员所需要接触的知识甚为广泛，从营销知识到财务、管理以及相关行业知识等，可以说销售绝对是“综合素质”的竞争，面对如此多的知识和信息，没有极强的学习能力是无法参与竞争的。因此没有良好的学习能力，在速度决定胜负、速度决定前途的今天势必会被淘汰。学习不但是一种心态，更应该是我们的一种生活方式。21 世纪，谁会学习，谁就会成功。学习不仅能够提高自己的竞争力，也能够提高企业的竞争力。

推销也许是一项人人都能做的工作，但绝不是每一个人都能做好的工作，不管是要推销产品或服务，不断的学习与总结是做好推销工作的前提之一。

知识链接

超级推销员成功的十大准则

做一名推销员很容易，任何一个企业对前去应聘的推销员均抱欢迎的态度，但做超级推销员就不容易了。美国的调查表明，超级推销员的业绩是一般推销员的300倍。在许多企业，80%的业绩是20%的推销员创造出来的，这20%的人并非俊男靓女，也非能言善辩，唯一共同之处是他们拥有迈向成功的方法，尽管方法各不相同，但有共同点。

(1) 肯定自己。推销活动最重要的组成要素是推销员。推销员要接受自己、肯定自己、喜欢自己。如果你连自己都嫌弃自己，却指望顾客会喜欢你，那实在太难为顾客了。香港推销大王冯两努说得好："推销员成功的秘密武器是，以最大的爱心去喜欢自己。"

(2) 养成良好的习惯。有人习惯每天至少打50个业务电话，也有人每天打不到3个；有的人将下班时间定为晚上9点，也有人5点半就想着回家；有的人每天晚上都安排好明天的日程，也有人永远不知道今天该做些什么……人们在不知不觉中养成习惯，也在不知不觉中造就或阻碍自己，这就是习惯的力量。

每一个人都是习惯的奴隶，一个良好的习惯会使你一辈子受益。如果你是推销员，不妨问问自己有哪些"成功的习惯"。

(3) 有计划地工作。谁是你的顾客？他住在哪里？做什么工作？有什么爱好？你如何去接触他？如果你是一个推销员，不妨先自己评量，选择一个行业或一个区域，深入了解此行业的动向或此区域的特性，使自己和目标顾客拥有相同的话题或特点。

(4) 具备专业知识。推销员要具有商品、业务及其有关的知识。"这个功能该怎么使用？你们是否提供安装服务？"面对咨询而无法提供完整或立即的答复，"我再回去查查看"、"这个问题我请经理来跟你说明"，"这点我不太清楚"……那么你的价值马上大打折扣。

(5) 建立顾客群。一位推销新手遇见一位超级推销员，正巧有业务电话，只见他立即从身后的柜子里抽出这位顾客的资料，档案中完整地记录了顾客的一切以及每次服务的内容，问他业绩为什么会那么好时，他顺势拉开档案柜对这位新手说，"有了这600位客户，我还怕做不好吗？"

(6) 坚持不懈。被顾客拒绝一次，10个推销员有5个会从此打住；被拒绝第二次，5个人中又少掉2个；再被拒绝第三次，就剩下一个人会做第四次努力了，这时，他已经没有了竞争对手。

没有坚持不懈的精神，哪里来良好业绩。成功的推销员是屡败屡战的，他们不相信失败，只认为成功是一个过程，失败只是到达成功过程中出现的不正确方式。短暂的失败，使他们学会了更改的方法，促成自己进步。不断地进步，不断地改善，一次又一次地再从头开始，便有了最后的美好结果。一位生意场上的高手说得好："一份心血一份财，心血不到财不来。"

(7) 做正确的事。推销人员推销商品或服务只是做对的事情而已，但做得正确不正确就值得商榷了。女人买化妆品，绝不是想买这些化学成分，她想买的是年轻和美丽；申请信用卡，当然不是为了这张塑料卡，而是想要方便和自豪。你了解什么是她想要的年轻和美丽，什么是他想要的方便和自豪吗？

(8) 优点学习法。每个人的优点都不尽相同，通常，人们只顾欣赏自己的优点，却忽略了别人的长处。想要成为强者，最快的方式就是向强者学习；同样，想要成为超级推销员，学习别人的优点也是最快的方法。美国一位超级推销员曾这样回答求教者："很多人惊奇，为什么在30年前就已取得推销成功的我，现在仍然遍寻有关推销的新刊书籍。而我却认为推销工作如同其他部门的专家，除非选读有关专业的最新文献；否则，是无法维持我的最佳业绩的。"

(9) 正面思考模式。失意、沮丧、迟疑、挫折、没信心、没希望了、不可能的、失败、退步、等机会、没用……请将这些负面的情绪整理打包，丢进垃圾桶里。切记没有人能打败你，除非你自己。台湾武侠小说大师古龙在一部小说中说得好："一件事往往有许多面，你若总是往坏处那面去想，那你就是自己虐待自己。所以，你就算遇着打击也该看开些，想法子捕捉光明的一面。"爱默生说："心理健全的尺度是到处能看到光明的秉性。"

(10) 良好的个人形象。你给人的第一印象是什么？一个拥有整洁外貌的人容易赢得别人的信任和好感。心理学家曾做过一个影响力的实验，安排衣装笔挺和穿沾满油污的工作服的两个人，分别在无红灯无车时穿越马路。结果衣着笔挺的明显地有较多的跟随者，而着工作服的却只有少数甚至无人跟随。因此，"人要衣装"一点不假。

另外，由于在现代社会里每个人都或多或少背负压力，相对厌倦压力，冀求快乐从容。一些推销员最令人讨厌的就是死磨活缠，将自己的业绩压力转嫁到顾客身上，而超级推销员则是快乐希望的使者，无压力推销是最好的推销手段。

（资料来源：人生指南成功励志网，http：//www. rs66. com/a/14/32/20564. html，经本书作者整理.）

（二）推销品

推销品是推销活动的客体。所谓推销品，是指推销人员向推销对象推销的各种有形和无形商品的总称，包括商品、服务和观念。

从现代营销的角度来看，我们向顾客推销的是整体产品，而不仅仅是具有某种实物形态和用途的物理学意义上的产品。所谓整体产品是指能提供给顾客满足某种需求或欲望的有形与无形的任何东西。它既包括物理特性：形态、体积、重量、味道、色彩、式样等一切有形物；也包括意识特征：思想、观念、主意、服务等无形的东西。

作为推销活动的一个基本因素，推销品必然会影响推销活动的各个方面和环节，如推销品的性质、质量、价格、体积等，都会影响推销活动的具体方式和难易程度。在推销活动中，如果不了解推销品的特性、用途乃至维修保养方面的知识，就无法胜任推销工作。推销员只有了解自己的产品，才能详细地向顾客说明产品能带给顾客什么利益，产品能满足顾客哪些需要；只有了解自己的产品，才能圆满地回答顾客提出的疑问，从而消除顾客的疑虑；只有了解自己的产品，才能指导顾客如何更好地使用、保管产品，以便顾客重复购买。推销员应当做到：了解产品性能的程度使内行人感到惊讶，了解产品用途的程度使顾客感到惊讶。

（三）顾客

在现代推销活动中，顾客是推销人员的推销对象，即接受或购买推销品的个人或团体。在这一过程中，顾客并不是完全被动的买与不买，最终由顾客自主决定。如果没有顾客的购买，推销品就不能卖出去，推销活动就不可能最终实现。因此，在开展推销活动之前，有必要对顾客进行深入细致的研究。依据购买者所购商品的性质及使用目的的不同，顾客可分为个体购买者和团体购买者。

1. 个体购买者

个体购买者是为了满足个人或家庭需要而购买或接受某种推销品的个人。他们购买的东西主要是消费品，所购产品或服务直接进入生活消费领域。推销人员必须研究消费者市场，因为只有消费者市场才是商品的最终归宿，即最终市场。

就消费者市场而言，个体购买一般以消费者个人和家庭为单位，在购买活动中，他们可能以各种不同的身份出现，扮演不同的角色。

倡议者——第一个想到或提议购买某一产品或服务的人。

影响者——其想法或建议对最终购买产品有直接或间接影响的人。

决策者——对整个或部分购买决策有最后决定权的人。

购买者——实际购买产品或服务的人。

使用者——实际购买产品或服务的使用或消费者。

例如，一个家庭要购买一台空调，首先提出建议的也许是女儿，具有影响力的是家中的老人，最终购买决策可能是夫妻双方共同商量做出，实际购买者可能是由丈夫承担，最后全家享受使用。推销员有必要认识以上这些角色，因为这些角色对产品设计、确定信息和安排促销方式是有关联意义的。当然，这五类购买参与者中，关键人物是决策者。

2. 团体购买者

团体购买者是指所购买的一切产品和服务将用于生产其他产品或劳务，以供销售、出租或供应给顾客的所有组织和个人。如工商企业、政府部门和其他各种事业单位、群众团体等。团体购买者都具有组织购买、团体消费的共同特点。但团体购买中生产者和中间商的购买，都以盈利为目的，其所购产品和服务进入生产或流通领域。只有政府及其他非营利机构的购买，与个体消费者购买相似，没有盈利的目的，所购产品进入消费领域。

在任何一个企业中，除了专职的采购人员之外，还有其他一些人员参与购买决策过程，所有参与购买决策过程的人员构成采购组织的决策机构，称之为采购中心。组织购买中心包括以下成员：

使用者——具体使用欲购买某种产品或服务的人员。其往往是最初提出购买意见的人，对计划购买的产品品种、规格等有一定的影响力。

影响者——影响采购决策的人员。其通常在产品、性能等方面有决定性作用。

采购者——被企业正式授权具体执行采购任务的人。

决策者——企业中有批准购买产品权力的人。

控制者——能阻止卖方推销员与企业采购中心人员接触，或控制外界与采购有关信息注入企业的人。

当然，并不是每一个企业采购任何产品时都必须有上述五种人员参加购买决策过程。企业采购中心的规模大小和成员多少会随着想采购产品的不同有所不同。如果一个企业采购中心的成员较多，推销人员就不可能接触所有的成员，而只能接触其中少数几位成员。在此情况下，推销人员应分析团体采购者的购买决策的参与者及其影响力，采用解决问题导向型的推销。

三、推销的作用

推销大师乔·吉拉德说："每一个推销人员都应以自己的职业为骄傲。推销人员推动了整个世界，如果我们不把货物从货架上与仓库里面运出来，美国整个社会体系就要停摆了"。这段话足以说明推销的重要。具体地说，推销对社会、对企业、对个人成长都有着巨大的作用。

（一）推销对社会的作用

有人曾经这样描述过推销的重要性：无论是矿山、农场还是旅游行业，每一个企业的成功与否都是以最终销售额来衡量的，推销是减少企业在生产、转换、分销中成本的催化剂，它是调控利润、投资、生产和员工水平的最有效的控制因素，可以说企业如果没有销售，就没有生存的希望。推销对社会的作用具体表现在以下几个方面：

1. 新产品的研究与开发

推销人员一方面可以利用自身特殊的地位更清楚地了解和认识顾客的需要并及时与生产企业沟通；生产企业可以从推销人员那里获得大量真实可靠的市场信息，能更有针对性地开发和研制满足顾客特定要求的新产品。另一方面，由于顾客对刚投入市场的新产品不愿意接纳和购买，所以，有时需要直接向顾客作宣传和介绍，帮助顾客了解新产品的特性、使用方法以及新产品可能给顾客带来的利益。产品越复杂，顾客越需要了解有关的信息后才能最后做出购买决定。所以说推销人员在向社会推广新产品、新服务、增加整个社会财富方面扮演着一个十分重要的角色。

2. 推销人员创造了产品的效用

在工厂里，制造商对原材料进行加工，制造出能更好满足顾客需要的产品，我们称之为成品。成品为顾客提供了更多的效用与价值，因此说，生产过程增加了产品的形式效用，而人员推销对其他三个效用——地点效用、时间效用和支配效用都会产生积极影响。为了描述这个问题，下面用这个案例来说明地点效用、时间效用和支配效用对顾客购买产生的影响。

比如，一家汽车代理商的仓库里有顾客所需要的汽车，但在顾客购买这辆汽车之前，我们不能说这辆汽车满足了顾客的需要。只有顾客确认了在什么商场购买（地点效用）、什么时间购买（时间效用），并最终产生购买行为（支配效用）后，才能说这辆汽车满足了顾客需要。在这个过程中，都有推销人员的努力参与，为产品增加时间、空间以及持有权等方面的价值。因为只有推销人员把汽车摆在顾客可能光顾的商场或专卖店后，顾客才有可能购买它。推销人员还通过帮助顾客了解汽车的使用方法，办理这台汽车的支配权转移手续，创造了产品的效用价值。

（二）推销对企业的作用

1. 促进产品销售

推销是销售的重要手段，有效的推销给企业带来的最直接的好处就是促进产品的销售。推销员可协助企业建立商品销售渠道；同时，运用其说服能力，将有关商品的知识和信息告知顾客，使交易确实、方便、经济。

2. 发现有利的市场机会

推销人员是市场第一线的尖兵，直接与顾客接触，将顾客的意见和有关市场情报反映给企业，促进企业与顾客之间的沟通。

从某种意义上讲，推销是一个信息传递过程。推销人员与推销对象之间的双向沟通，可以帮助企业及时地了解需求信息、商品信息、竞争信息等市场信息，寻找和识别有吸引力的买主和新的需求，从而有利于企业发现有利的市场机会，寻找新的发展空间。

3. 提高企业的竞争能力

推销不只在产品销售领域为企业带来直接的利益。通过推销过程中推销人员的创造性劳动，企业还能获得顾客在产品设计、市场开发、分销渠道、促销方式以及销售服务等方面的具体意见和建议，可以促使企业改善经营管理，更为有效、更有针对性地适应市场不断变化的要求，从而提高企业应变能力和竞争能力。

4. 树立企业良好的形象

通过推销员良好的推销，使企业的优质产品送到了消费者手中，通过推销员的优质服务让企业与消费者之间架起了沟通的桥梁，为企业树立了良好的产品形象、人员形象、企业形象。因此，不要认为只有处于困境中的企业才需要推销，效益好的企业同样需要推销，同样需要重视推销工作。

（三）推销对个人的作用

推销是充满吸引力的职业。推销能满足你物质与精神的所有层次的需要。除了努力工作获得的丰厚的经济收入外，工作本身的快乐与成就感、工作的独立性等都是吸引你从事这一职业的理由。

1. 推销是发挥个人潜能的最好职业之一

推销工作的一个突出特点，是要求推销人员全面掌握有关推销的商务知识，并将这些知识用于推销才能获得成功。推销工作的又一个特点是，提供了与各色人物相结识的机会，这不仅有助于提高推销人员的交际能力，也有助于推销人员建立有利的人际关系，获得更多的帮助。另外，推销工作可以独立于直接的管理约束之外，因此，推销人员无须别人告知该什么时候开始工作，该访问什么人，更无须别人要求他们预先准备向顾客说些什么。他们设定自己的工作目标，通过组织、指挥以及控制等活动来实现自己的构想，这对一位全面发展的个人来说无疑是极大的快乐。

2. 推销是极具有挑战性和刺激性的工作

推销人员大多是单独行动，经常是一个人去解决一些处于变化与未知中的难题。推销工作丰富多彩，总是面对新人、新事、新问题。如果你是一名永不满足，勇于超越自我，愿意尝试新的东西的人，那么推销工作对你来说，是很富有挑战性和刺激性的。

3. 推销能获得丰厚的经济收入

如果你是一名成功的销售人员，你的收入将比其他任何行业中的人增长得快。你的收入将依赖于你的自身努力，而且没有限制。

4. 有较多的获得晋升的机会

从事推销工作对于以后的晋升是一个良好的出发点。市场经济越发达，由推销走向成功的人越多，这已成为了一个规律。美国克莱斯勒汽车公司总裁李·亚科卡，就是在做了14年汽车推销工作以后，凭借着对汽车购买者的了解和对汽车市场的熟悉，担任过美国三大汽车公司中两个公司的总裁。

第二节　推销职业素养

一、推销职业特性

（一）人文性

推销是一个与人打交道的工作，讲究人际交往的亲和力和说服力，需要培养良好的表达能力和社交能力。

（二）技术性

推销需要了解和掌握产品、企业、生产、技术、市场、人际交往及与业务相关的理论知识和现场实际知识，培养推销技能。

（三）回报性

推销是一种以高投入获得高报酬的可能性比较大的职业，推销员投入的是热情、精力和时间，报酬与业绩成正比，可能得到的经济收入比较高。

（四）发展性

推销对推销员来说，有比较好的个人发展空间。以销售额为主的推销业绩评价起来明确具体，推销员的工作成绩容易被肯定，人才被发现与晋升的机会比较多。况且，在推销实践中所磨炼养成的精力充沛、全力以赴的工作激情，积极进取、坚忍不拔的拼搏精神，精明强干、务实求效的工作作风，善于沟通、说服协调的交际技能，实在是人生受用不尽的财富，为一个人的自我完善和自我实现打下了厚实的基础。

二、推销观念

推销观念是推销人员从事推销活动的观念、态度和思维方法，核心是如何对待顾客。它是推销理论的基础，也是推销活动的出发点。

（一）传统推销观念

传统推销观念以企业和产品为中心，认为产品是“被推出去的”，而不是“被卖出去的”。顾客不会主动地购买商品，而是被动地接受商品。因此，传统推销关注说服、诱导顾客的方法与技巧，而很少考虑顾客是否真正需要，不惜以牺牲顾客利益来满足推销员的利益，夸大产品的“好处”，诱引顾客购买。对于顾客是否需要、顾客购买后感觉如何，推销员则全然不顾。总之，只要把顾客的钱装进了自己的口袋，就万事大吉。

（二）现代推销观念

现代推销观念是在现代市场营销观念的影响下形成的。现代推销观念从以企业为中心转变为以顾客为中心。现代推销观念认为：“顾客的需求是推销的前提”、“有需求才有推销”。满足顾客的需求是推销的宗旨。推销活动就是要发现顾客需求，满足顾客需求。在推销过程中，顾客不再是被动的，而是处于主动状态，推销工作要能充分调动顾客的积极性才能完成。而要调动顾客的积极性就要研究顾客的需求，研究顾客的心理，做到有的放矢。

“顾客是上帝”，推销员是“上帝”的生活朋友、商业伙伴，推销的着眼点应是从双方互惠互利的角度建立长期、持久的关系。推销人员要成为顾客的顾问、合作者和为顾客解决问题的人。推销的结果应该是“双赢”——既满足了顾客的需求，解决了顾客的问题，让顾客满意；推销员自己也顺利推销了产品，取得了合理的利润。

三、推销礼仪

子曰：不学礼，无以立。非礼勿视，非礼勿听，非礼勿言，非礼勿动。细节决定成败，在推销活动中也一样。有时你的推销准备非常充分、信心十足，但无法让客户和你达成交易，有时甚至连客户的门都无法进，这就有可能是你在某个细节出了问题。很多时候问题就出在你的推销礼仪方面，一句话、一个动作、一件服饰是否得体，都能影响你在客户心中的形象。因此，作为企业对外交往的代表和企业文化的诠释者，推销人员必须注重礼仪，这是一个推销人员的基本素质，也是推销工作成败的关键要素之一。

（一）送访礼仪

推销人员在与顾客打交道时，送访活动往往是推销工作的开始，送访礼仪包括拜访礼仪、迎送礼仪、宴请礼仪和赠送礼仪等。

1. 拜访礼仪

拜访是达成销售的面对面阶段，虽然还不是正式的谈判，但拜访过程的成败直接影响到交易的实现与否。因此，作为一名职业推销人，如何建立自己职业化的拜访之道，然后再成功地运用它，将成为突破客户关系、提升销售业绩的重要砝码！

（1）拜访前的准备

决定去拜访别人前应该做好适当的安排和必要的准备，这样既能使自己在拜访过程中做到游刃有余，又体现了对被拜访者的尊重，能赢得积极的合作，有利于推销工作的顺利进行。

第一，拜访预约。当有必要去拜访别人时，必须要考虑主人是否方便，为此一定要提前口头、书面或电话通知对方。这里需要注意的是，如果主动提出拜访别人的请求，语气一定要和缓，并有意识地把决定权让给别人，千万不要措辞强硬，逼着对方同意。只有有约在先，拜访才能在宾主双方都方便的情况下进行。

第二，拜访时间和地点的确定。在确定拜访时间和地点时不能只考虑自己的方便，应遵循“别人为主、兼顾自己”的原则。

第三，拜访人数的确定。拜访人数也应合理地安排，根据时间、地点和拜访目的、对象的不同做出相应的调整。一般的拜访 1 ~ 2 人为宜，重要的拜访人数视具体情况而定。

若因情况特殊无法预约的，要在见面时向对方讲明理由，并表示歉意，取得对方的谅解；否则，别人会产生不满情绪，无法达到预期效果。

（2）拜访时的礼仪

第一，要守时守约。一般来说，推销员若与顾客约定了拜访时间，就一定要严格遵守，如期而至，不要迟到，更不能无故失约。如果有紧急的事情，或者遇到了交通阻塞，应立刻通知你要见的人。如果打不了电话，请别人替你通知一下。如果是对方要晚点到，你要充分利用等待的时间。例如，坐在一个离约会地点不远的地方，整理一下文件。

第二，讲究敲门的艺术。要用食指敲门，力度适中，间隔有序敲三下，等待回音。

如无应声，可再稍加力度，再敲三下，如有应声，再侧身隐立于右门框一侧，待门开时再向前迈半步，与主人相对，经允许后进屋。

第三，主人不让座不能随便坐下。如果主人是年长者或上级，主人不坐，自己不能先坐。主人让座之后，要口称“谢谢”，然后采用规矩的礼仪坐姿坐下。主人递上烟茶要双手接过并表示谢意。如果主人没有吸烟的习惯，要克制自己的烟瘾，尽量不吸，以示对主人习惯的尊重。主人献上果品，要等年长者或其他客人动手后，自己再取用。即使在最熟悉的朋友家里，也不要过于随便。

第四，跟主人谈话，语言要客气。即使和主人的意见不一致，也不要争论不休。对主人提供的帮助要适当地致以谢意。要注意观察主人的举止表情，适可而止。当主人有不耐烦或有心不在焉的表现时，应转换话题或口气；当主人有结束会见的表示时，应识趣地立即起身告辞。

第五，谈话时间不宜过长。起身告辞时，要向主人表示“打扰”之歉意。出门后，回身主动伸手与主人握别，说：“请留步”。待主人留步后，走几步，再回首挥手致意：“再见”。

2. 迎送礼仪

迎来送往是常见的推销礼节之一，主要包括迎客礼仪、介绍礼仪、名片礼仪、握手礼仪和送客礼仪。无论拜访者是事务性拜访还是礼仪性拜访，是在办公室还是居所，在接待拜访者时都要主随客便，考虑周全，关怀备至，讲究礼仪，尽量接待好拜访者，使其有宾至如归的感觉，促使双方的关系得到进一步的发展，为现在或将来的推销工作奠定良好的基础。

（1）迎客礼仪

客人来访时，推销员应主动接待，并随时记得“顾客至上”。推销人员应引领客人进入会客厅或者公共接待区，并为其送上饮料。推销员在前面领路时，切记始终面带微笑。

在公司内不同场所领路时，应该留意以下重点：

①走廊。应走在客人前面两三步的地方。让客人走在走廊中间，转弯时先提醒客人：“请往这边走。”

②楼梯。先说要去哪一层楼，上楼时让客人走在前面，一方面是确认客人的安全，另一方面也表示谦卑，不要站得比客人高。

③电梯。必须引导客人上、下电梯。首先必须先按电梯按钮，如果只有一个客人，可以以手压住打开的门，让客人先进，如果人数很多，则应该先进电梯，按住开关，先招呼客人，再让公司的人上电梯。出电梯时刚好相反，按住开关客人先出电梯，自己才走出电梯。如果上司在电梯内，则应让上司先出，自己最后再出电梯。

如果前来的客人人数很多，首先应保持冷静，其次应该留意现场轮流次序的维持，也就是秉持“先到先受理”的原则。对已经轮到的客人应有礼貌地招呼，说出：“下一位，请。”如果你能有秩序地应对，客人也就不会做无理的举动。让客人久候时，在轮到他时应很谦卑地对他说：“让您久等了！”

（2）介绍礼仪

在推销场合结识朋友，可由第三者介绍，也可自我介绍相识。为他人介绍，首先要了解双方是否有结识的愿望，不要贸然行事。无论自我介绍或为他人介绍，做法都要自然。例如，正在交谈的人中，有你所熟识的，便可趋前打招呼，这位熟人顺便将你介绍给其他客人。在有些场合亦可主动自我介绍，讲清姓名、身份、单位、国籍，对方则会随后自行介绍。为他人介绍时还可说明与自己的关系，便于新结识的人相互了解与信任。介绍具体人时，要有礼貌地以手示意，而不要用手指指点点。介绍的原则是将级别低的介绍给级别高的；将年轻的介绍给年长的；将未婚的介绍给已婚的；将男性介绍给女性；将本国人介绍给外国人。

（3）名片礼仪

名片是推销员常备的一种交际工具。推销员在与顾客交谈时，递给顾客一张名片，不仅是很好的自我介绍，而且与顾客建立了联系，方便体面。但名片不能滥用，要讲究一定的礼节，以避免留下不良的印象。

①递交名片。一般递名片的顺序应是地位低的先把名片交给地位高的，年轻的先把名片交给年老的。不过，假如是对方先拿出来，自己也不必谦让，应该大方收下，然后再拿出自己的名片来回报。

在递出名片时，推销员切忌采用如下方法：捏住名片的一部分递出去；以指尖夹着名片递出。这两种递法容易将尖利的地方朝向对方，是极不符合礼节的。正确的递法应是：手指并拢，将名片放在掌上，用大拇指夹住名片左右两端，恭敬地送到对方胸前；或食指弯曲与大拇指夹住名片左右两端奉上。名片上的名字要正向对着对方，使对方接过名片就可正读。递交时要目光注视对方，微笑致意，可顺带一句“请多多关照”。

②接受名片。在接到对方递过来的名片时，应双手去接，接过后仔细看一遍，有不认识的字应马上询问，不可拿着对方的名片玩弄。看完后应将名片放入名片夹或认真收好，不可随手扔到桌子上或随便放入口袋，这都是对他人的不尊重。如果接下来与对方谈话，不要将名片收起来，应该放在桌子上，并保证不被其他东西压起来，这会使对方感觉你很重视他。第一次见面后，应在名片背面记下认识的时间、地点、内容等资料，最好简单记下顾客的特征（如籍贯、特殊爱好等）。这样累积起来的名片就成为自己的社会档案，为再次会面或联络提供线索或话题。

（4）握手礼仪

①场合：一般在见面和离别时用。冬季握手应摘下手套，以示尊重对方。一般应站着握手，除非生病或特殊场合，但也要欠身握手，以示敬意。

②谁先伸手：一般来说，和妇女、长者、主人、领导人、名人打交道时，为了尊重他们，把是否愿意握手的主动权赋予他们。但如果另一方先伸了手，妇女、长者、主人、领导人、名人等为了礼貌起见也应伸出手来握。见面时对方不伸手，则应向对方点头或鞠躬以示敬意。见面的对方如果是自己的长辈或贵宾，先伸了手，则应该快步走近，用双方握住对方的手，以示敬意，并问候对方“您好”，“见到您很高兴”等。

③握手方式：和新客户握手时，应伸出右手，掌心向左，虎口向上，以轻触对方为准（如果男士和女士握手，则男士应轻轻握住女士的手指部分）。时间 1 ~ 3 秒钟，轻轻摇动 1 ~ 3 下。

④握手力量轻重：根据双方交往程度确定。和新客户握手应轻握，但不可绵软无力；和老客户应握重些，表明礼貌、热情。

⑤握手时表情应自然、面带微笑，眼睛注视对方。

（5）送客礼仪

“出迎三步，身送七步”是迎送宾客最基本的礼仪。因此，每次见面结束，都要以将“再次见面”的心情来恭送对方回去。通常当客人起身告辞时，推销人员应马上站起来，主动为客人取下衣帽，帮他穿上，与客人握手告别；同时，选择最合适的言辞送别，如“希望下次再来”等礼貌用语。尤其对初次来访的客人更应热情、周到、细致。当客人带有较多或较重的物品，送客时应帮客人代提重物。与客人在门口、电梯口或汽车旁告别时，要与客人握手，目送客人上车或离开，要以恭敬真诚的态度，笑容可掬地送客，不要急于返回，应鞠躬或挥手致意，待客人移出视线后，才可结束送客仪式。

3. 宴请礼仪

推销员在推销工作中，经常会有主持宴请客户或出席客户主持的宴会等应酬。在这些活动中，无论是应邀赴宴，还是招待宴请顾客，都要注意遵循相应的宴会礼仪，以使推销员在轻松愉快的举杯把盏中，能够比较容易地取得销售业绩。宴会礼仪包括设宴和赴宴两方面的礼仪。

（1）设宴礼仪

推销组织或个人为答谢、庆功或开展特定的推销活动都会考虑设宴这个形式。推销人员如果懂得并运用好设宴礼仪，会收到事半功倍的效果。具体需要注意以下几个方面：

第一，宴会的目的要明确，邀请的对象、范围要合适。推销组织或个人举行宴会都是为了通过一定事件或活动来联络感情和加强交流，比如答谢和庆功等，为此应考虑邀请与此有关的代表人物参加，并且要求参加宴会的人在身份、地位和年龄上大致相当，这样彼此会得到一定的认同感和满足感，也便于交流。否则，会降低宴会的作用。

第二，应及时有效地发出邀请。一般宴请要发请柬，这既是礼貌尊重，又是对客人的提醒和约束。规格较高的正式宴请应提前一周发出请柬，以便客人及早安排。

第三，时间地点选择要合适。在确定宴会时间之前最好先征求被邀宾客的意见再作决定。在选择宴会的地点时也要考虑规格高低、环境情调、口味特色、宴请费用等。

第四，订菜要合乎宾客的口味。选菜不应以主人的爱好为准，要考虑到来宾的口味、年龄、习惯、健康状况等，也可以适当地考虑本地的一些特色。

第五，席位的安排要得当。通常情况下，宴会有多席的，应安排主桌，贵宾安排在这一桌上，其他各桌，也要有主有次，妥善安排。桌数多时，最好有专人引导就座，让客人及时找到自己的座位。

第六，进餐过程中气氛要亲切、热烈。宴会主持者应设法使宴会中的每个人情绪饱满，有说有笑，始终保持热烈友好的气氛。

（2）赴宴礼仪

推销员赴宴时要从以下几个方面注意礼仪：

①赴宴前的准备。收到宴会的邀请，首先应当明确宴会的规格、参加宴会的人数、身份、地位等情况，然后做一些适当的准备。要根据宴会的规格和层次适当地着装打扮，准备话题。

②赴宴过程中的礼仪。

第一，入席的礼仪。首先，要按请柬上注明的时间准时赴宴。其次，到达主人的门口时，不要连续不断地按门铃或使劲地转动门把手，进门后向主人问候致意，再向其他客人问好。最后，要按对方事先安排好的席位入席。

第二，入席后应自由地与其他客人交谈，不要一个人静坐。宴会是交际场所，要多交新朋友但应注意不可高谈阔论，喧宾夺主。

③赴宴礼仪常识。

第一，上菜时，不要玩弄碗筷刀叉或左顾右盼，更不要随意走动。

第二，进餐时要举止文雅，咀嚼食物要把嘴闭起来，喝汤和吃菜都不要发出声音。不宜吸烟或大声喧哗。剔牙时，应用手或餐巾遮口。咳嗽、吐痰应远离餐桌。

第三，使用西餐具时由外侧顺序拿起，通常右手拿刀，左手拿叉。喝咖啡或茶时，送上的小勺是专为加牛奶和白糖用的，可以用它来搅拌，但不能用它来喝咖啡。

第四，祝酒一般由主人和主宾先碰杯，然后主人与其他客人一一碰杯，碰杯时不要交叉碰杯。喝酒应控制在本人酒量的三分之一内，喝酒过量会失言甚至失态，影响宴会的气氛。

第五，离席时，不要悄悄离开，应向主人致谢，称赞菜肴丰盛精美，舒适可口，之后才与主人握手告别。

4. 赠送礼仪

在正常的交往中，馈赠是向别人传递友谊、感激、敬重和祝福的一种形式，根本目的在于保持经常的联系与良好的沟通。作为一名推销人员，了解有关赠送礼品的礼仪规范是必不可少的。

（1）明确赠送目的

赠送礼品都有一定的目的，要根据不同的目的选择不同的礼品。庆贺性、纪念性、鼓励性或慰问性的赠送，礼品是有差别的。

（2）掌握赠送时机

一般来说，人们不会无缘无故地接受别人的礼品，所以找不准赠送的时机，往往会造成别人的误解，引起双方的尴尬和不快。把握好时机还包括赠送的具体场合，一般在礼仪场合宜送大方、体面、高雅的礼品，如果别人的组织有禁止受礼的规定时，就应当无条件地遵守规定。

（3）注重赠送礼品的价值

礼品的价值主要考虑其实用性、思想性、艺术性、趣味性、纪念性和针对性等因素，礼品一定要别致、新奇、富有创造性，要激发别人的兴趣，引起别人的共鸣。

（4）选择赠送礼品的包装和方式

为了显示对受礼者的重视和尊敬，礼品应该有好的包装。赠送有亲自赠送、托人赠送、邮寄赠送等几种方式，一般以亲自赠送为好。

（二）交谈礼仪

交谈，是表达思想及情感的重要工具，是人际交往的主要手段。推销人员利用这一手段，既可以传递产品信息，又增加了顾客对自己及企业的信任感，从而达到交易的目的。因此，掌握交谈的礼仪要求、提高交谈的语言艺术，对于提高推销的工作水平和工作效率，具有极其重要的作用。

1. 使用敬语

在任何社交场合，我们都要努力营造融洽的谈话氛围，这样才能使人感觉到亲切、轻松、自然。那么如何营造这种氛围呢？我们一定要树立交谈双方是一种平等关系的观念，在交谈中应以礼待人，这样既能显示出自身人格尊严，又可以满足对方的自尊。所以，交谈中要随时随地有意识地使用敬语。这是以敬人之心赢得尊重的有效方式。

敬语的作用是不可忽视的，人们见面时要互致敬意和问候，可以用“您好”、“早安”，“能够认识您真是太高兴了”等，寒暄时可以用“好久不见，您还好吗”、“近况如何”等。尽管这些问候和寒暄用语并不表示特定的含义，但却是交际中不可缺少的，能显示出自己懂礼貌、有修养、有风度，有助于形成一种和谐、亲切、友善、热情的环境。

2. 语调

语调，也就是说话的语气、声调、语速的快慢和声音大小等。它的主要作用在于感情的表达。语调的抑扬顿挫、缓急张弛，往往比语言本身更能传情达意。推销员的语言应该使顾客听起来舒服、愉快，语调温和，言辞通情达理，会使人乐于倾听，倍感温暖。因此，在谈话中应注意语调的运用，掌握讲话的速度，以便控制整个谈话过程，使自己处于主动地位。即便遭到拒绝时，也不要使用极易引起争吵的语气。

推销员如果是一副破嗓子，的确需要进行一定的修饰，除此之外，不必装模作样、打官腔或用假嗓子等。推销员要用你本来的嗓音，把想交流的信息心平气和地传递给对方。口齿清晰、发音标准、语言易懂、语调平和是谈话富有魅力的重要条件。

3. 注视

交谈中，目光注视对方是起码的礼仪，既表示对对方的尊重，又表示对谈话的关注和兴趣，同时也可以为愉快和谐的谈话气氛创造条件。所以，注视礼仪在交谈中是非常重要的。

注视礼仪包括两方面的含义，一方面眼睛要看着对方，这是对对方的尊重。一般来说，如果两个人在室内面对面的交谈，目光距离通常在 1 ~ 2 米，目光应注视对方胸部以上，额头以下的部位，出现交谈双方目光对视的情况时不必躲闪，泰然自若地徐徐移开目光就可以了。另一方面要注意让对方感受到你对谈话的态度。有经验，有修养的人在与人交谈时，都不会忽视引起谈话对象的谈话兴趣，回应对方、关注对方、理解对方、称道对方是激发对方谈话兴趣的有效办法，可以使话题更加深入、广阔地展开。

4. 聆听

与人交谈，光做一个好的演说者是不够的，还须做一个好的听众。“听”可以获得许多信息。首先，通过“听”可以观察了解到对方的各种信息，如通过对方讲话的内容、声调、神态，可以了解对方的需要、态度、期望和性格；其次，通过“听”能得到对自己有用的信息，如在推销洽谈中能通过别人的讲述获得有关价格、产品、供应、竞争等信息；最后，通过“听”可以向别人学习一些有益的东西，博采众家之长，丰富完善自己。

在推销活动中怎样鼓励对方去“讲”呢？首先，应当以积极的目光回应对方，在对方讲话时注意时常与对方交流目光。注视对方表明自己全神贯注、一心一意，能够赢得对方的好感。同时，如果对方情绪发生明显的变化，推销人员也要调动自己的情绪与之相呼应。其次，应以适当的动作来回应对方。当交谈对象所表述的观念与推销人员不谋而合时，应当轻轻地点点头以示赞同；当对方所谈内容极为精彩时，还可以鼓掌称赞；至于摇头，则表示自己出乎意料或是反对。最后，再以简短的言语来回应对方。在对方讲话时，适当地表示支持，如说上一句"对，没错!"、"我也有同感"、"的确如此"等，都会起到事半功倍之效。在对方讲话时进行回应，切勿过于做作，这样会使对方认为你在应付，没有诚意，反而起不到鼓励的作用。

5. 拒绝

在推销活动中，拒绝是经常遇到的。所谓拒绝就是不接受，即对他人意愿和行为间接地否定。在交往过程中需要拒绝时，就应将此意以适当的形式表现出来。这里我们需要强调的是，拒绝应该当机立断，态度要坚决，切不可犹犹豫豫，含含糊糊；否则既误事，又害人。

从语言技巧上说，拒绝有直接拒绝法、委婉拒绝法、沉默拒绝法和回避拒绝法四种方法。

（1）直接拒绝法，即将拒绝之意当场讲明的方法。采取此法时，应当避免态度生硬，说话难听。在通常情况下，直接拒绝对方需要把拒绝的原因讲清楚。一定情形下，可向对方道歉，以此表明自己通情达理。

（2）委婉拒绝法，即用间接温和的语言去表达拒绝之意的方法。与直接拒绝相比，它更容易被接受，因为它在更大程度上顾全对方的尊严。

（3）沉默拒绝法，即面对难以回答的问题时保持沉默，一言不发的方法。如果对方的问题很棘手甚至具有挑衅、侮辱的含义，不妨以静制动，静观其变。这种不出声的拒绝表达的是无可奉告之意，常常会产生极强的威慑力，令对方不得不在这一问题上退出。但要注意的是，沉默拒绝虽效果明显，但若使用不当，很容易得罪别人。

（4）回避拒绝法，即避实就虚，也就是暂时搁置此事，转而议论其他话题。遇上对方过分的要求或难以回答的问题时，均可采用此法。

（三）体态礼仪

有关专家测定：在人际交往中，语言沟通的信息只占35%左右，而体态传递的信息占65%左右。这就说明人们在交际中不仅要把握交谈礼仪，更要掌握、运用体态礼仪，推销人员在推销活动过程中也不例外。体态礼仪主要由站、坐、行的姿态，面部表情等组成。

1. 形体姿态

（1）站姿

站立是生活交往中最基本的一种举止，良好优雅的站姿应该给人一种挺、直、高的感觉。人站立时肩要平，胸要挺，手臂在身体的两侧自然下垂，手心向里，中指微贴裤线，挺胸抬头收腹，这样的站姿，才能给人一种挺、直、高的美感。

（2）坐姿

生活中各种活动都离不开坐，正确的坐姿能给人一种自然庄重的印象。在社交场合，不论是坐在椅子上或沙发上，最好不要坐满，上身应端正、挺直，不要垂下肩膀，但不宜太僵硬、呆板。坐的时间久了可以靠在椅子或沙发的背上，但不要过分后仰，更不能斜倒在椅子或沙发上。坐时一般双腿要并拢或微微分开。男性可以跷"二郎腿"，但不要跷得太高或抖动；女性可以采用双脚交叉、双腿内收的姿态，但不可向前直伸。入座时动作要轻盈而稳健，入座后手不要乱放，不要用手托着下巴，以免显得无精打采，萎靡不振。

(3) 行姿

行是动态的举止，矫健轻快的行姿可以表现出一个人精力充沛、蓬勃向上的精神状态，给人一种美感。行的正确姿态是灵活、轻巧、敏捷，行进的方向应保持相对稳定，不要多变；行进的步子不宜太大或太小，应尽量匀速前进；行进时应当目视前方，不宜东张西望；行进时腰部要放松，上身要挺拔，腿部要伸直；双脚不要距离过大，不要走成“八字步”。

行走时也要以礼待人：第一，不要与人抢道，不应阻碍他人行走，在经过楼梯、走廊及公共场所时，不要抢行。第二，有上司、贵宾、长辈或女士在场时，最好不要从其面前通过，而应于其身后“绕行”。第三，在向别人告辞时，不要背朝着对方，而应面向对方或侧向对方，缓步后退。

2. 面部表情

乔·吉拉德说，“要推销出去自己，面部表情很重要。它可以拒人千里，也可以使陌生人立即成为朋友。”心理学家经研究发现，在情感交流中，一个信息的表达，要依靠12%的言语、38%的声音和50%的面部表情，足见面部表情的重要。

(1) 认真的眼神

“眼睛是心灵的窗口”。在与对方交往的过程中，眼神的交流是最频繁的面部表情，也是人们关注最多的地方。

目光是眼神的重要组成，目光接触对方的部位、方向、时间和转换等具有不同的含义。为了表现推销人员的自信和对对方的尊敬，特别在向对方问候、致意或强调自己的见解时，一定要看着对方的双眼；一般正视或仰视都可以表达认真、友好、尊重之意；推销人员长时间地注视对方也是不礼貌的，应有意识地转换目光，让对方借机放松一下；与多人交谈时，应遵守“平等”的规则。

(2) 发自内心的微笑

在推销员与顾客交往中，最常见、也最有用的面部表情就是笑容。笑可以增加你的面值。“当你笑时，整个世界都在笑。一脸苦相没有人愿意理睬你。”学会微笑，对推销员的工作大有裨益，以一种轻松愉悦的心情与客户谈话，即便是过去很棘手的问题，现在也可以变得容易很多。美国与日本的保险推销界各有一位“价值百万美元笑容”的推销家，他们是威廉·怀拉和原一平。因为拥有一张令客户无法抗拒的笑脸，他们的人均年收入高达百万美元，这也算是微笑的价值了。其实，他们并非天生就有迷人的微笑，而是经过长期苦练出来的。只要你用心去练，你也能拥有他们那样迷人的微笑，但是，有一点很重要：发自内心的微笑才是最具魅力的，最让人无法抗拒的。

(四) 服饰礼仪

服饰指一个人的衣着穿戴。所谓服饰礼仪，就是人们在衣着穿戴方面应当了解与遵守的惯例和规范。每个人的穿戴打扮绝非自己的私事，这与是否尊重他人有着密切的联系。故推销人员在推销活动中应该懂得服饰礼仪，并在实践中自觉地运用服饰礼仪。

1. 服装礼仪

佛朗哥·贝德格在其所著《我怎样成功地进行推销》一书中写道：“初次见面给人印象的90%产生于服装。”推销人员应该善于使自己的服装引起顾客的注目。服装常因个人的性格、爱好、身份、年龄、性别、环境、风俗习惯的不同而不同。尽管没有统一要求的职业服饰，但无论着什么服饰，都应以稳重大方、整齐清爽、干净利落为基本原则。

服装根据适用的场合不同可以分为两类：一是正式场合中穿着的西装、职业套装（裙）、礼服等；二是非正式场合穿着的休闲服、牛仔装、家居服等便装。在推销活动中，推销人员主要是穿正式的服装，因而以下着重介绍正式服装。

（1）男士着装礼仪

①西装的着装规范。西服是男士无可争议的最佳选择，因为它造型挺括典雅，具有开放式的领型、舒展宽阔的肩部和略加收缩的腰部，穿起来显得刚劲有力、风度翩翩、潇洒自如。

鉴于西装在对外活动中往往充当正装的用途，面料的选择应力求高档。藏青色西装是推销人员的首选，灰色或棕色也可以，越是正规的场合，越讲究单色西装。推销人员要想使自己穿着的西装真正称心合意，就必须在西装的款式、穿法、搭配等方面严守规范。

第一，拆除商标。购买回来的西装一定要记得拆除左衣袖上的商标、纯羊毛标志以及其他标志。

第二，保持西装外形的平整洁净。西装要定期干洗，穿着前熨烫平整。只有西服穿起来显得平整挺括、线条笔直，它的美感才能充分地展示出来。

第三，注意内衣搭配。西装的标准穿法是西装里面直接穿着衬衫，而衬衫之内不穿棉纺或毛织的背心、内衣。不穿衬衫，而让T恤衫直接与西装配套的做法，则是西装穿着的大忌。

第四，慎穿毛衫。讲究西装的原汁原味，在西装上衣之内，原则上不允许穿毛衫。如果在冬季实在寒冷难忍，也只穿上一件薄型的“V”领的单色羊毛衫或羊绒衫。色彩、图案十分繁杂的羊毛衫或羊绒衫、扣式的开领羊毛衫或羊绒衫穿在西装里面，会大煞风景。

第五，不卷挽西装衣袖和裤管。在正式场合，推销人员应该时刻注意细节方面的问题，如不能卷起西装裤的裤管或者挽起西装上衣的衣袖。悉心呵护自己的整体形象，以免给人以粗俗的感觉。

第六，正确系好西装钮扣。西装钮扣是区分款式、版型的重要标志。能否正确地给西装系好钮扣，直接反映出对西装着装礼仪的把握程度。

第七，用好西装的口袋。西装的口袋，装饰作用多于实用价值。所以，不能让口袋显得鼓鼓囊囊，这会使西装整体外观走样。

第八，掌握四不要：衣袖不要过长（最好是在手臂向前伸直时，衬衫袖子要露出2～4厘米）；衣领不要过高（一般在伸直脖子时，衬衫领口以外露2厘米左右为宜）；雨天可以不穿西装，特别是西装上衣淋湿后，很容易变形；一年四季不要只穿一套西装。

②衬衫的穿着规范。第一，面料。和西装一起穿的衬衫，应是长袖的纯棉、毛制品为主的正装衬衫。以棉、毛为主要成分的也可以。第二，颜色。正装衬衫必须是单一的，白色是最好的选择，蓝色、灰色、棕色也可以考虑。正装衬衫大体上以没有任何图案为佳。较细的竖条衬衫在普通商务活动中也可以穿着，但不要和竖条纹的西装搭配。印花、格子以及带人物、动物等图案的都不是正装衬衫。

③鞋袜的搭配。第一，鞋。选择和西装配套的鞋子，只能选择深色的单色皮鞋，

黑色牛皮鞋和西装最般配。磨砂皮鞋、翻毛皮鞋不适合与西装搭配。在正式场合穿的皮鞋，应当没有任何图案和装饰。第二，袜。和西装、皮鞋搭配的袜子，最好是纯棉、纯毛的深色或单色的袜子。

④领带的款式。第一，斜纹。果断权威、稳重理性，适合在谈判、主持会议、演讲的场合。第二，圆点、方格。中规中矩、按部就班，适合初次见面和见长辈或上司时用。第三，不规则图案。活泼，有个性、创意和朝气，较随意，适合酒会、宴会和约会。

（2）女性着装礼仪

①西装套裙的穿着规范。套裙可以分为两种基本类型：一种是用女士西装上衣和随便的一条裙子进行自由搭配组合成的“随意型”；另一种是女式西装上衣和裙子成套设计、制作而成的“成套型”或“标准型”。

第一，面料。一套在正式场合穿的套裙，应该由高档面料缝制，上衣和裙子要采用同一质地、同一色彩的素色面料。

第二，色彩。以冷色调为主，应当清新、雅气而凝重，以体现女性推销员的典雅、端庄和稳重。藏青、炭黑、茶褐、土黄、紫红等稍冷的色彩都可以。

第三，套裙的长短。一般认为，裙短不雅，裙长无神。最理想的裙长是：裙子的下摆恰好抵达小腿肚子最丰满的地方。套裙中超短裙的裙长应以不短于膝盖以上15厘米为限。

第四，鞋袜的选择。用来和套裙配套的鞋子应该是皮鞋，黑色的牛皮鞋最好，和套裙色彩一致的皮鞋也可以选择。穿裙装的时候，应有意识地注意一下鞋、袜、裙之间的颜色是否协调，鞋、裙的色彩必须略深于或略同于袜子的色彩。

②女士着装禁忌。成功的职业女性应该懂得如何适宜地装扮自己，但在日常生活中，职业女性的着装常会出现以下问题：

第一，过分的时髦。现代女性热爱流行的时装是很正常的现象，但一个成功的职业女性对于流行的选择必须有正确的判断力。

第二，过分的暴露。在夏天，许多职业女性不够注重自己的身份，穿起颇为性感的服装。这样的着装可能会将个人才能和智慧埋没，甚至还会被看成轻浮。职业女性即使在炎热的夏季也应注意自己仪表的整洁、大方。

第三，过分的正式。这个现象也是比较普遍的。其主要原因是没有适合的服装，着装过于平淡朴素。

第四，过分的潇洒。最典型的样子就是随便一件T恤或罩衫配上一条泛白的“破”牛仔裤，丝毫不顾职业形象。

第五，过分的可爱。服装市场上有许多可爱俏丽的款式并不适合推销工作中穿着，这样的着装会给人不稳重的感觉，令顾客的信赖感大打折扣。

2. 首饰礼仪

首饰是人们用来美化自身的装饰品，因其质地的不同有贵重首饰、珠宝首饰与时装首饰之分，前两种有时又可以合称为传统首饰，多为黄金、白银、白金以及各种珠宝、玉器精制而成，价格昂贵，被视为身份和地位的象征。时装首饰一般以各种廉价材料制成，款式多样，讲究新、奇、美，因而在首饰家族中占有一席之地。

（1）首饰的寓意

首饰是一种无声的语言，它展示了人们的知识、修养、阅历和艺术品位等；首饰也是一种有意的暗示，它不经意地展示了人们的地位、身份、财富和婚姻状况。推销人员佩戴首饰应注意：

第一，首饰的佩戴应以少为宜。在工作中，少戴或不戴首饰，不仅是推销人员自爱，也是为了维护自己及公司的形象。

第二，首饰的佩戴应同质同色。在佩戴两种或两种以上首饰时，只有质地和色彩相一致，才能相呼应，相映衬。

第三，首饰的佩戴应遵守惯例。与服装的穿着一样，佩戴首饰的一些惯例也要遵守。

第四，首饰的佩戴应合乎身份。佩戴前，要考虑自己的年龄、性别、职业以及个人的条件等，具体要因人而异。

（2）饰物的应用

在推销工作中，除了要注意如何佩戴首饰的原则，还要了解首饰的具体运用。戒指有对称与不对称两种，对称的显得庄重，适合与套装相搭配；不对称的别致，适合与时装搭配使用。项链被服饰专家称为“标榜女性的饰品”，在挑选时应以庄重、典雅为标准。其他如耳环、手链、手镯等应根据具体情形来选择。

3. 化妆礼仪

化妆是通过使用美容用品来修饰自己的仪容，美化自我形象的行为。化妆的功能有：第一，塑造企业形象的需要，通过化妆能体现出企业的纪律性、统一性，使企业具有自己的管理特色及鲜明的组织风格。第二，对交往对象尊重的需要，在推销活动中，化妆被交往对象作为一个尺度来判定对对方的尊重程度。

（1）化妆的重点

推销人员先要了解各种化妆品的种类及使用方法。化妆品根据其用途可以划分为四种类型，即润肤型化妆品，美发型化妆品、芳香型化妆品、修饰型化妆品。它们各自有其独特的功能和用途，不能随意使用。

推销人员化妆的重点一般包括护肤、美发、修眉、画眼、修饰唇形、呵护手部等。

（2）化妆的规范

现在许多企业、公司要求推销人员化妆上班。那么推销人员化妆时应该遵循哪些规范呢？

第一，推销人员在工作中，应当化淡妆。化妆有许多形式，应根据具体的时间、情形来选择化妆品的品种和浓淡的程度。在推销活动中，推销人员应该选择化淡妆，其主要特征是清新、简洁、素雅，具有鲜明的个性特点。在推销活动中化妆过浓，往往会使人觉得过分招摇和粗俗。

第二，推销人员在工作中应避免过量使用芳香型化妆品。

第三，推销人员应避免当众化妆或补妆。推销人员化妆应一丝不苟，认真对待。在推销工作场所一般都有专门的化妆间，化妆或补妆一般应在其中进行，尤其是女士不要在异性面前化妆或补妆。

本章内容小结

推销可以从广义和狭义的角度来理解。从广义的角度来看，推销泛指人们在社会生活中，通过一定的渠道进行信息传递，把自己的意愿、观念、思想等传递给对方并使对方接受和采纳，从而达成使双方都满意的效果。从狭义的角度来看，推销是指营销组合中的人员推销，即推销人员直接与潜在顾客进行接触、沟通、洽谈，介绍商品，促使其采取购买行为的活动。

推销主要有以下几项特点：推销对象的特定性、推销方式的灵活性、信息沟通的双向性、买卖双方的互利性、推销手段的说服性、推销过程的服务性、推销的高成本性。

推销要素是指使商品推销活动得以实现的一系列互相影响、互相作用的因素。这些因素主要包括三个方面，即推销人员（推销主体）、推销品（推销客体）和顾客（推销对象）。

推销对社会、企业、个人成长都有着巨大的作用。推销对社会的作用具体表现在：第一，新产品的研究与开发；第二，推销人员创造了产品的效用。推销对企业的作用具体表现在：第一，促进产品销售；第二，发现有利的市场机会；第三，提高企业的竞争能力；第四，树立企业良好的形象。推销对个人的作用具体表现在：第一，推销是发挥个人潜能的最好职业之一；第二，推销是极具有挑战性和刺激性的工作；第三，推销能获得丰厚的经济收入；第四，有较多的获得晋升的机会。

推销具备以下职业特性：人文性、技术性、回报性和发展性。

现代推销观念认为："顾客的需求是推销的前提"、"有需求才有推销"，满足顾客的需求是推销的宗旨。

推销人员在推销过程中要注意推销礼仪，具体包括送访礼仪、交谈礼仪、体态礼仪、服饰礼仪。

本章内容模块

第一章 推销职业概述

- 模块一 推销概述
  - 1.推销概念与特点
  - 2.推销基本要素
  - 3.推销的作用
- 模块二 推销职业素养
  - 1.推销职业特性
  - 2.推销观念
  - 3.推销礼仪

本章思考题

1. 如何理解推销的含义，说说推销的特点。
2. 什么是推销的三要素？简述它们的概念。
3. 谈谈推销有何作用。
4. 推销员在与顾客交谈时应注意哪些礼仪？
5. 拜访顾客时应掌握那些基本礼仪？
6. 体态礼仪由哪些内容组成？

第二章
顾客心理与推销模式

◆ **学习目的和要求**

消费心理与行为作为一种客观存在的社会经济现象，有其特定的活动方式和内在规律。对消费心理的专门研究，目的就是为了发现和掌握心理现象产生、发展及变化的一般规律，更有针对性地开展营销活动，如选择合适的推销模式。通过本章的教学应使学生掌握如下几个方面的内容：

1. 推销活动中的顾客购买心理；
2. 推销方格理论的内容和运用；
3. 掌握推销基本模式，明确具体步骤、意义和内容。

走进推销

顾客购买心理——把冰卖给爱斯基摩人

爱斯基摩人居住的格陵兰岛是世界第一大岛，那里到处都是冰雪，巨大的冰盖占据了80%以上的面积。如果作为冰饮公司的销售员，你怎样才能把冰块卖给爱斯基摩人呢？

问题讨论：

谁都想知道顾客在购买的过程中是如何思考的。其实，在购买的不同阶段，顾客的心理活动呈现出不同的变化特点；而不同个性特征的顾客，其思维方式和沟通风格也因人而异。

如果你对上述问题已基本了解，那么，假设你是某冰饮公司的销售员，你将如何把冰卖给爱斯基摩人？

（1）顾客在购买过程中到底有什么样的心理变化？

（2）不同的顾客有什么样的个性心理特征？

（3）如何认识和适应这些不同的心理变化？

看看美国销售大师汤姆·霍普金斯是如何做的。

“您好！我叫汤姆·霍普金斯，在北极冰饮公司工作。我想向您介绍一下北极冰的许多益处。”

“北极冰？真有意思。这里到处都是冰，而且不用花钱，我们甚至就居住在冰屋子里。”“是的，先生，看得出您很注重生活质量。能解释一下为什么这里的冰不用花钱吗？”

"很简单，因为这里遍地都是冰。"

"您说得非常正确。您使用的冰就在您的周围，而且日日夜夜，无人看管！"

"没错，这种冰太多了。"

"是的，先生。现在冰上有你和我，那边还有正在清除鱼内脏的邻居，有嬉戏玩闹的小孩，还有北极熊留下的脏物……请您设想一下好吗？"

"我宁愿不去想它。"

"也许这就是为什么这里的冰会不用花钱，能说这就是'经济合算'吗？"

"对不起，我突然感觉不大舒服。"

"我明白。在饮料中放入这种无人保护的冰块，必须先进行消毒才会真正感觉舒服，是吧？那您如何消毒呢？"

"煮沸吧，我想。"

"是的，先生。煮过以后您又能剩下什么呢？"

"水。"

"将冰块煮沸，冷却成水，再冻成冰块，这样是在浪费您自己的时间。假如您愿意接受我们的服务，今天晚上您的家人就能享受到干净、卫生又富有口味的北极冰饮料。噢，对了，我很想知道您那位清除鱼内脏的邻居，是否也乐意享受北极冰带来的好处呢？"

"您这种冰块饮料的价格是怎样的？"

看吧，汤姆·霍普金斯就要成交了！在这个过程中，爱斯基摩人从最初的排斥、怀疑，到最后的认同、接受，发生了一系列复杂的心理变化。

一开始他觉得简直不可思议，在坐拥冰盖的格陵兰岛，怎么还会有人在推销冰？可是，随着沟通的深入，他发现自己确实有对洁净冰块的需求，只是以前没有意识到。而在汤姆·霍普金斯的引导下，他买冰的欲望不断增强，剩下的就是如何成交，买下汤姆·霍普金斯的冰饮产品了。

（摘自中华管理学习网）

第一节　顾客的购买心理

顾客都是一个个具有不同心理过程和个性心理特征表现的个体，他们的购买活动总是在一定的心理规律的支配和调节下进行的。

一、顾客购买的心理活动过程

顾客从进入商店到购买商品的整个过程，由于受周围影响心理活动的各种客观因素的影响，其心理变化要经过一个逐步了解产品、认识需求，并从若干购买方案中进行选择的一个过程，即认识过程、情感过程和意志过程。心理学中把处于发生、发展动态变化中的认识过程、情感过程和意志过程统称为心理过程。

（一）顾客购买的认知过程

人脑接受外界输入的信息，经过头脑的加工处理，转换成内在的心理活动，再进而支配人的行为，这个过程就是信息加工的过程，也就是认知过程。这是人最基本的心理过程。

从消费心理学角度讲，认知是通过顾客对商品的感觉、知觉、记忆、思维和想象等心理活动，从感性到理性、从感觉到思维，对商品的个别属性和整体印象进行认识和感知的过程，是销售的前奏。顾客通过感官认识产品的直观形象，并通过记忆进行经验的积累，接受和储存产品信息，然后通过思维、联想、判断，对产品信息进行加工、再储存，获得对产品全面的、本质的认识，再进而支配人的购买行为。认知分为感性认知阶段和理性认知阶段。

1. 感性认知阶段

感性认知阶段即感觉到知觉的过程。

（1）感觉

感觉是刺激作用于感觉器官，经过神经系统的信息加工所产生的对该刺激物个别属性的反映。比如颜色、大小、形状、气味、粗细、软硬、冷热和结构等，产生诸如新颖、名贵、美观、鲜美和悦耳等感觉。感觉主要包括：视觉、听觉、嗅觉、味觉、肤觉，合称为“五大感觉”，是形成知觉和思维等高级反应形式的条件和基础。顾客对商品的认识过程，始于对商品的感觉。这里所探讨的感觉，主要是顾客对商品的外部感觉。感觉虽然是我们对客观事物的简单认识，它反映的并不是客观事物的全貌，但一切较高级、较复杂的心理现象都是在感觉的基础上产生的。

（2）知觉

知觉是人脑对直接作用于感觉器官的客观事物的各个部分和属性的整体反映，是顾客在感觉基础上对商品总体特性的反映。知觉以感觉为基础，但不是感觉的简单相加，而是对大量感觉信息进行综合加工后形成的有机整体。

知觉具有以下特征：

①主观性。顾客在知觉事物和商品的过程中，经常糅合了自我想象、猜测及一定的信念、态度和偏好等，形成主观的知觉。如有些顾客在选购商品之前就倾向于接受某些信息，从主观意志出发评价商品的优劣。

②选择性。由于顾客的兴趣、需要、消费习惯和消费动机等影响及注意力有限的原因，顾客在知觉商品时，不可能在一个特定时间内同时接受所有刺激感官的感觉，不能够知觉到商品的全部属性，而是仅仅能够知觉到商品的一部分属性。

③连贯性。顾客容易根据原有的信息来解释新的信息，凭借以往的经验确认当前的事物，把有相似特征的事物看做是相同的。知觉连贯性主要包括大小连贯性、形状连贯性和色彩连贯性。

④整体性。知觉的对象有不同的属性，由不同的部分组成，但我们并不把它感知为个别孤立的部分，而总是把它知觉为一个有组织的整体。知觉的这种特性称为知觉的整体性或知觉的组织性。一般说来，顾客认识事物不会孤立地反映部分属性，总是把一种商品的各个特征综合在一起，形成商品的知觉；把推销人员的姿势、表情、动作、语言、服饰等综合在一起，形成对其服务态度的知觉。

⑤理解性。对于知觉的对象以自己的过去经验予以解释，并用词汇或概念对其进行命名或归类，即赋予对象一定的意义。知觉的这一特性称为知觉的理解性，即顾客根据已有的知识和经验对知觉对象进行解释的过程。

⑥防御性。防御性指个体表现出对恐惧或感到威胁的刺激倾向于回避、阻滞或反应缓慢。防御性会使顾客对某些信息做出反应的程度降低，会使顾客只看见他们所要见的东西，只听见他们所要听的声音。如一件商品仅因为外表某一个小瑕疵而被拒绝购买，因为这时，顾客先要求得到外观的完美，面对其他信息，他此时还无法吸收进去。

⑦恒常性。当客观条件在一定范围内改变时，我们的知觉印象在相当程度上却保持着它的稳定性，即知觉恒常性。人们一旦形成对某一事物的知觉，其后就会继续以这种知觉去认识这一事物。此特点对建立顾客忠诚非常重要。

知觉是感觉的深入与发展。完整、准确的知觉建立在对某客观事物或现象的个别属性的丰富、完善的感觉之上。在购买活动中，顾客只有借助于对某种商品一定的知觉材料的掌握，方可能进一步通过思维去认识商品，知觉程度得到提高，进而形成对商品的主观态度，最终确定购买与否。

2. 理性认知阶段

理性阶段包括记忆、思维、想象等一系列复杂的心理活动。

（1）记忆是人脑对过去经历过的事物的反映。记忆中所保留的印象就是人的经验。记忆主要以回忆和再认识的方式表现出来。人一般习惯于记忆具体形象的东西，凡是能够唤起人的情绪的语言，都能增强记忆。如商品造型、装潢色彩、橱窗陈列、商品包装、商品命名、商品广告、营销服务人员用语，均可使顾客产生满意或不满意的情绪体验，留下较深的记忆痕迹。

（2）思维与“感性认识”相对。思维是指理性认识，即思想；或指理性认识的过程，即思考。它是人脑对客观事物间接的和概括的反映，是认识的高级形式。包括逻辑思维和形象思维，通常指逻辑思维。它可以揭露事物本质和规律，借助言语实现人的理性认识过程。人的思维具有广阔性、深刻性、独立性、灵活性的特点，因此每个顾客在这些方面都有各自的差异。由此，要激起其强烈的购买欲望，商品的生产者和经营者也需在商品生产与销售的各个环节和方面，为顾客提供思维的感知材料，使之产生丰富的、美好的想象。

（3）想象是指人在脑子中凭借记忆所提供的材料进行加工，从而产生新的形象的心理过程。也就是人们将过去经验中已形成的一些暂时联系进行新的结合。它是人类特有的对客观世界的一种反映形式。想象必须具备的三个条件：第一，必须要有过去感知过的经验；第二，依赖于人脑的创造性加工；第三，想象是一个新的形象。想象带有生动形象和间接概括认识事物的特点，是人脑对客观现象的反映，以现实中已有的事物为依据，仍是反映现实的一种形式。服装设计师设计服装、广告设计师设计广告、商店布置橱窗等，都可以用多种方法来丰富顾客的想象力，以达到宣传商品的目的。

知识链接

唐·E·舒尔茨教授利用“心智模式”的运行过程分析指出，消费者在做出购买决定时是依赖认知而非事实。消费者购买决策的根据是他们自以为重要、真实、正确无误的认知，而非具体、理性的思考。消费者脑中的“事实”实质上就是他们认知到的信息。所以辨别最有价值的客户是整合营销传播计划的开始，而整合策划流程要由外向内以消费者为起点进行规划。

（摘自《消费者认知导向的整合设计观》作者：汪 崟）

（二）顾客购买的情感过程

顾客对产品有了一定的认知，在具体实施购买行动前，往往还会经历情感阶段的影响。情感过程是顾客心理活动中的一种特殊的反应形式，即对客观现实是否符合自己的需要而产生的态度和体验，表现为是否满意、喜欢、有兴趣、有欲望。购买过程中，顾客的情感的产生和变化主要受以下因素的影响：

1. 购买环境的影响

商场外部形态、商场内部布置与陈设等几个方面，它们对顾客心理与行为有直接的影响。商场店名、店门、橱窗要根据商场经营范围、经营特性来设计，要遵循顾客识别、记忆、审美等原则，以达到宣传、销售商品的目的；商场的内部陈列要讲究方法，注意清洁整齐、疏密有致，方便顾客观看、挑选。其次，辅助设施系统的建立对顾客心理与行为也有直接的影响。宽敞明亮、美观雅洁、管理有序、温度宜人的购买现场会使顾客感觉愉快、舒畅，整个购物过程中情感体验美好。同时，如果推销人员介绍商品和接待顾客耐心、热情、客观，会使顾客购买的信心提高和增强，或使顾客改变购买态度，决定购买而不再犹豫不决。

2. 商品自身的影响

商品的品牌、性价比、包装、商标、造型对顾客消费心理产生影响。商品是影响顾客情感的主要因素，关系到顾客的需要是否得到满足、切身利益是否受到损害。如果商品的功能效用、外形设计、包装装潢、价格、品牌信誉、销售服务、质量保证体系等与顾客的需要一致，则其会激发顾客的兴趣和想象，使顾客产生喜悦情感，顾客就会对商品产生好感，产生积极的情感体验，就会购买商品；反之，顾客就可能产生不悦的情感，甚至对商品不屑一顾。

3. 个人情绪的影响

顾客情绪状态不尽相同，即生理特点、性格倾向、生活习惯、社会阅历、事业成功状况各有所差异，而需求的程度、道德信仰、社会地位、身体状况、社会关系等也迥异，因此他们的购买心理与购买行为也各有特点。

案例资料 2－1

以上海女性为例谈都市女性情绪消费

研究数据表明，绝大多数的女性都曾受到情绪的支配，产生“非必需”的冲动购物。这类冲动型的感性消费占女性消费支出的比重高达40.0%。

情绪与女性消费行为关系的描述性分析

有关导致女性非理性购物的原因，超过33%的女性消费者认同情绪波动是首要原因。其次，“朋友推荐”和“售卖点（POP）广告”影响力也不容小觑。一般情况下，“朋友推荐”、“售卖点广告”这两个外部因素也需通过改变女性心理来发挥作用，因此，由于“情绪”能够直接或者间接导致非理性的购物行为，我们可将由情绪波动所引发的消费行为称之为“情绪消费”。通常，女性较男性会更为感性，她们在购物时往往脱离商品“工具”方面的功能，比较趋向于受商品情感功能的影响，通过选购的商品具有的特别内涵，如表示爱情、友谊、尊重等，来表达自己对亲人的感情。其他诸如商品名称、款式色彩、包装装潢、环境气氛等都可以使女性萌发购买欲望，甚至产生冲动性购买行为。

不同年龄段女性产生情绪消费的频率也不尽相同。25～35岁年龄段的青年女性有相当一部分（20%以上）承认自己“经常发生”情绪化消费行为；相对地，36～45岁年龄段的中年女性却无人做出相同选择。同时，“很少发生”以及“从没发生”情绪化消费行为的女性人数随着年龄的递增而增加。

从总体上看，绝大多数女性都有过情绪消费的经历，但频率会随着年龄的增加而有所减少。通常，年轻女性是情绪化的群体，随着年龄的增长、阅历的丰富、经济负担的增重，她们面对购物选择时也会更加持重镇定，相对理性。

深层解读女性情绪消费背后的“使用与满足”

相较于男性，女性的消费过程似乎严重缺乏“目的性”，购物背后的动机，已经不再是单纯为解决生活的需求，而是满足某种心灵深处情感波动的需要。消费帮助她们完成自我重塑的体验过程，通过多层次的情感感知认同自身生活质量的提高。她们从理性购买计划和感性购买过程中获得了需求与情感上的双重平衡。

1. 独特的心理：重获安全感的渠道

当今，女性在政治、经济、文化任一领域的地位仍无法与男性看齐，而社会对现代女性的要求却与日俱增，在相夫教子的传统义务之外，还需承担社会工作职责，致使女性压力剧增。从而，压力大的一个重要表现在于女性对社会评论的敏感程度远高于男性，她们会通过购物、消费的方式，减压、炫耀，并追求外在的完美。由此，购物不仅出于自身需要，而是往往夹带着较强宣泄情绪的愿望。同时，女性通常比男性更缺乏安全感，她们通过购物来重获平衡感，随时获取心爱之物令她们的情绪感到放松、愉快。

2. 独特的收视偏好：获取形象认同的需要

受社会角色期待的影响，女性消费通常是力图体现“温柔贤惠”或“女人味”。服饰、护肤化妆品和健身美容的可以概括为“印象整饰”。对于“印象整饰”和认同之间的关系，塞挪特以“化妆”为例进行了精辟的分析，他认为化妆具有两个主要功能：自我表现、自我创造。“化妆是角色——支持”，“化妆就是认同”。

塑造符合社会认同的形象的普遍心理，促使女性更为关注消费品信息，而呈现消费主义特征的媒介内容为她们提供了消费的现实依据。

3. 获取商品符号价值对自我进行“理想化重塑”

女性通过消费来诠释“自我”，不论这种“自我”是真实的还是虚构的，她们在购物的过程中去辨识自己的身份、地位。品牌宣传需要为产品加诸符号价值，因此，在都市女性看来，商品的品牌、风格、包装、产地及其摆放空间都具象征意义，代表着品位、经济实力、社会声望、权力等，却与商品实际的功能失去了联系。消费迎合了她们完善自身形象、传达自我概念、彰显社会地位的要求。正如白领女性用几个月的薪金购买一只PRADA手袋或者一套CHANEL裙装的行为，目的是为宣告自己业已“跻身于高尚的社会阶层”；而我们也可以将一位母亲为新生婴孩购买高档进口品牌奶粉的行为，看作是她对周围人言说“我是一位合格的母亲”的告白。

（摘自http：//qnjz. dzwww. com 作者：朱雪梅）

4. 社会情感的影响

由于社会性需要而引起的情感即高级社会性情感可分为道德感、理智感和美感三类。道德感是关于人的行为、举止、思想、意图是否符合社会道德行为准则而产生的情绪体验，它是由那些能满足人的社会道德行为准则的需要而产生的；理智感是在人的智力活动过程中产生的体验，它是和人的认识活动、求知欲、认识兴趣的满足、对真理的探求相联系的；美感是对事物的美的体验，它是根据美的需要，按照个人所掌握的社会上美的标准，对客观事物（包括内容和形式）进行评价时所产生的情绪体验。

5. 顾客心理准备的影响

顾客的心理准备状态对于顾客情感有直接的激发作用，经激发而兴奋起来的情感又影响顾客原来的心理准备，两者共同推动购买行为的进行。

（三）顾客购买的意志过程

顾客意志过程就是顾客在购买活动中有目的地、自觉地支配和调节自己的行动，克服各种困难，实现既定的购买目标的心理过程。顾客的购买行为由意志决定。产生购买的欲望到实现这一购买过程，其中可能涉及积累资金、搜集信息、寻找产品、讨价还价等各种各样的困难，甚至还要经过一个准备阶段，才能从决定购买转到实际购买。意志过程贯穿在顾客的整个购买决策行为之中。

顾客对商品的意志过程，通常可分为三个行动阶段。

1. 采取购买决定的阶段

采取购买决定的阶段是顾客对商品意志行动的初始阶段，它决定着意志行动的方向和行动计划。它包括购买目标的确定、购买动机的取舍、购买方式的选择及有关计划的制定等几个环节。在这个过程中，要经过复杂的心理活动。在这个阶段，顾客主要是克服个人心理上的冲突，战胜主观和客观上的困难，以作出购买决定。

（1）购买目的的确定

顾客的需要决定购买目的。顾客有意识、有计划、有目的地去支配和调节自己的购买行为之前要经过反复认真思考，明确购买某种商品能满足自己的何种需要的目的。由此可知，顾客的购买目的的确定，需要意志的努力，这也集中体现了顾客消费心理活动的自觉性。

（2）购买动机的确定

一定的需要、动机引起消费行为。在多种动机出现时，顾客选择恰如其分的购买动机，这就需要意志的作用。意志活动根据需要的重要程度和轻重缓急，依据其明确的购买目的，最后选择恰当的购买动机从而解决这种冲突。

（3）购买商品的选择

顾客在购买动机确定之后，还要确定具体购买对象。因为同类商品会有牌号、质量、档次、价格等方面的差异，顾客选择、确定购买对象的过程，就是根据商品的性能、特点、品牌、价格、质量等因素，根据自己的经济条件和需要的轻重缓急，作出具体购买哪个商品的决定。这时，顾客需要意志努力去进行抉择。

（4）购买计划的制订

为保证购买目标的实现，顾客购买对象确定之后，还有必要制订购买行动计划。这就是选择合适的购买方式、方法，一般包括购买时间、购买场所、经济开支有多少，购买数量，所需物品哪些先购、哪些后购、提货方式、经济支付方式等的选择和确定。

所有这些，都需要在意志的参与下进行。

2. 执行购买决定阶段

执行决定是根据既定的购买目的购买商品，是顾客从作出购买的决定过渡到实际购买的阶段。也就是意志实现的关键阶段，需要顾客做出更大的意志努力。在执行过程中，顾客往往要克服主观上和客观上的许多困难。所以，实施购买决定是真正表现出意志的中心环节，它要求顾客为实现购买目的，克服自身的困难、排除外部的障碍。

3. 体验执行效果阶段

体验执行效果阶段是购买商品后顾客在消费过程中的自我感觉和社会评价。通过对商品的使用，顾客还要体验执行购买决定的效果，将评价购买这一商品的行为是否明智。这种对购买决策的检验和反省将决定顾客今后是重复还是拒绝、是扩大还是缩小对该商品的购买。

（四）顾客的购后感受过程

顾客的购买过程并不随着购买行动的结束而结束。顾客通过上述过程购买商品之后，通过亲身的使用或其他人员对该商品评价的影响，把产品的实际性能与购买前对产品的期望值进行比较，产生购后感受，作为今后购买决策的参考。如果顾客对该商品感到满意，产生好评，那么顾客就会产生重复购买或扩大购买的欲望，并对该商品进行宣传。如发现产品性能与购前期望不一致，就会感到失望和不满，不会重复购买。当顾客对某种商品的心理过程完成以后，顾客又根据新的需要，对其他商品开始了认识、情感和意志等一系列活动。一般说来，购买心理过程可分为以下几个阶段（见图2-1）：

图2-1　购买者心理过程的阶段

顾客的购买行为是由动机支配的，而动机又是由顾客的某种需要引起的，所以，在研究顾客购买行为的原因时，就不能不了解顾客的需要。

二、顾客的需要与购买动机

顾客的购买行为是由动机支配的，而动机又是由顾客的某种需要引起的，所以，在研究顾客购买行为的原因时，就要了解顾客的需要。

（一）顾客的需要

需要，是指人类感受到的贫乏状态，即是由人自身生理条件或社会因素所导致的那种欠缺的、未满足的主观感受状态，是人对某种目标的渴望和欲求，是客观要求在人脑中的反映，是个性积极性的源泉。它推动着人去从事某种活动。

1. 顾客需要产生的途径

（1）内在积累。比如一个人随着时间的推移，会由于体内营养的消耗，而逐渐感到饥饿，从而产生对食物的需要，这就需要内在积累。

（2）外在刺激。比如一个人因为看到电视中床垫广告，或由于同事或邻居说使用某床垫效果很好，会对这种产品产生兴趣，从而进一步产生潜在需要。

2. 顾客需要的基本特征

（1）多样性和差异性。这是顾客需求最基本的特征，既表现在不同顾客之间多种需求的差异上，也表现在同一顾客多元化的需要内容中。由于顾客的收入水平、文化程度、职业、性格、年龄、民族、生活习惯等的不同，自然会有多种多样的爱好和兴趣，对于商品和服务的需求也必然千差万别和丰富多彩。另一方面，就同一顾客而言，其需要也是多元的。每个顾客不仅有生理的、物质的需要，而且还有心理的、精神方面的需要，不仅要满足衣、食、住、行方面的基本要求，而且希望得到娱乐、审美、运动健身、文化修养、社会交往等高层次需要的满足。消费需求多样性还表现为同一顾客对某一特定消费对象常常同时兼有多方面的要求，这就决定了市场的差异性。顾客需要的多样性决定企业只能为某一类或某几类需要服务，而顾客在同一需求上的差异性，决定企业不可能满足所有顾客对某种产品的互有差异的整体需要。这是企业进行市场细分和选择目标市场的基础。

（2）发展性。就发展性而言，顾客的需要是一个不断发展的过程。随着社会的发展和生活水平的提高，人们对商品和服务的需求无论是数量上，还是质量或品种上，都在不断地发展着。一种需要被满足了，又会有新的需要，总的趋势是由低级向高级、由简单向复杂、由追求数量满足到追求质量不断发展的过程。某些现在的热门货，有可能在一段时间以后变成过时商品而被淘汰；许多潜在的消费需求，不断地变为购买行为。

（3）层次性。顾客的需要是有层次的。人们的消费需求一般地说是由低层次向高层次逐渐延伸的。按照不同的划分方法，可以把顾客需要划分为若干个高低不同的层次。例如，充饥、御寒属于低层次的需要，而受人尊重、实现自我属于较高层次的需要。在通常情况下，当低层次、最基本的生活需要，即满足生存的需要被满足后，就会产生高层次的社会需要和精神需要。但在特殊情况下，需要层次的顺序也可以改变，即顾客可能跨越低层次需要去首先满足高层次需要，也可能在高层次需要满足之后，转而寻求低层次需要的满足。

（4）伸缩性。人们的消费需求受外因和内因的影响。内因包括顾客本身需求欲望的特征、程度和货币支付能力等。从支付能力看，在现实生活中，每个顾客都同时具有多种需要。但在一定时期内，多数顾客的支付能力是有限的。顾客需要的多样性与有限的支付能力之间的这一矛盾，使顾客的需要只能有限地得到满足，这就是需要表现出一定的伸缩性的主要因素；外因主要是商品的供应、价格、广告宣传、销售服务和他人的实践经验等。这两个方面因素都可能对顾客产生促进或抑制作用。这就使消费需要只能是有限地得到满足，表现出一定的伸缩性，需要可以抑制、转化、降级，即并非只能增加不能减少。在特定的情况下，人们可能满足某种而放弃其他需要。一般地说，基本日常生活必需品的消费需求弹性较小，而非生活必需品或中高档消费品的消费需求的伸缩性较大。从顾客的自主选择看，伸缩性还表现在顾客对需要的层次高低、内容多寡和程度强弱上。

（5）互联性。消费需求对某些商品具有互相联系的特点，如购买钢笔时可能需要同时购买墨水，购买自行车时可能需要同时购买打气筒和修理工具等。经营互有联系和补充性的商品，不仅会给顾客带来方便，还能扩大商品的销售额。

（6）可诱导性。顾客需要可以通过环境的改变或通过人为地、有意识地给予外部诱因的刺激，诱发顾客需求发生变化和转移。企业可以利用顾客需要的可诱导性通过卓有成效的市场营销活动，倡导消费时尚，创造示范效应，使无需求转变为有需求，使潜在的需求转变为现实的需求，使企业由被动地适应迎合顾客的需求转化为积极地引导、激发和创造顾客的需求，从而有效地影响、诱导顾客形成。

（7）周期性。一些顾客的需要在获得满足后，在一定时期内不再产生新的需要。但随着时间的推移，顾客的需要虽然在内容、形式上有所变化和更新，却还会重新出现，并显示出明显的周期性。

当顾客产生某种需要时，产生寻找适宜的商品目标的心理倾向。当商品目标找到后，就产生满足需要的购买行为，当购买到满意的商品后，需要得到满足，此后又产生新的需要，如此循环往复，不断持续下去。

知识链接

马斯洛人类需求五层次理论

马斯洛理论把需求分成生理需求、安全需求、社交需求、尊重需求和自我实现需求五类，依次由较低层次到较高层次。

生理需求：对食物、水、空气和住房等需求都是生理需求，这类需求的级别最低，人们在转向较高层次的需求之前，总是尽力满足这类需求。

安全需求：安全需求包括对人身安全、生活稳定以及免遭痛苦、威胁或疾病等的需求。和生理需求一样，在安全需求没有得到满足之前，人们唯一关心的就是这种需求。

社交需求：社交需求包括对友谊、爱情以及隶属关系的需求。当生理需求和安全需求得到满足后，社交需求就会突出出来，进而产生激励作用。在马斯洛需求层次中，这一层次是与前两层次截然不同的另一层次。

尊重需求：尊重需求既包括对成就或自我价值的个人感觉，也包括他人对自己的认可与尊重。

自我实现需求：自我实现需求的目标是自我实现，或是发挥潜能。

案例资料 2－2

荒岛上的鲁滨逊在孤立无援的境地下，将最先考虑食物和水的需求，再考虑建立一个避身之处，然后积累食物和水以备日后之需，其后是找一个土著人“星期五”，指挥他干活，四处活动了解环境，闲暇时欣赏海上日落，做一些陶艺品，最后是要显示自己存在的价值，在岛上建立一个属于自己的“自由王国”。

（摘自陈树《营销心理学》授课教案）

知识链接

奥尔德佛“ERG”理论

美国学者克莱特·奥尔德佛（C. Aiderfer）认为，人的需要有三种，即生存（Existence）、关系（Relationship）和发展（Growth）（简称 ERG）。ERG 理论认为，这三个层次需要中任何一环的缺少，不仅会促使人们去追求该层次的需要，也会促使人们转而追求高一层次的需要。人们的需要不一定严格按照由低到高的次序发展，可以越级出现，因而激励措施可以多样化。

具体说，奥尔德佛“ERG”理论为：

(1) 在同一层次的需求中，当某个需求只得到少量的满足时，一般会产生更强烈的需求，希望得到更多的满足。由此推论，此时消费者行为不会指向更高层次的需求，而是停留在原有的层次，从量和质方面发展。

(2) 较低层次的需求满足得到越充分，对高层次的需求越强烈，此时消费者的欲望将指向高层次的需求。

(3) 较高层次的需求满足得越少，越会导致较低层次需求的急剧膨胀和突出起来，即消费者会以更多的支出投入到这一较低层次的需求当中。

得出：

需求的变化不仅基于“满足——前进”，而且完全有可能“受挫——倒退”。

研究和掌握顾客的心理需要，使我们能够了解社会消费现象，对消费趋势作出预测，以设计出合理的产品和服务，尽可能满足顾客的需要，从而使企业效益得到提高。

(二) 顾客的购买动机

动机是引起和维持人的行为，并使该行为指向一定目标的心理活动过程。动机由未满足的某种需要产生，这时心理上就会产生一种紧张感，驱使人们采取某种行动以消除这种紧张感。可以说动机是引起人们为满足某种需要而采取行动的驱动力量。动机的产生必须具备两个条件：一是有一定强度的需要；二是具有满足需要的目标和诱因。当需要处于萌芽状态，在客观上也缺乏满足的目标或诱因条件出现时，需要才能转化为动机。

1. 购买动机的分类

(1) 一般购买动机。从顾客购买商品的原因和驱动力而言，顾客的购买动机可分为生理性购买动机和心理性购买动机两大类。

①生理性购买动机。生理性购买动机是指顾客由于生理本能的需要而产生的购买动机，又称本能动机。生理性动机又可分为维持生命的动机、保护生命的动机、延续生命的动机、发展生命的动机等种类。

②心理性购买动机。顾客个体心理因素是引起其心理性购买动机的根源。心理性购买动机是指人们由于心理需要而产生的购买动机，是顾客除本能以外，为满足、维持社会生活，进行社会生产和社会交际，在社会实践中实现自身价值等需要而产生的各种购买动机。心理性购买动机比生理性购买动机更为复杂多样。

(2) 具体购买动机。实际购买活动中，顾客购买商品的心理活动非常复杂，其多方面的需要和欲望形成了形形色色的具体的购买动机。推销人员通过研究顾客具体的购买动机，可以掌握顾客购买行为的内在规律性，并采取有效措施加以引导。

①求实购买动机。此动机是一种着重于消费品或劳务对顾客的实际价值这一主要目的的购买动机。比较注重商品的实际效用、功能质量，讲求经济实惠、经久耐用，不大追求外观的美丽或商标的名气等。其主要是在经济条件的限制或传统习惯、观念的影响下产生这种购买动机。这些顾客是中低档和大众商品的主要购买者。

②求新购买动机。求新购买动机以追求商品的新颖、奇特、时尚为主要购买动机。具有这种购买动机的顾客特别重视商品的款式、颜色、造型、装潢是否符合时尚或与

众不同，只要具有引人注目、新奇或超前于社会许多而表现得与众不同等特点，都有可能成为购买的对象，而不太注重商品的使用程度和价格高低。

③求美购买动机。求美购买动机是以追求商品的艺术欣赏价值为主要目标的购买动机。具有这种购买动机的顾客特别重视商品的美化作用、装饰作用、陶冶作用，而对商品本身的实用价值不太重视。

④求名购买动机。求名购买动机是以追求名牌商品、高档商品或仰慕某种传统商品的名望为主要购买目的的购买动机。此类顾客以追求所购商品能显示自己的地位和名望为主要目的。具有这种购买动机的顾客特别注重商品的商标、品牌、档次及象征意义，而不太重视商品的使用价值。其核心是“炫耀”、“显名”。

⑤求廉购买动机。求廉购买动机是以追求商品价格低廉，希望以较少的货币获得较多物质利益为主要目的的购买动机。顾客以追求价格低廉从而获得较多的利益为主要目标。这类顾客特别注重商品的价格，因此对优惠品、特价品、折价品、处理品等比较感兴趣，大都“货比三家”，以求价格上的差异。具有这种购买动机的人往往以经济收入较低的人为多。

⑥自我表现购买动机。自我表现购买动机也称为炫耀购买动机，是以显示自己身份、地位、威望和财富为主要目的的购买动机。具有这种购买动机的顾客特别重视商品的影响和象征意义。

⑦好胜购买动机。好胜购买动机也称为攀比购买动机，以争强好胜、不甘居人后为主要特征。具有这种购买动机的顾客是为了赶上并超过他人，达到心理上的平衡和满足。需要、购买能力居于次要地位。这种购买往往具有偶然性的特点和浓厚的感情因素。

⑧惠顾性购买动机。惠顾购买动机是以表示信任、感谢为主要目的的购买动机。顾客由于某些原因习惯地、重复地光顾特定商店、特定商品品牌，成为企业最忠实的支持者。

⑨偏爱购买动机。偏爱购买动机是以满足个人兴趣爱好为主要目的的购买动机。这种动机是建立在顾客对于商品的客观认识基础上的，是经过分析之后产生的购买动机。因此，这种动机的购买行为比较理智，指向也比较集中和稳定，且具有经常性和持续性的特点。

⑩求方便购买动机。求方便购买动机的核心是顾客把消费品使用方便和购买方便与否作为选择消费品和劳务以及消费形式的第一标准，以求在消费活动中尽可能地节约时间。具有这类购买动机的顾客的时间、效率观念很强，但对商品本身却不太挑剔。

知识链接

赫茨伯格“双因素”理论

弗雷德里克·赫茨伯格（Frederick Herzberg，1923—）是美国心理学家、管理理论家、行为科学家，双因素理论的创始人。他通过大规模的试验研究提出了“激励—保健因素理论”，即“双因素理论”。赫茨伯格动机的“双因素”理论重点在于试图说服员工重视某些与工作有关的绩效原因。它是目前最具争论性的激励理论之一。他认为，导致员工对工作不满意的因素是彼此独立而不同的，但也并不是相互对立的。保健因素不能使人对工作产生积极的满意感，因为它本身的特性决定了它无法给人以成长的感受；激励因素代表了工作因素，所以它是成长所必需的，它提供的心理激励促使每个人努力去满足自我实现的需要。赫茨伯格认为，只有当一个人自身产生了动力，才谈得上是受到了激励；以为他不再需要外部的刺激，他自己需要这样做。

知识链接

弗洛伊德的“潜意识理论”

西格蒙德·弗洛伊德（Sigmund Freud，1856. 5. 6—1939. 9. 23），犹太人，奥地利精神病医生及精神分析学家，精神分析学派的创始人。在19世纪末，20世纪初，他发展了所谓的“深度心理学”，也称“精神分析”。精神分析就是一门研究人的心理，并对心理失调现象进行治疗的学科。

弗洛伊德的“潜意识理论”：意识只是人心灵中的一小部分而已，意识就像是露在海面上的冰山顶端，在海面下，也就是在人的意识之外，还有潜意识的存在。有时候我们并不一定能够意识到潜意识的存在，但那些只要我们认真想就可以想起来的东西，我们称为潜意识。

人们行为的真正心理压力大多是无意识的。他看到人们在成长过程中和接受社会标准的过程中，往往得压制许多欲望，这些欲望从没有减少或得到了有效控制，在梦境中、脱口而出的话语中以及神经质的行为中常常会得到表现。

三、顾客购买行为

顾客购买行为是指顾客为满足其个人或家庭生活而发生的购买商品的决策过程。顾客购买行为是复杂的，其购买行为的产生是受到其内在因素（年龄、性别、经济收入、教育程度、社会地位、职业等）和外在因素（购买环境、购买方式、商品类型、供求情况、推销人员的接洽服务等）的相互促进交互影响的。

（一）顾客购买行为模式

很多商家都有这样的困惑：他们能看到产品的质量、价格以及顾客购买的结果。但是，顾客到底是怎么想的，决定购买的过程是怎样的，对他们来说就像个黑箱。营销研究的目的就是要打开这个黑箱。

为了研究顾客购买行为，专家建立了“刺激—反应模式”（S—R公式）来说明外界营销环境刺激与顾客反应之间的关系。“购买者黑箱”由两部分组成：其一为购买者特征，它会影响购买者对外界刺激的反应；其二是购买者的决策过程，它影响购买者的最终决定。

根据“刺激—反应模式”（S—R公式），任何刺激因素作用于人时，由于顾客具有不同的文化心理，因此就有不同的确认问题、收集信息、评估方案等决策过程，会产生不同的反应。这些过程就是一个“购买者黑箱”。比如，当产品价格便宜时，有的认为，“一分价钱一分货，好货不便宜，便宜没好货”；也有的认为价廉物美，会立即购买。同样的信息刺激对于不同的顾客产生的影响不同。因此企业就需要研究刺激反应过程中的”黑箱”，要了解这“黑箱”里面是什么。

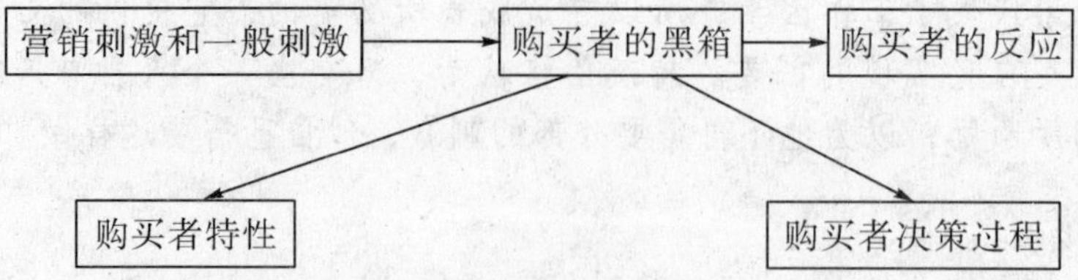

图 2-2　顾客购买行为模式

购买者特性是由文化、社会、个人、心理因素影响，影响购买者对外界刺激如何反应。推销人员要让顾客达到和实现企业的预期，就必须研究影响顾客行为的因素，才能有的放矢。购买者决策过程影响购买者最终决定，其帮助企业了解以下内容：购买者是谁？（who）购买什么？（what）为什么购买？（why）谁参与购买？（who）什么时候购买？（when）怎样购买？（How）何地购买？（where）

购买者的特性和购买决策过程导致一定的购买决定。推销人员的任务要了解在外部刺激和购买决策之间购买者的意识发生了什么变化。理解他们的消费行为，迎合他们的需求，顺其道而行之。通过对顾客特性与购买决策过程的了解有助于企业有针对性地开展营销活动。

知识链接

消费者购买行为的模式

一些西方学者在深入研究的基础上，揭示了消费者购买行为中的某些共性或规律性，并以模式的方式加以总结描述。其中尤以恩格尔—科拉特—布莱克威尔模式（Engel—Kollat—Blackwell，EKB 模式）和霍华德—谢思模式（Howard—Sheth）最为著名。

1. 恩格尔—科拉特—布莱克威尔模式

EKB 模式强调了购买者进行购买决策的过程。这一过程始于问题的确定，终于问题的解决。在这个模式里，消费者心理成为“中央控制器”，外部刺激信息（包括产品的物理特征和诸如社会压力等无形因素）输进“中央控制器”；在“控制器”中，输入内容与“插入变量”（态度、经验及个性等）相结合，便得出了“中央控制器”的输出结果——购买决定，由此完成一次购买行为。

具体来说，EKB 模式描述了一次完整的消费者购买行为过程：在外界刺激物、社会压力等有形及无形因素的作用下，使某种商品暴露，引起消费者的知觉、注意、记忆，并形成信息及经验储存起来，由此构成消费者对商品的初步认知。在动机、个性及生活方式的参与下，消费者对问题的认识逐渐明朗化，并开始寻找符合自己愿望的购买对象。这种寻找在评价标准、信念、态度及购买意向的支持下向购买结果迈进。经过产品品牌评价，进入备选方案评价阶段，消费者在选择评价的基础上作出决策，进而实施购买并得到输出结果，即商品和服务。最后对购后结果进行体验，得出满意与否的结论，并开始下一次消费活动过程。

2. 霍华德—谢思模式

霍华德和谢思认为，影响消费者决策程序的主要因素有：输入变量、知觉过程、学习过程、输出变量、外因性变量等。模式中的输入变量（刺激因素），包括刺激、象征性刺激和社会刺激。刺激是指物品、商标本身产生的刺激；象征性刺激是指由推销人员、广告媒介、商标目录等传播的语言、文字、图片等产生的刺激；社会刺激是指消费者在同他人的交往中产生的刺激，这种刺激一般与提供有关的购买信息相联。消费者对这些刺激因素有选择地加以接受和反应。

知觉过程是完成与购买决策有关的信息处理过程；学习过程是形成概念的过程。知觉过程和学习过程都是在“暗箱”内完成的，经过“暗箱”的心理活动向外部输出变量。

上述因素连续作用的过程表现为：消费者受到外界物体不明朗的刺激后，进行探索，引起注意，产生知觉倾向，进而激发动机。同时通过选择标准的产生以及对商品品牌商标的理解形成一定的购买态度，从而坚定购买意图，促成购买行为。

购买的结果将反馈给消费者，消费者对商品的满意状况又将进一步影响其对商品品牌的理解和态度的变化。

外因性变量不直接参与决策过程。但一些重要的外因性变量，如购买的重要性、消费者个性品质和经济状况的限制以及社会阶层的感染、文化亚文化的作用等，都将给消费者以极大的影响。

（摘自 http：//www. cmic. zju. edu. cn/）

（二）顾客购买行为类型

概括地说，顾客购买行为就是指人们为了满足个人、家庭的生活需要或者企业为了满足生产的需要，购买爱好的产品或服务时所表现出来的各种行为。在购买活动中，顾客购买行为有所区别。为掌握顾客的心理活动过程，全面认识顾客行为，就有必要深入探寻顾客购买行为的差异性。顾客购买行为的类型主要有：

1. 根据顾客的购买目标划分的购买类型

（1）全确定型。全确定型指顾客在购买商品以前，购买目标已经明确，对商品的名称、型号、规格、颜色、式样、商标以至价格的范围都有明确的要求。这类顾客进入商店以后，一般都是有目的地选择，会毫不犹豫地买下商品。

（2）半确定型。半确定型指顾客在购买商品以前，购买目标已有大致方向，但具体要求还不够明确，实现购买目的需要经过长时间的比较和评定阶段，一般不能向推销人员明确清晰地提出对所需产品的各项要求。

（3）不确定型。不确定型指顾客在购买商品以前，没有明确的或既定的购买目标。这类顾客进入商店一般是漫无目的地看商品或随便了解一些商品的销售情况，碰到感兴趣的商品也会购买。

2. 根据顾客的购买态度划分的购买类型

（1）习惯型。属于此类型的顾客，往往根据过去的购买经验和使用习惯或对某种商品或某家商店的信赖、偏爱采取购买行为，或长期惠顾某商店，或长期使用某个厂牌、商标的产品。由于经常购买和使用，对这些商品十分熟悉，体验较深，再次购买时往往不再花费时间进行比较选择。

（2）理智型。此类型顾客购买行为以理智为主而以感情为辅。在每次购买前较为仔细研究比较所要购买的商品，收集产品的有关信息，了解市场行情，对产品特性心中有数。在购买过程中，他们具有较强的主观性，不轻易相信广告、宣传、承诺、促销方式以及售货员的介绍，作购买决定前往往要细致的检查、比较商品，反复衡量各种利弊因素。

（3）经济型。经济型即价格型。此类顾客选购产品多从经济角度考虑，对商品的价格非常敏感，对“大甩卖”、“清仓”、“血本销售”等低价促销最感兴趣。一般来说，这类消费者与自身的经济状况有关。

（4）冲动型。冲动型指顾客容易受商品的外观、包装、商标或其他促销活动的刺激而产生购买行为。此类顾客易受产品外部质量和广告宣传的影响，以直观感觉为主进行购买，不愿作反复的选择比较，能快速作出购买的决定。

（5）疑虑型。疑虑型指顾客较内向，购买时行动谨慎、迟缓，体验深而疑心大、费时多。购买商品需经“三思而后行”，选购产品从不冒失仓促地作出决定，小心谨慎和疑心重重，常常会犹豫不决而中断购买，购买后还会疑心是否上当受骗。

（6）感情型。此类顾客在购买行为上容易受感情的影响，也容易受销售宣传的诱引，往往以产品的品质是否符合其感情的需要来确定购买决策。

（7）不定型。此类顾客由于缺乏经验，购买心理不稳定，往往是随意购买或奉命购买商品。在选购商品时大多缺乏主见，一般都渴望并乐于听取推销人员的介绍和推荐，不去检验和查证产品的质量。

3. 按顾客在购买现场的情感反应区分

（1）沉稳型。此类顾客反应比较缓慢而沉着，在购买活动中往往沉默寡言，情感不外露，举动不明显；购买态度持重；只愿与推销人员谈产品内容的话题。

（2）温顺型。这类顾客态度温和，选购产品尊重推销人员的介绍和意见，作出购买决定较快，较相信推销人员的服务，很少亲自重复检查商品的质量。对购买产品本身并不过于考虑，而更注重推销人员的服务态度与服务质量。

（3）健谈型。这类顾客情感易变，兴趣广泛。在购买商品时，愿意与推销人员和其他顾客交换意见，幽默爱开玩笑，选购商品甚至变得次要而被忘记。

（4）反抗型。这类顾客具有高度的情绪敏感性，显得性情怪僻、多愁善感。在选购中，往往不能接受别人的意见和推荐，对推销人员的介绍异常警觉，抱有不信任态度。

（5）激动型。这类顾客情绪易于激动、暴躁。他们选购商品时在言语表情上显得傲气十足，使用命令口气提出要求，对商品品质和推销人员的服务要求极高，爱发脾气。

第二节　推销方格理论

美国管理学家罗伯特·R·布莱克教授和卜·S·蒙顿教授研究了推销人员和顾客之间的人际关系和买卖关系，提出了“推销方格理论”（Sales Grid），此为推销学基础理论的突破之一。这种理论着重研究推销人员与顾客之间的人际关系和买卖关系，以帮助推销人员更深入地了解自己的推销对象，深刻地认识自己和推销对象的心理状态，恰当处理两者关系。

一、推销方格理论

(一) 推销方格的含义

推销方格理论认为，推销人员在进行推销工作时，心里应该有两个目标：一是完成销售任务，把产品卖出去；二是与顾客建立良好的人际关系，以便日后开展业务。他们根据推销人员在推销过程中对买卖成败及与顾客的沟通重视程度之间的差别，将推销人员在推销中对待顾客与销售活动的心态划分为不同类型。把推销人员对这两个目标的态度和重视程度的组合用一个平面坐标系第一象限的图形表示，这就形成了"推销方格"（见图2－3)。推销方格显示由于推销人员对顾客与销售关心的不同程度而形成的不同的心理状态。

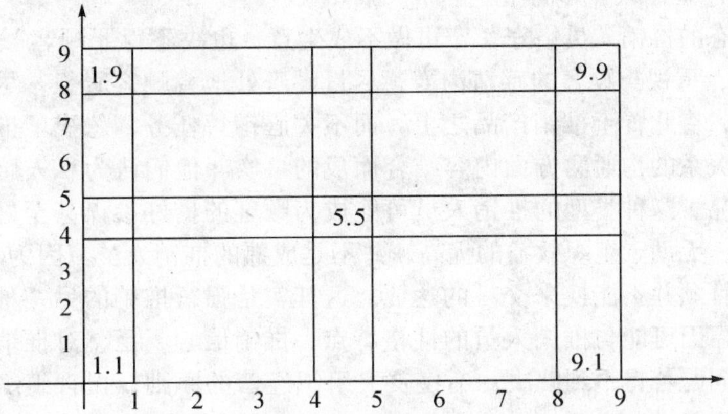

图2－3　推销方格

推销方格中横坐标表明推销人员对销售的关心程度，纵坐标表示对顾客的关心程度。横纵坐标各分为九等份，其坐标值都从1逐渐等值增大到9，坐标值越大，表示关心的程度越高。图中各个交点代有着不同的推销心态，侧重标明了具有代表性的5种基本心态。

(二) 推销方格与推销心态类型

1. (1，1) 型，事不关己型

(1，1) 型或称"无所谓"型。表明了 (1，1) 型推销人员既不关心顾客，也不关心推销任务的心态。此类型推销人员对推销成功与否及顾客感受的关心程度都是最低的。他们没有明确的工作目的，工作态度冷漠，缺乏激情和责任感，对顾客敷衍了事。抱着"要买就买，不买就拉倒"的无所谓心态，毫无事业心，偶尔进行推销也是靠关系和回扣来维系，从不做推销调研和总结工作。具有这种心态的推销人员不是合格的推销人员，这样的推销人员的推销成效也最差。产生这种心态的原因：①缺乏进取精神；②所在公司没有适当的激励措施和奖励制度；③推销员对推销工作认识不清，有一种自卑感。

2. (9，1) 型，强行推销型

(9，1) 型也称强销导向型。(9，1) 型推销人员唯一注意的是自己公司的利益和销售任务，关心的是自己推销的实际效果，而不关心顾客，缺乏对顾客需要及心理的研究。为提高推销业绩，不惜采用多种手段，习惯按自己的方式高压推销商品，忽视商品交换背后人际关系的沟通。他们虽然具有高度的责任感和工作热情，短期内能把产品推销出去，且能有较高的效益，但由于缺乏技巧和方法，商品交易缺乏人情味，很少有回头客，为了达到推销的目的，甚至可以败坏职业道德，严重损害组织及产品的形象。强行推销产生于第一次世界大战之后的美国的一种推销方式，推销人员与顾客被形象地比喻为拳击台上的两个选手，推销人员要坚决把顾客打倒。强行推销不但损害了顾客的利益，而且损害了企业的市场形象和产品信誉，导致企业的经济利益受损。在此之后，强行推销被温和推销所代替。上述推销心态的产生可能与推销人员推销经验不足、推销环境不利、对推销工作的认识不够等有关。如在我国市场经济发展的初期，一些厂家和业务员并没有认识到一味追求经济效益而忽略顾客利益的危害，继续着这种贻害深远的“一锤子买卖”。

3.（1，9）型，顾客导向型

持这种心态的推销人员恪守“宁可做不成生意，也决不得罪顾客”、“生意不成仁义在”的信条，重视与顾客的感情沟通，尽量设身处地替顾客着想，尽可能照顾顾客的情绪和意愿，将此置于推销产品之上，而不关心销售任务，忽视了推销活动是由商品交换与人际关系的沟通两方面内容结合而成的事实。他们认为私人感情可促使顾客购买他们的产品。这种类型的推销人员可能成为顾客的良好参谋甚至好朋友，但很难完成推销任务，无助于组织效益的提高，并不是成熟的推销人员。因为在很多情况下，对顾客的百依百顺并不能换来交易的达成。这其实是强行推销的另一种表现。产生这种心态的主要原因可能与推销人员的性格特点、推销信心不足、对推销工作的认识有误等有关，该问题若得不到解决，不仅丧失组织经营的原则，损害组织利益，也无法真正赢得顾客拥戴。

4.（5，5）型，推销技术导向型

（5，5）型也称干练型。处于这种心理态度的推销人员既关心推销效果，也关心与顾客沟通，但不一味的取悦顾客，他们注意两者在一定条件下的充分结合。他们工作踏踏实实，稳扎稳打，往往有一套行之有效的推销战术，注重揣摩顾客的心理和积累推销经验，讲究和气生财，既不会丢掉生意也不会失去顾客，并善于利用这种心理促成交易。他们可以凭经验和推销技术说服顾客购买实际并不需要的商品，损害顾客的利益。另外，对于竞争情况并不了解，常常指出竞争产品的缺点否定优点。对自己的产品只是强调自己的优点忽略缺点。因此，他们可能会有极佳的推销业绩，但实质上他们放在首位的是顾客的购买心理，而不是顾客的利益的需要，是在一种温和的气氛中巧妙地运用推销技巧达成交易。从长远看，既损害了顾客的利益也影响了组织的利益。用现代推销理论分析可知，这种心态对推销不求甚解，可能成为成功的推销人员，但却难以创新，不易成为推销专家或取得突破性进展。

5.（9，9）型，解决问题导向型

（9，9）型也称满足需求型。推销人员投入全力研究推销技巧，关心推销效果，把推销活动看成是满足双方需求的过程，把事业的成功建立在其顺畅推销，又满足顾客的基础之上。重视最大限度地解决顾客困难，与顾客发生分歧时，力求寻找双方一致的立场。工作积极主动，了解自己、顾客、推销品和推销环境，注意开拓潜在需求和满足顾客需要，在两者结合上保持良好的人际关系，在帮助顾客解决问题的同时完成自己的推销任务，使商品交换关系与人际关系有机地融为一体。从现代推销学角度讲，这种推销人员是最理想的推销专家。这种推销的心理态度是最佳的推销心理态度。

二、顾客方格理论

(一) 顾客方格的含义

推销人员一方面要从自己的角度衡量如何处理同顾客的关系，另一方面还要从顾客购买的角度来考虑如何处理这个关系。顾客在与推销人员接触的过程中，他们一方面会通过谈判，力图以最小投入、最大收益完成其购买任务；另一方面又会争取与推销人员建立良好的关系，为今后的合作打好基础。然而，每个顾客对“购买”和对“营销人员”的关心程度是不一样的，若把顾客对这两种目的的重视程度用一个平面坐标系中第一象限的图形表示出来就形成了“顾客方格”（见图2-4）。

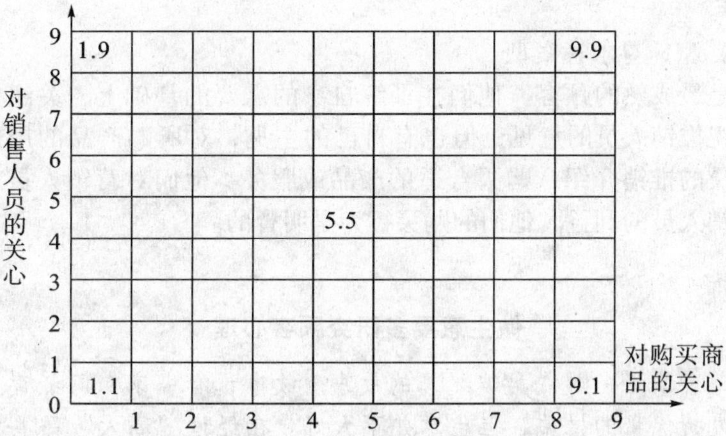

图2-4 顾客方格

顾客方格与推销人员方格的图形是一样的。其中纵坐标表示顾客对推销人员的关心程度，横坐标表示顾客对购买的关心程度。纵、横坐标各分为九等份，其坐标值都是从1到9逐渐增大，坐标数值越大表示关心程度越高。顾客方格图中的每个方格分别表示顾客各种不同类型的购买心态。

(二) 顾客方格与顾客心理类型

如同推销方格图一样，顾客方格图中也有5种典型的顾客类型。五类典型的顾客风格是：

1.（1，1）型，事不关己型

（1，1）型又称漠不关心型。具有这种心态的顾客既不关心推销人员，对购买行为也不关心。对购买活动表现得漫不经心，不热心，也不做决策。这是因为其中有一部分顾客的购买决策是被动的，决策权不在他们的手中，因此他们也就不愿意承担决策的风险和责任，而对营销人员也就采取不理不睬、尽量回避的态度。

2.（9，1）型，防卫型

（9，1）型又称购买利益导向型。他们只关心如何以更佳的条件购买商品，对推销人员冷淡，不关心，并有防备心理，担心上当受骗，怕吃亏，甚至敌视。他们在购买过程中非常小心谨慎，锱铢必较，总希望获得更多的利益。这类顾客受“无商不奸”思想影响或者有上当受骗的经历，认为推销人员都是骗子。对待持这种心态的顾客，推销人员应首先推销自己，消除对方的防范意识，然后再推销产品。

3.（1，9）型，软心肠型

这类情感型的顾客非常关心与营销人员建立良好关系，对推销人员关心，体谅推销人员，而对自己的购买行为和目的却不大关心。有时也许只是因为推销人员热情周到，或因为推销人员辛苦工作而受感动甚至出于理解心理，会买下自己不需要或不合算的推销品。

4.（5，5）型，干练型

这类顾客有商品知识和购买经验，在与推销人员打交道时既考虑到自己的购买，又关心推销人员，非常合作。购买时头脑冷静，重理智重感情，考虑问题周到，喜欢自己作出决策。但干练型的顾客摆在首位的是在接受推销时显示自己的知识、经验、聪明、公正、宽容等，而恰恰不是自己的真正需要，这类顾客受个人的某种购买心理影响较大。

5.（9，9）型，寻求答案型

这类顾客是最成熟的顾客。他们在了解自身的需要的基础上，关注自己的购买行为，也高度重视推销人员的意见，但也有自己的主见，对所购产品的用途较明确。通过倾听推销人员的推销介绍，购买合适的产品或服务。他们对营销人员态度和蔼，能够充分考虑营销人员的利益。他们的购买行为是明智的。

案例资料 2－3

做生意要多研究顾客心理

前不久，笔者读到一则“卖破绽”的故事。故事说有一家专门经营土特产的店铺虽然采取全场九折优惠的措施，但生意并不太好。在经过“高人”一番指点后，他将货物故意或挤，或压，或撞，硬是把它们完好无缺的外包装弄得凹凸不平，然后将这些“瘪壳货”放到货架上供应，同时取消全场九折销售方案，“瘪壳货”比正常货优惠 15 元。结果，喜欢购买便宜货的顾客门庭若市，生意兴隆。

商场如战场，竞争日趋白热化，为了尽可能多地在市场上分得一杯羹，商家绞尽脑汁，使尽浑身解数，采取了各式各样的促销方式，令人目不暇接。有的采取“买一送一”，有的开展“购物抽奖”，有的标榜“跳楼价”、“大甩卖”……顾客在纷繁复杂的商战中越来越理性和理智，纷纷捂紧了钱包不肯轻易出手。就像“卖破绽”故事中所提到的那个商家一样，为了招徕顾客，刚开始采取全场九折的销售方式，但是顾客就是不“买账”，因为这样的促销方式大家已经司空见惯，自然熟视无睹。而换了另一种方式，将正常的货物人为地变成“瘪壳货”，并适当降价销售，顾客自以为捡到了大便宜，在“物美价廉”的“瘪壳货”面前难以做到无动于衷。做生意讲究方法和策略，一成不变的销售方式早已落伍，“邯郸学步”式的销售方式也略显过时。当我们还在为生意清淡而苦恼时，不妨学学故事中的那位“高人”，多研究顾客的心理，准确把握住顾客心理，努力迎合顾客心理，那么成功或许离我们又近了一步。

（摘自 2009 年 3 月 18 日《徐州矿工报》，作者：易水寒。）

三、推销方格与顾客方格的关系

在现实的推销过程中，推销人员心态各异，顾客也是如此。推销过程中通过有效组合推销人员与顾客双方心态能够使推销工作顺利进行，而推销活动本身需要双向沟通的心理互动和商品交换。各种心态的推销人员与顾客接触，哪一种搭配能导致推销成功呢？布莱克与蒙顿教授给出了推销方格与顾客方格的关系表（见表2-1），初步揭示了推销人员与顾客两种心态的组合与推销能否顺利完成的关系及基本规律。表中符号“+”表示推销成功的概率高，“-”表示推销失败的概率高，而“0”表示推销成功与失败的概率相等。

表2-1　推销方格与顾客方格关系表

销售方格 顾客方格	(1, 1)	(1, 9)	(5, 5)	(9, 1)	(9, 9)
(1, 1)	-	-	0	0	+
(1, 9)	-	+	+	+	+
(5, 5)	-	0	+	+	+
(9, 1)	-	-	-	0	+
(9, 9)	-	0	0	0	+

从表2-1可以看出，一般来说，推销人员的推销心理态度愈是趋向于（9.9）型，就愈可能收到理想的效果。（9，9）型心态的推销人员无论与哪种心态类型的顾客相遇，都会取得推销成功；而（1，1）型心态的推销人员几乎遇到什么心态类型的顾客都不可能取得推销的成功；其他心态类型的推销人员遇到不同心态类型的顾客则有可能取得成功，也可能一无所获。根据西方学者的调查证实，（9，9）型推销人员的推销效果比（5，5）型推销人员高3倍；比（9，1）型推销人员7倍；比（1，9）型推销人员高9倍；比（1，1）型推销人员则高出大约75倍。不难看出，不同心态类型的推销人员所创造的业绩大不相同，而企业要想赢得广阔的市场，就应积极培养（9，9）型心态的推销人员。

我们无法绝对精确地划分相当复杂的推销人员与顾客的心态。并且推销与购买心态也绝非是简单地受关心对方与关心商品两方面因素的影响，故推销方格理论只是两种心理组合的大致概括，仅供我们分析时参考，还须在积累实践经验的基础上继续充实、完善。

第三节　推销模式

中外推销专家在深入研究推销案例的基础上，从不同角度提出了一系列的推销模式。推销模式是人们根据产品或劳务推销过程中的特点及对顾客购买活动各阶段的心理演变应采取的对策进行总结所形成的一套程序化的标准形式。选择适当的模式开展针对性的推销将有助于推销人员出色地完成推销任务。其具体包括“爱达”模式（AIDA）、“迪伯达”模式（DIPADA）、“埃德帕”模式（IDEPA）、“吉姆”模式（GEM）。在推销实践中，由于复杂的推销活动，多变的市场环境，推销人员应从掌握推销活动的规律入手，灵活运用推销模式而不拘泥于标准化程序，以提高推销效率。

一、爱达模式

（一）爱达模式的特点

爱达模式是世界著名的推销专家海因兹·姆·戈德曼在《推销技巧——怎样赢得顾客》一书中首次总结出来的。海因兹·姆·戈德曼认为推销过程要经过四个不同的发展阶段。即引起顾客注意→唤起顾客兴趣→激起顾客购买欲望→促成顾客购买行为。爱达是四个英文字母 AIDA 的译音，也是四个英文单词的首字母：A 为 attention，即引起注意；I 为 interest，即唤起兴趣；D 为 desire，即激发欲望；最后一个字母 A 为 action，即促成购买。它的具体含义是指一个成功的推销人员必须把顾客的注意力吸引或转移到产品上，使之产生兴趣，产生欲望，促使顾客采取购买行为，达成交易。爱达模式从顾客心理活动的角度具体研究推销的不同阶段，适用范围很广，不仅适用于店堂推销，例如柜台推销、展销会推销，也适用于一些易于携带的生活用品和办公用品，还适用于新推销人员以及面对陌生顾客的推销。爱达模式四个阶段的完成时间和先后顺序不是固定不变的，可视推销的实际情况灵活运用。

（二）爱达模式的推销步骤

1. 引起顾客注意

在面对顾客开始推销时，推销人员必须想方设法地引起顾客的充分注意。引起顾客注意是指推销人员通过推销活动刺激顾客的感觉器官，把顾客的心理活动、精力、注意力等吸引到推销人员和推销品上来，促使顾客对推销产生良好的感觉，形成正确的认识和有利于推销的正确态度。集中顾客注意力应做到：

（1）说好第一句话：①用简单的话语向顾客介绍产品的使用价值；②运用一些恰当的事例引起顾客的兴趣；③帮助顾客解决他的问题；④向顾客提供一些有价值的资料，并使他接受介绍的产品；⑤注意语言的运用。

（2）把顾客的利益和问题放在第一位；

（3）保持与顾客的目光接触；

（4）与众不同。

2. 唤起顾客的兴趣

唤起顾客兴趣是指推销人员通过推销活动使顾客了解推销品所拥有的全部优点，认识到自身的需要可由推销品来满足，从而有意识地积极接近推销活动。唤起顾客兴趣需要推销人员随时关注顾客需要的变化，根据顾客不断变化的需要提供不同的推销品；推销人员应充分利用顾客会在某些因素的长期影响下保持对某种产品长期优先购买的兴趣倾向，与现有顾客保持密切的联系，不断强化他们对所购买产品的兴趣；注意回避消极情感，尽量从乐观的角度去体现所涉及的一些消极、悲观的内容，调动顾客的积极情感，唤起他们的购买兴趣。

按戈德曼的观点，示范是引起顾客兴趣的最有效的办法。示范是通过对产品的功能、性质、特点的展示以及使用效果的示范表演等，使顾客看到购买产品后所能获得的好处和利益。

3. 激发顾客的购买欲望

激发顾客购买欲望是指推销人员通过推销活动唤起顾客的购买兴趣后，努力使顾客把对推销品的需要和欲望放在重要位置，产生购买欲望。推销人员要向顾客充分说理，摆事实讲道理，为顾客提供充分的购买理由。当顾客觉得购买产品所获得的利益大于付出时，就会产生购买欲望。刺激顾客的购买欲望主要有以下几种：

（1）热爱自己的商品；

（2）充分了解顾客的需要，才能进一步做重点说服；

（3）通晓竞争商品，利用客观、权威的数据，进行比较来凸显自己的商品优异；

（4）强调顾客的利益。顾客最关心的六大利益分别是：安全（Safety）、效益（Performance）、外观（Appearance）、方便（Convenience）、经济（Economy）、耐久（Duration）；

（5）坦然指出商品的缺点，获得对方的认同。

4. 促成顾客采取购买行动

促成顾客购买行为是全部推销过程与推销努力的目的所在。它要求推销人员运用一定的成交技巧来敦促顾客采取购买行动。推销人员通过进一步说服顾客，帮助强化购买意识，促使实际进行购买。在此过程中，推销人员应注意认真观察顾客心态的变化，分析客户不能做出购买决定的原因，并针对这些原因做好说服工作；将样品留给客户试用；重申客户购买产品将得到的利益，打消顾客的疑虑，坚定顾客的购买信心；把握成交信号和时机，促成顾客购买行动；否则容易失去成交机会，使前面的努力功亏一篑。

二、迪伯达模式

（一）迪伯达模式的特点

“迪伯达”（DIPADA）模式是国际推销权威海因兹·M·戈德曼从推销实践中总结出来的一种行之有效的推销模式。“迪伯达”是6个英文字母D、I、P、A、D、A的译音。它表示模式包括6个步骤，即准确发现顾客有哪些需要和愿望（Definition）；把推销品和顾客的需求与愿望结合起来（Identification）；证实推销品符合顾客的需要与愿望（Proof）；促使顾客接受推销品（Acceptance）；刺激顾客的购买欲望（Desire）；促使顾客采取购买行动（Action）。和爱达模式相比，迪伯达模式的特点是紧紧抓住了顾客的需要这个关键性的环节，使推销工作更能有的放矢，因而具有较强的针对性。虽然迪伯达模式层次多，步骤繁，但其推销效果更好。一般来说，迪伯达模式适用于生产资料市场产品、老顾客及熟悉顾客、无形产品及开展无形交易（如保险、技术服务、咨询服务、信息情报、劳务市场等）、顾客属于有组织购买即单位购买者等产品或顾客的推销。如果顾客主动询问某一产品并了解有关情况，那么，在拜访这些顾客或者同他们进行业务洽谈时，也应该使用迪伯达模式。

（二）迪伯达模式的推销步骤

1. 准确发现顾客有哪些需要和愿望（Definition）

顾客只有产生需要才会产生购买动机并导致购买行为。迪伯达模式要求推销人员利用多种方法寻找与发现顾客现实和潜在的需要和愿望，了解购买者及自己的企业、产品及本企业的销售政策，还要了解竞争者，要对顾客、本企业和市场三个因素有准确的把握。通过说服启发，刺激与引导顾客认识需求，为推销创造成交的机会。

2. 把推销品与顾客的需要和愿望结合起来（Identification）

这一步骤是迪伯达模式的关键环节。要求推销人员紧紧围绕产品给顾客带来的利益，展开推销劝说活动。在探讨顾客需要后，及时总结和提示顾客的需要和愿望，自然地把推销品和顾客的需要与愿望结合起来。

3. 证实推销品符合顾客的需要和愿望（Proof）

推销人员必须做好证据理由的收集和应用等准备工作，努力使自己的推销言之有据，为顾客寻找购买的理由与证据，使顾客认识到推销品符合他的需要。可以通过社会名人或顾客熟知的人士对产品的评价，或通过产品实物、模型、质检报告、鉴定书、获奖证书及典型的实例，如完整的个案，辅之以时间、地点、人物、结果，具体详细的数据来加以证实。

4. 促使顾客接受推销品（Acceptance）

顾客只有接受推销品才有可能采取购买行动。推销人员必须从顾客的角度而不是从推销人员的角度拿出充分的证据向顾客证明，他所需要的正是这些产品。坚持以顾客为主，切忌以推销人员自我为中心，想当然。

5. 刺激顾客的购买欲望（Desire）

当顾客接受了推销品后，除了使顾客把他的需要和推销品联系以外，推销人员还应及时激发顾客的购买欲望，使之认识到：他必须购买你所推销的产品或服务。利用各种诱因和外界刺激使顾客对推销品产生强烈的满足个人需要的愿望和情感，为顾客的购买行动打下基础。可通过顾客介绍情况以刺激他的购买欲望、提出有吸引力的建议并进行充分地说理来激发购买欲望。

6. 促使顾客采取购买行动（Action）

推销人员在前面工作的基础上，不失时机地巧妙劝说顾客做出购买决定，圆满地结束推销。这一步骤与爱达模式的“促成顾客购买行动”相同。

三、爱德帕模式

（一）爱德帕模式的特点

爱德帕是5个英文单词第一个字母组合为IDEPA的译音，这5个单词概括了爱德帕模式的5个阶段，即把推销品与顾客的愿望结合起来（Identification）；向顾客示范推销品（Demonstration）；淘汰不宜推销的产品（Elimination）；证实顾客的选择是正确的（Proof）；促使顾客接受推销品（Acceptance）。爱德帕模式与迪伯达模式很相近，它适用于有着明确的购买愿望和购买目标的顾客，是零售推销较适宜的模式。由于爱德帕模式所针对的是有明确购买目标的顾客，因此，采用该模式时不必去发现和指出顾客的需要，而是直接提示哪些产品符合顾客的购买目标。

（二）爱德帕模式的推销步骤

爱德帕模式把推销全过程概括为五个阶段：

1. 把推销品与顾客的愿望结合起来

推销人员应热情接待带着明确需求而来、上门主动求购的顾客，主动介绍商品，提供尽可能多的顾客选择的推销品，主动提示商品利益，使商品的内在功效外在化。要关注顾客潜在需求和愿望，揣摩其心理，尽量满足顾客需求。

在向顾客展示利益时，推销人员应该注意下述问题：商品利益必须符合实际，不可浮夸；通过市场行情和用户情况调查，科学预测购买和使用产品可以使顾客获得的效益，并且要留有一定余地。

2. 向顾客示范推销品

向顾客示范推销品一方面使顾客更好地了解推销品，另一方面也有助于推销人员了解顾客的购买需求，使推销工作更有目的性。示范能给人以最直观的印象，吸引顾客的注意力，同时使顾客直接对产品发生兴趣，此举决定着推销成败。

3. 淘汰不宜推销的产品

推销人员在向顾客推销产品的时候，应及时筛选那些与顾客需要标准距离较大、不吻合的产品，把推销的重点放在适合顾客需要的推销品上，使顾客尽量买到合适的产品。推销人员应做一些客观的市场调研及分析决定是否要淘汰某种推销品，并认真了解和分析顾客需求的真实原因。

4. 证实顾客的选择是正确的

证实顾客的选择是正确的，即案例证明顾客已选择的产品是合适的，该产品能满足他的需要，以坚定顾客的购买信心。推销人员应用具有说服力的例证去证明顾客的选择是正确的。

5. 促使顾客接受推销品

这一步骤的主要工作是针对顾客的具体特点和需要进行促销工作，并提供优惠条件，以促使顾客购买推销的产品。为坚定顾客的购买信心，使其迅速做出购买决定，推销人员应对购买后的结算、运输、手续办理、货物退赔等一系列问题予以尽力解决。

四、吉姆模式

（一）吉姆模式的特点

吉姆模式又称“GEM 模式”，即英文单词推销品（Goods）、企业（Enterprise）、推销人员（Man）的第一个字母的组合 GEM 的译音。吉姆模式认为：在推销活动中，顾客接受推销品，采取购买行动，实现推销成交是推销品、企业、推销人员三个因素综合作用的结果。该模式旨在帮助培养推销人员的自信心，提高说服能力。其关键是“相信”，即推销人员一定要相信自己所推销的产品（G），相信自己所代表的公司（E），相信自己（M）。

（二）吉姆模式的推销步骤

1. 相信自己推销的产品

推销人员应对推销品的性能特点、设计原理、生产过程、成本利润及经营策略有全面、深刻的了解；同时，要把推销品与竞争产品相比较，看到推销品的长处，确信尽管自己的推销品可能不是同类产品中最优秀的，但对某些顾客来说是最合适的，即对其要充满信心，要满怀信心地帮助顾客解决实际问题。而推销人员对产品的信心会感染顾客。

2. 相信自己代表的企业

要使推销人员相信自己的企业，企业的信誉是基础。而信誉是依靠推销人员与企业的全体职工共同创造的。让员工了解企业的规模、财力、知名度、市场占有率、制度，让员工参与企业的经营管理活动，会使员工形成以企业为家的观念。企业和产品的良好信誉，能激发推销人员的自信和顾客的购买动机。

3. 相信推销人员自己

推销人员要有自信。一个推销人员要创造辉煌的业绩，关键在于能否战胜自我，要相信自己。推销人员应正确认识推销职业的重要性和自己的工作意义，以及未来的发展前景，要使自己充满信心，这是推销成功的基础。

>>>> **知识链接**

费比模式

费比模式是由美国奥克拉荷大学企业管理博士、台湾中兴大学商学院院长郭昆漠总结并推荐的推销模式。FABE 模式，是推销人员向顾客分析产品利益的好方法。F 代表英文单词 Feature，意为特征，即产品特征。A 是 Advantage 的缩写，中文“优点”的意思，即产品特点所产生的优点。B 是 Benefit（利益）的缩写，是产品优点所带给顾客的利益。E 是英文单词 Evidence（证据）的缩写形式，推销人员以真实的证据解除顾客的异议与顾虑。

费比模式的四个步骤：

(1) 把产品的特征（Feature）详细介绍给顾客。推销人员在见到顾客后，要以准确的语言向顾客介绍产品特征。特征的内容有产品的性能、构造、作用、使用的简易及方便程度、耐久性、经济性、外观优点及价格等。如果是新产品则应更详细地介绍；如果产品在用料或加工工艺方面有所改进的话，也应介绍清楚；如果上述内容多而难记，推销人员应事先打印成广告式的宣传材料或卡片，以便在向顾客介绍时将其交给顾客。因此，如何制作好广告材料或卡片便成为费比模式的重要特色。

(2) 充分分析产品优点（Advantage）。费比模式的第二步骤是把产品的优点充分地介绍给顾客。它要求推销人员应针对在第一步骤中所介绍的特征，寻找出其特殊的作用或者是某项特征在该产品中扮演的特殊角色、具有的特殊功能等。如果是新产品，务必说明该产品开发的背景、目的、必要性以及设计时的主导思想、相对于老产品的差别优势等。当面对的是具有较好专业知识的顾客，则应以专业术语进行介绍，并力求用词精确简练。

(3) 尽数产品给顾客带来的利益（Benefit）。第三步骤是费比模式最重要的步骤，推销人员应在了解顾客需求的基础上，把产品能给顾客带来的利益，尽量多地列举给顾客。不仅讲产品外表的、实体上的利益，更要讲产品给顾客带来的内在的、实质上的利益；从经济利益讲到社会利益，从工作利益讲到社交利益。在对顾客需求了解不多的情况下，应边讲解边观察顾客的专注程度与表情变化；在顾客表现关注的主要需求方面更要多讲多举。

(4) 以证据（Evidence）说服顾客购买。推销人员在推销中要避免用“最便宜”、“最合算”、“最耐用”等语句，因为这些词语会令顾客反感而显得无力。因此，推销人员应以真实的数字、案例、实物等证据，让证据说话，解决顾客的各种异议与顾虑，促成顾客购买。费比模式的突出特点是：事先把产品特征、优点及带给顾客的利益等列出来印在卡片上，这样就能使顾客更好地了解有关内容，节省顾客产生疑问的时间，减少顾客异议的内容。正是由于费比模式具有这一特色，它受到了不少推销人员的推崇，帮助不少企业取得了销售佳绩。

（摘自互联网）

本章内容小结

顾客购买心理活动通常有四个过程，即认知过程、情感过程、意志过程和购后感受过程。顾客的购买行为是由动机支配的，而动机又是由顾客的某种需要引起的。顾客的购买动机是多种多样的。顾客购买行为模式即“刺激—反应”模式。

推销方格理论以行为科学为基础，着重研究推销人员与顾客之间的人际关系和买卖心态。

顾客方格理论形象地描述了顾客对推销人员及自身购买任务的关心程度的多种有机组合。

推销模式是人们根据产品或劳务推销过程中的特点及对顾客购买活动各阶段的心理演变采取的对策进行总结所形成的一套程序化的标准形式。常见的推销模式有：①爱达模式；②迪伯达模式；⑧爱德帕模式；④吉姆模式。

本章内容模块

第二章 顾客心理和推销模式

- 模块一 顾客的购买心理
  - 1.顾客购买的心理活动过程
  - 2.顾客的需要与购买动机
  - 3.顾客购买行为
- 模块二 推销方格理论
  - 1. 推销方格理论
  - 2. 顾客方格理论
  - 3. 推销方格与顾客方格的关系
- 模块三 推销模式
  - 1.爱达模式
  - 2.迪伯达模式
  - 3.爱德帕模式
  - 4.吉姆模式

本章思考题

1. 顾客购买心理活动过程包括哪些环节？
2. 简述研究推销心理在推销实践中的意义。
3. 比较四种推销模式，分析它们之间的内在联系及区别。

第三章 目标顾客的选择

◆ **学习目的和要求**

顾客是推销之本，顾客的多少决定着推销业绩的高低，对于一位推销员而言，其首要的任务在于寻找新顾客。若不积极主动寻找新顾客，仅维持现状，那么一年你将损失20%的顾客，其实说寻找顾客是推销员的一切，实不为过。通过本章的教学应使学生掌握如下几个方面的内容：

1. 熟悉如何对目标顾客进行资格审查；
2. 熟悉寻找目标顾客的途径；
3. 分析和掌握寻找目标顾客的方法。

走进推销

兔子钓鱼

看着老猫经常带着小猫去湖边钓鱼，尽管那小猫一辈子都没改变那三心二意的臭毛病，从来就没有钓到一条鱼，可老猫一边絮絮叨叨的数落小猫，一边还不时的钓起一条鱼来。在一边的小兔子眼睛越来越红。于是也扛了渔杆，带上鱼饵，钓鱼来了。

小兔子做事从来都一个心眼，绝对不贪玩的。它红红的眼睛一眨不眨，盯着湖面，看着那漂亮的七星漂，只要它动一动，马上就起杆，准能钓很大的鱼。

可是一个上午不知不觉地过去了，那鱼漂就没动过。听老猫说，那鱼饵得经常的换，这不，换了一大堆的鱼饵了，还是没钓起一条鱼来，唉，回家吧，明天再来。

第二天，小兔子又多拿了更多的新鲜鱼饵，而且比昨天更认真了，可是还是抬了滑竿。它不甘心哪，明天再来，我小兔子就不相信钓不起来一条鱼。

第三天，它早早地就来到湖边，把饵料正正规规地放在钩上，然后很虔诚地把鱼钩放下水里，心里直叨咕："小鱼小鱼快来啊，我把我最喜欢的东西都给你吃了"。

这时只听"哗啦"一声，一条大鲤鱼跳出了水面，高傲的抬着头，那脸气得黑黑的，叉着小腰，用鱼鳍指着小兔子说："我说是谁呢？在这待了三天，你都用什么来喂我们呀？一棵小萝卜就想让我们上当呀，告诉你，没门！"

（资料来源：世贸人才网，http://class.wtojob.com/，本书作者整理。）

问题讨论：

1. 兔子的问题出在哪里？
2. 面对"鱼"这样的顾客，你该如何把它变成自己的目标客户？

案例点评：

兔子没钓上鱼是因为它用错鱼饵，它没有明白鱼需要什么，只会站在自己的角度上去做一件事，到头来事情往往适得其反。从中我们也学习到了一个点子，找自己的目标客户要用对方法，这样才能更好地“引鱼上钩”。

第一节 目标顾客的资格审查

对目标顾客进行资格审查是一项十分有意义的工作，它能给推销人员带来以下好处：

（1）可以使推销人员避免在不具备效益潜力的顾客身上浪费时间，也不至于忽略那些可能为您带来利润的顾客。

（2）帮助推销人员认定准顾客线索，判断其真实需求，以及确定与其打交道的最佳方式。

一、顾客需求审查

在国外的推销界流行这样一则笑话：“世界上最蹩脚的推销员不外乎以下几类：向爱斯基摩人推销冰箱，向乞丐推销防盗报警器，向和尚推销生发油和梳子。”倘若硬是把商品推销给那些既无购买需要又无购买可能的人，这样的推销员如果不是骗子就是傻瓜。我们不赞成那种强加于人的摊派式推销，更反对那些软磨硬泡并带有勉强性的推销方式。在推销对象的确不需要所推销产品的情况下，尽管有时候推销人员可以采用各种推销手法以招揽顾客，甚至还能揽到为数可观的订单，但是这一切最终只能损害推销信誉，贬低推销人员的人格形象。作为一名合格的推销人员，在找到潜在顾客之后，必须全面了解顾客的内在需求和购买动机，正确判断自己所推销的产品是否符合客户的需要，针对客户的购买需求开展不同形式的推销活动。

顾客需求审查就是指对目标顾客购买需求进行分析从而确定具体推销对象的过程，即分析推销人员所推销的产品或服务是否能为目标顾客带来价值。这里所讲的价值不仅是指金钱，还指时间、精力、感受等无形的东西。在某种意义上说，顾客需求审查就是寻找现实顾客的过程。

1. 审查内容

（1）对现实需求和潜在需求的审查

现实需求是指已经发现的没有被满足的需求，这时顾客已经认识推销产品，同时认为通过购买行为可以寻求满足的平衡。例如，您所推销的原材料有助于降低目标顾客的成本，您所推销的洁具可以帮助目标顾客节约大量用水，您所推销的手写板可以帮助打字能力差的人节约时间和精力等。

推销人员应该仔细识别目标顾客的需求，有些目标顾客的需求是现实的，是显露的，他们会直截了当地表示出自己的需求，而有些目标顾客的需求不是很显露。推销人员如果发现在目标顾客名单中，有的虽然没有现实需求，但是存在着未来的需求，这就是推销产品的潜在顾客。这就需要推销人员把目标顾客的潜在需求变成现实需求，甚至有些目标顾客可能根本就没有意识到自己有这方面的需求，这就更需要推销人员的努力来帮助顾客挖掘需求。

（2）审查需求特点和预测购买数量

目标顾客的需求有比较复杂的情况，很多时候目标顾客也许实际上并不需要某些商品，但是由于情感上的需求或者其他方面的需求他们会购买。例如，有些人可能根本不喝红酒，但他们还是买了很多很昂贵的红酒，是因为收藏和品尝红酒会让他们觉得自己是一个有品位、有生活情调的人士，在心理上产生满足感。

顾客需求审查不仅包括顾客需求可能性的审查，还应对顾客的需求量进行评价。当推销员对生意进行评估时，目标总是长期的利润最大化。当发生业务时，不论是否能实现交易，总是要花费一定的费用。对于小生意，推销员所获得的利润可能还不及所花费的费用。因此，推销员所要考虑的是是否应该接这样一笔生意。如果考虑到机会成本，那么有些生意即使赚钱，也可能不值得去做。当然在做舍弃决定时，推销员一定要考虑到未来可能的交易量，这样即使有些生意现在做起来可能是亏本买卖，也必须做下去。

（3）特殊需求审查

有些目标顾客会提出一些特殊的要求，如定做、买断等。由于特殊的需要往往会涉及较高的资源占用，这样推销员就必须把成本和收益进行比较，然后再决定是否接受此项交易。在顾客需求审查中，如果发现具有特殊需要的顾客，应该继续进行审查，确切了解特定顾客的需求特点及其需求的意义，以便在以后的推销活动中考虑是否给予满足。

2. 审查方法

顾客需求审查，要运用全面、联系、发展的观点对其进行动态的、综合的分析，既要审查顾客的现实需求，估计现实的需求量，又要考虑顾客购买的动态性以及顾客向其他顾客推荐购买的可能性。只有这样，才能对顾客的需求做出一个全面、正确的评价。

二、顾客支付能力审查

顾客支付能力是指顾客能够以货币形式支付货物款项的能力，实质就是指顾客具有的现实购买能力。

1. 审查的目的

在市场交易过程中，有些人的潜在需要并不等于现实的购买行为。只有那些具有支付能力的购买需要才能构成现实的市场需求与实际的购买行为。有需要而没有支付能力的顾客不是目标顾客，不能纳入推销的计划中。进行顾客支付能力审查还可以打击商业诈骗活动、防止欠账，提高推销工作的经济效益并防止损失。审查的目的主要有：

（1）寻找合格的顾客；

（2）提高推销效率；

（3）能更好地满足顾客需求；

（4）防止与避免货款损失。

2. 个体顾客的购买能力审查

个体顾客的购买能力审查主要是从影响消费者购买力的各种因素，如实际收入、购买支出、消费储蓄与信贷等几个方面进行审查。

3. 团体顾客的购买力审查

购买力审查的重点对象是组织与企业购买者。

推销人员对团体顾客购买力的审查涉及团体顾客的生产状况、经营状况、资金状况、财务状况、信用状况等方面。

4. 顾客支付能力审查的方法

在我国，推销人员可以通过许多合法途径了解顾客的资信状况。如：

（1）从主管部门与司法部门了解

推销人员可以从工商管理部门、税务部门、财政与审计部门等政府相关部门了解到推销对象的经营状态、财务盈亏、款项的拨转与往来等，甚至可以从银行了解推销对象目前的存款余额，从司法部门了解有无经济方面的纠纷等。这些部门提供的资料对于推销对象的支付能力审查具有决定性的意义。

（2）从推销对象内部了解

推销人员可以通过各种关系与途径从内部摸清推销对象的支付能力，还可以时刻关注顾客的财务状况的变化。

（3）从间接资料了解

推销人员可以从大众传播媒介提供的消息进行分析判断，如银行的信用公告等，亦可以通过他人或咨询机构进行了解。

（4）推销人员自己观察判断

根据推销对象的生产经营规模、从业人员数量、技术设备条件、产品花色品种及其销路等外在特征，加上推销人员的个人判别经验进行推断，从而审查推销对象的支付能力。

（5）审查对外贸易伙伴的支付能力

审查对外贸易伙伴的支付能力较为困难，一般可从对方的经营史、目前经营状况、银行账号以及银行提供的资信材料进行审查。在多数情况下，应该运用信用证、担保、保险等手段保护自己的利益。

5. 审查支付能力时应注意的事项

在对顾客进行支付能力审查时，应避免因为审查错误而失去顾客，更应该避免因为疏忽而遭受损失。需要注意的几个问题是：

（1）顾客经营情况发生变化；

（2）人事变动；

（3）经济政策发生变化。

在对目标顾客支付能力审查时常会犯以下一些错误：

（1）企业本身管理不严；

（2）对有“来头”的顾客不审查；

（3）忽视对熟人的审查；

（4）对大公司不审查；

（5）认为“跑了和尚，跑不了庙”而忽视审查；

（6）盲目乐观；

（7）忽视程序。

三、购买资格审查

对推销品具有购买需求和支付能力的顾客如果不具备购买资格，也不是合格的目标顾客。因此，推销人员要对潜在顾客的购买资格进行审查，审查购买人是否具有作为市场经营主体的行为能力以及对推销品的购买是否有某些限制。

案例资料 3－1

谁有购买权

推销人员王先生为一笔希望很大的生意，三顾主顾茅庐，甚至有时候谈至深夜。一次深夜，正当他从顾客的卫生间出来，走到走廊上，忽然听到一个老太太用沉重的语气对他的"顾客"说："说实在的，我不同意。前几天他来时，看到我连声招呼都不打，根本没有把我放在眼里！为什么我非得掏钱？我活了这么大把年纪，从未用过电热毯，不也过得好好的吗？东西那么贵，我可没有钱买！"

这使王先生大吃一惊，恍然大悟这个自己前几天来时都未用正眼瞧过的老太太，却是真正的顾客，他做梦也不会想到是这个老太太有购买决策权。

于是，他再也待不下去了，便匆匆告辞。回到家他辗转反侧，不能入睡，怎么办呢？怎么才能缓和老太太的敌对情绪呢？他被这个问题缠绕着。他灵机一动，先送一床电热毯给老太太。可是用什么方法送，才恰当自然呢？后来他去户籍处查了资料，高兴地得知还有20天便是老太太古稀寿诞，便在电热毯上绣上"恭贺古稀寿辰"等，赠送给了这位一辈子未用过电热毯也活得好好的老太太。

不用说，老太太一定会惊喜一场。可对王先生来说，他掏钱买人情，一是表达他的敬老之意，重要的是对他自己的惩罚。告诫自己今后再不能这么"有眼不识泰山"了。

（资料来源：屈云波，等. 业务员推销技巧与成功的销售训练［M］. 2版. 北京：企业管理出版社，1998.）

由于购买者主要有个体购买者与组织购买者，所以购买人资格审查的主要内容，就是审查以家庭为主的购买者，和以法人资格进行购买的角色和影响因素。

1. 家庭及个人的购买人资格审查

对于购买生活资料的家庭和个人的资格审查比较容易，一般是现场审查，也就是了解在家庭决策权力类型中的顾客是属于哪一类。家庭购买决策权利类型有：丈夫做主型、妻子做主型、各自做主型、协商做主型等，一般通过询问和观察可以确定。

2. 法人购买的决策者资格审查

一是审查推销对象的所有制性质、决策运行机制、决策程序、规章制度、企业自主经营的权限等，确定企业的购买资格。

二是审查具体人物在企业购买行为模式与决策过程中的角色资格。参与企业购买行为与购买决策过程的共有七种类型的人：购买行为的倡议人、购买行为的影响人、购买行为与供货信息的把关人、购买行为的决策人、购买行为的批准人、购买行为的执行人、购买行为与结果的享用人。推销人员应该根据具体推销对象与人员在其组织机构内的职务、权限、可能担任的购买行为角色、声望与人际关系等审查他的购买人资格，从中挑选有决定意义的关键人物进行推销与洽谈。

知识链接

顾客资格审查通用表

单位名称					
地 址					
所有制性质		电话		决策人	
使用者		技术负责人		采供部负责人	
有关人员的个人特征（偏好与忌讳）					
欲购品种与规格		品牌倾向		期望价格	
使用要求		使用条件			
欲购数量		购买时间			
决策程序描述					
决策权力结构					
信用度描述					
资金来源与到位情况					
访谈记录与待证实和解决的问题					

顾客购买的资格审查应该贯穿推销的全过程，一旦发现推销活动缺乏有需求的购买者、有支付能力的购买者、有兴趣并有决策权利的购买者三个要素中的任何一个，应该及时中止推销活动。为了防止商业诈骗，签订合同的人资格审查应该以法律规范为准，应该与真正的法人或法人委托人签订合同。

第二节 寻找目标顾客的途径

一、什么是寻找目标顾客

所谓寻找目标顾客是指推销人员主动找出潜在顾客即准顾客的过程。准顾客是指对推销人员的产品或服务确实存在需求并具有购买能力的个人或组织。而顾客是指那些已经购买“你”产品的个人或组织。有可能成为准顾客的个人或组织称为“线索”或“引子”。

寻找目标顾客是推销程序的第一个步骤。由于推销是向特定的顾客推销，推销人员必须先确定自己的潜在顾客，然后再开展实际推销工作。寻找目标顾客包含了以下两层含义：

一是根据推销品的特点，提出有可能成为潜在顾客的基本条件。这个基本条件框定了推销的顾客群体范围、类型及推销的重点区域。

二是根据潜在顾客的基本条件，通过各种线索和渠道，来寻找符合这些基本条件的合格顾客。

二、寻找目标顾客的重要性

1. 寻找目标顾客是维持和提高销售额的需要

对企业来说，市场是由众多的顾客所组成的，顾客多，对产品的需求量就大。若要维持和提高销售额，使自己的销售业绩不断增长，推销员必须不断地、更多地发掘新顾客。因此，努力寻找准顾客，使顾客数量不断地增加，是推销员业务量长久不衰的有效保证，也是促进推销产品更新换代，激发市场新需求的长久动力。

2. 寻找目标顾客是推销人员保持应有的顾客队伍和销售稳定的重要保证

由于市场竞争，人口流动，新产品的不断出现，企业产品结构的改变，推销方式和方法的变化，使大多数企业都不可能保持住所有的老顾客。因此，推销员需要寻找新的顾客，不断地开拓新顾客作为补充。

知识链接

寻找目标顾客的程序

在现实推销活动中，就绝大多数产品而言，推销员几乎不可能知道所有的潜在购买者。实际上，推销员也完全没有必要接触每一个潜在的购买者。寻找顾客的工作即包括获知潜在购买者是谁，也包括对潜在购买者是否会购买进行分析和判断，从而对潜在购买者进行筛选。其过程如图 3－1 所示：

获得潜在准顾客 → 准顾客资格审查 → 确定准顾客 → 制订拜访计划

图 3－1　寻找目标顾客的程序

推销员首先要根据自己推销品的特征，提出可能成为准顾客的条件。然后根据这些条件，搜集资料，寻找各种可能的线索，拟出一份准顾客的名单，再按照这份名单进行准顾客评估和资格审查，根据审查结果确定你要向其进行推销的准顾客。最后对这些准顾客进行分析、分类、建立档案并据此编制拜访计划，进行拜访洽谈。

寻找目标顾客的程序首先从发现可能购买的准顾客开始。获得的准顾客名单越多，可筛选的余地就越大。推销员一般要采取多种途径和方法寻找准顾客，以便使寻找准顾客的有效性达到最大。

（资料来源：MBA 智库百科，经本书作者整理）

三、寻找目标顾客的途径

1. 网络

对于新推销员，网上寻找目标客户是开始的最好选择，先在网上通过一些商业网站去搜索一些目标客户的资料，或通过大型的搜索引擎诸如：Baidu、Google，Yahoo，Excite，Kellyseach 等，用关键词搜索。不要固定用一个搜索引擎，同样的关键词，在不同的搜索引擎搜就有不同的结果。还有就是不同的国家有本土的搜索引擎，就如同中文搜索引擎有 Baidu，你尽可能多找些英语国家本土的搜索引擎，再用关键词搜索。还可以找这个行业的行业网，每个行业几乎都有行业网站，你就用关键词搜索。诸如某某专业网，某某行业协会（英语关键词尽可多试）。找到了，一般就会在这些网上看到会员列表。还有在这些专业网和行业协会网站上有很多相关链接，大型的公司数据库诸如US的THOMPSON网，B2B网上的生产商，就如同在阿里巴巴有供应商一样。

知识链接

Google公司

Google是一家以提供搜索服务为重点的盈利公司。Google得名于数学术语“googol”。Google在许多国际域中运营网站，而www.google.com的点击率是最高的。Google还向企业客户（包括广告客户、内容发布商以及站点管理商）提供价格优惠的广告服务和内容丰富、利润丰厚的搜索服务。Google突破性的先进技术和一贯的创新理念，为公司实现“集世界之信息为世人所用”这一伟大使命保驾护航。

Google的使命是整合全球信息，使人人皆可访问并从中受益。

完成该使命的第一步始于Google创始人拉里·佩奇和赛吉·布林在斯坦福大学的学生宿舍内共同开发了全新的在线搜索引擎，然后迅速传播给全球的信息搜索者。Google目前被公认为全球规模最大的搜索引擎，它提供了简单易用的免费服务，用户可以在瞬间得到相关的搜索结果。

当任何人访问www.google.com或其他众多Google域中的一个时，可以使用多种语言查找信息，查看股价、地图和新闻标题，查找美国境内所有城市的电话簿名单，搜索数以十亿计的图片并详读全球最大的Usenet信息存档——拥有十亿多个帖子，最早可追溯到1981年。

用户不必特意访问Google主页，也可以访问所有这些信息。使用Google工具栏，用户可以从网上的任意位置执行Google搜索。即使身边没有PC机，用户也可以通过WAP和i-mode手机等无线平台使用Google。

Google的实用性及便利性赢得了众多用户的青睐，它几乎完全是在用户的交口称颂下成为全球最知名的品牌之一的。作为一个企业，Google通过提供广告服务来获取收入，使广告客户能够刊登与特定网页内容相关、重要而又经济实效的在线广告。这不仅为用户提供了实用的广告信息，同时也给刊登广告的广告客户带来了好处。谷歌公司认为，用户应该知晓在自己面前展示的讯息是付费信息，因此谷歌公司始终在搜索结果或网页上将广告与其他内容区分开来。谷歌公司不出售搜索结果中的排名，也不允许有人通过付费来提高在搜索结果中的排名。

成千上万的广告用户加入了谷歌公司的Google AdWords计划，利用定位广告在网上推广他们的产品和服务，谷歌公司相信AdWords是同类计划中规模最大的一个。此外，数千名网站管理人员利用谷歌公司的Google AdSense计划刊登与其网站内容相关的广告，增加收入并改善用户体验。

Google的含义

“Googol”是一个数学术语，表示1后面带有100个零。它是由美国数学家爱德华·卡斯纳的侄子米尔顿·西洛塔所创造，因出现在凯斯纳和詹姆士·纽曼合著的《数学与想象力》一书中而得到普及。Google公司对这个词作了微小改变，借以反映公司的使命，意在组织网上无边无际的信息资源。

（资料来源：Google公司官方网站，经本书作者整理）

2. 电话号码簿

电话黄页号码簿现在基本都不用购买了，很多客户都有，可以问客户要。黄页号簿相对价格较低，使用方便，每年更新一次，准确率也较高。但是因为企业公司上黄页要交费，所以很多公司就不上了，上黄页的单位大约只有10% ~20%。再者黄页无联系人，无公司规模、人员数量、经营范围、企业性质等内容。黄页号码簿各地邮局电信营业厅都有出售，不打折。如果想少花钱，可以到旧书摊，几十元就可以搞定。企业如果在黄页上做了广告，或者交钱被收录了，就会赠送一本。

还可以查目标国的电话查询台（就如同我们的114），找目标国（或者全世界）的黄页网站（YELLOWPAGE）和工商目录（DIRECTORY），然后好好利用它们。国内新浪黄页、搜狐黄页、网易黄页等网络黄页名录数据一般比较老，失效数据居多。另外国内114每次最多可以查3个号码，如果你的员工最常用的方法是查114，每次千万不要只查一个号码，以节约经费。

知识链接

网上黄页

“黄页”起源于北美洲，1880年世界上第一本黄页电话号簿在美国问世，至今已有100多年的历史。黄页是国际通用按企业性质和产品类别编排的工商电话号码簿，相当于一个城市或地区的工商企业的户口本，国际惯例用黄色纸张印制，故称黄页。目前我们常说的黄页就是指电话号码簿，目前几乎世界每一个城市都有以纸张为载体所印制的电话号码本（黄页）。

所谓“企业网上黄页”，就是将传统黄页搬到网上，以互联网为载体，在网上发行、传播、应用的电话号码簿。但“网上黄页”不是传统黄页的翻版，其内容更广泛，服务功能更多样化。它有传统黄页所无法比拟的优势。目前它同114电话查号台，传统黄页共同成为城市电话号码查询的三大查询方式。从其发展方向看，今后它将会从三大方式中脱颖而出，成为人们查询电话号码、获得客户信息的最理想的查询工具。

网上黄页有哪些特点？

(1) 网上黄页是一种具有权威性，高认同率的信息库媒体。

从媒体的性质看，黄页本质上是一种沟通工具、社会信息库。除了具有作为查找电话号码的沟通媒介的作用之外，它还是一个社会信息库，还具有作为了解、研究当地政治、经济、文化、生活、市场等社会信息的工具的作用。由于信息库、工具的建设、编撰极其讲究科学性和准确性，在长期的传播实践中形成的“传播契约关系”的作用下，就使得其所发布的信息具有较高的权威性，公众对其有很高的信任度。如，据调查美国黄页广告及其他各种号簿信息的认同率高达99%。这样高的认同率是其他类型的大众传媒所无法相比的。

(2) 网上黄页是一种在整合营销传播方面具有独特优势的媒体。

从整合营销传播的角度考察，网上黄页作为一种智库媒体，扮演重要的角色，与其他传播媒体相比较，具有以下几个方面的优势：

①覆盖空间广，发布时间长。网上黄页的企业覆盖率几乎达到百分之八十。通过业务开展，网上黄页可完全覆盖其服务的城市、社区的所有企业或某个网域内的所有企业。网上黄页在任何时间都可使用。这样高的覆盖空间、这样长的持续发布时间是

广播、电视、报纸等媒体难以做到的。

②发布速度快，更新方便。企业相关资料提交后，马上就可以在网上看到。更新及时，即你的登记材料有什么变化，马上就可以更改，不会耽搁企业业务开展。可以被灵活用来开展企业形象宣传、市场推广、广告促销以及公共关系传播等。

(3) 作为消费者购买决策的终端链接，在促成购买行为过程中地位独特。

黄页是一种以提供最直接联系信息的方式沟通企业与消费者的媒体。从其内容看，黄页与市民生活关系十分密切，它以提供最直接联系的电话号码信息的方式，并且编入了与一般住宅用户生活、消费所需信息的基本内容：衣食住行、休闲娱乐、运动健身、文化教育、医疗药物、交通通信、福利、旅游、购物等，贴近市民、贴近生活、方便生活，方便消费，起着大众生活指南、消费指导的作用。因此，与大多数媒体将广告信息直接出示给受众的传播方式不同，黄页发布的广告等商业信息则完全追随消费者的购买意向，在消费者查找电话号码时，适时提供企业的相关信息，从而成为消费者购买决策的终端链接，达到最终促成消费者的购买行为的作用。可见，其在消费者购买决策过程中，常常处于十分独特的地位，发挥独特作用。

(4) 目前我国的黄页还具有信息传播上的独占性优势。

目前大众传播已进入分众时代，报纸、电视、广播等媒体迅速细分，同类竞争日趋激烈。如，目前我国许多地区的电视已可以收到30多个频道，明年，随宽频技术设施投入使用更可收到100多个频道。被经常性、大量阅读的报纸就有十几家，而目前我国黄页在其覆盖区域内通常还只是一家独占，通过这一传播渠道发布工商信息、广告等，不用担心被同类媒体信息掩盖。

(5) 查询快捷方便。

为了方便企业从数万家企事业单位中查询到理想的合作伙伴，我们设计了关键字查询、模糊查询、高级查询等多种查询方式，你只要知道企业的一点点信息，哪怕只是电话号码中的几个数字、大概的地理位置等，也可以轻松查到。

(6) 黄页是一种费用低、效益大的媒体。

据调查资料表明：通过黄页发布各种商业信息的成本显然大大低于其他网络传媒方式。从媒体招商力调查结果可见：对于老客户黄页是最方便、最直接的首选查询媒体；从投资而能直接带来商业利益看，黄页称得上是价廉物美。

(7) 黄页还具有更具实用性的增值服务内容。

一般在黄页网站上都推出了满足用户要求的其他增值性服务内容，这些内容都是与客户相关的实用性栏目。上网用户可以根据自己的需要，在相关栏目中发布一些信息。例如哈尔滨黄页中推出了“资讯快递”栏目，在这栏目内客户可以发布打折、招聘、招生、租赁等信息。

(8) 搜索引擎和黄页的比较。

① 黄页是人工编辑，搜索引擎是自动排行。

② 搜索引擎是检索网页，黄页是检索的网站。

③ 搜索引擎更新比较快，黄页更新比较慢。

④ 与搜索引擎收录相比，被黄页收录的门槛比较高。

⑤ 黄页为搜索引擎提供数据，被黄页收录还是有好处的，而且依然有不少人在使用黄页。

总结：网站被黄页收录，对网站排名是很有好处的。对于推销人员，不能忽视黄页的重要性。

3. 国家统计局普查数据

1996—1998 年国家进行了第一次全国基本单位普查，2001—2003 年初国家进行了第二次基本单位普查，共有 700 万个企事业单位。两次普查数据都有公司名称、电话、地址、邮编、公司规模、人员数量、经营范围、企业性质等内容，联系人都是法定代表人。2006 年和 2009 年分别进行了第一和第二次全国经济普查，并于 2009 年 12 月底开始公布最新的第二次全国经济普查数据。

知识链接

伟度网 www. weidoo. com 企业数据查询

伟度网是国内领先的 B2B 电子商务平台，旨在帮助企业推广自己，树立企业形象。伟度网于 2009 年 12 月正式上线运营，逐步完善了国内企业信息发布、国内进出口企业信息发布、海外买家查询、商务文档查询等特色功能，并推出了伟度行业导航（hao. weidoo. com），伟度外贸导航（trade. weidoo. com）来协助用户快速定位 B2B 网站。主要功能有：

企业黄页查询

2000 万家企业信息免费查询。Weidoo 企业黄页按照企业的基本属性（行业，地区，销售额，员工数，企业性质等）进行筛选。

企业百科

伟度企业百科是国内唯一一家面向企业的百科全书，旨在帮助企业树立良好的企业形象，发布企业信息。

行业分类查询

以全国经济普查的企业信息为核心，Weidoo. com 提供了精准的行业名录查询，帮助用户迅速定位目标客户，价值即刻体现。

国内进出口查询

62 万国内进出口企业数据，为企业建立竞争情报应用体系提供科学的解决方案。

（资料来源：百度百科，经本书作者整理）

4. 数据经销商

目前有很多市场调查公司有众多的数据，知名的有益普索、AC 尼尔森、盖洛普、零点、赛诺、IDC 等，还有一些专注于某些行业市场调查公司。但是也要小心，有一些没有知名度的公司可能会以低价吸引你的目光，然后会让你先看数据片段引诱你付费，付费后就再也联系不上了。还有的拿过期的数据欺骗你。

知识链接

AC 尼尔森市场研究公司

AC 尼尔森，荷兰 VNU 集团属下公司，是领导全球的市场研究公司，在全球超过 100 个国家提供市场动态、消费者行为、传统和新兴媒体监测及分析。客户依靠 AC 尼尔森的市场研究、专有产品、分析工具及专业服务，以了解竞争环境，发掘新的机遇和提升他们市场及销售行动的成效和利润。

AC尼尔森是全球领先的市场研究、资讯和分析服务的提供者，服务对象包括消费产品和服务行业，以及政府和社会机构。在全球100多个国家里有超过9000的客户依靠AC尼尔森认真负责的专业人士来测量竞争激烈的市场的动态，来理解消费者的态度和行为，以及形成能促进销售和增加利润的高级分析性洞识。

AC尼尔森总部位于美国纽约，并在伊利诺伊州的商堡（Schaumburg）、比利时的瓦韦尔（Wavre）、中国香港、澳大利亚的悉尼、阿根廷的布宜诺斯艾利斯以及塞浦路斯的尼科西亚建立了区域业务中心。

AC尼尔森于1984年来到中国。至今AC尼尔森已经对中国——全球竞争最为激烈的市场之一——以及中国消费者积累了深刻的理解。不论是中国本地企业还是准备以及已经进入中国的外国公司，我们所拥有的丰富的市场资讯和深刻的市场洞察都能够帮助他们深入理解其竞争环境以及消费者的需求和期望，从而协助他们制定和执行成功的市场战略。

AC尼尔森在中国主要提供以下三大市场研究服务：

零售研究：AC尼尔森公司于1992年开始在中国开展零售研究，迄今，在中国的零售研究业务已增长了10倍。为满足不断增长的客户需求，AC尼尔森公司加速拓展零售研究开展地域。目前，零售研究覆盖全国主要城市和城镇的50多类非耐用消费品，定期为客户提供有关产品在各地的零售情况报告。

AC尼尔森公司为有意在中国开展业务的客户提供准确而精练的见解和资讯，使他们能够对迅速增长的消费品市场做出商业投资和战略决策。AC尼尔森公司能够满足客户对宏观和微观信息的需求。

专项研究：AC尼尔森公司曾在中国100多个城市进行专项研究，内容包括单项和连续的定性、定量分析，帮助各行各业了解他们的消费者。AC尼尔森开发的独创研究工具包括预测新产品销售量的BASES，顾客满意度研究（Customer eQTM）和测量品牌资产的优胜品牌（Winning BrandsTM），以及广告测试服务，充分利用其全球的研究经验，为中国客户服务。最近推出的在线研究服务，帮助客户更及时地完成调研项目。

媒介研究：AC尼尔森公司的广告研究服务连续监测电视报纸、杂志广告投放情况，并根据公布广告定价计算广告花费。其结果可用来衡量媒介、产品和品牌所产生的收益，判断哪些广告载体在何时何处效果较好，同时了解竞争品牌的广告动态，从而完善自身的广告策略。素材丰富的广告库更随时可以提供各类产品的广告创意。目前，广告监测服务覆盖全国300多的城市的1000个电视频道和300多份报纸杂志。

AC尼尔森公司是中国和全亚太地区媒介研究的先驱，采用先进的电子个人收视记录提供电视收视率数据，进行报纸杂志读者调查和广告费用监测，已经成为媒体和广告行业的通用指标。AC尼尔森公司目前在全国10个主要城市提供电视收视研究服务，覆盖相当于全国超过60%的广告市场。

此外，AC尼尔森还提供大量先进软件，以及建模和分析服务。这些产品帮助客户综合广泛的信息，加以评估，判断发展机会和计划未来的市场营销活动。

（资料来源：AC尼尔森公司官方网站，http：//cn.nielsen.com/，经本书作者整理）

5. 参加招聘会

各地的人才市场招聘会定期、不定期的很多，大的能有几百家参加。参加人才市场招聘会的单位一般来说正处于上升期，经济较好。只是要在时间上注意，人才市场的第一天参会人员很忙，没有时间接待，第二天就比较闲，可以有空余的时间。还可以从报纸、杂志上搜集信息，如前程周刊，人才市场报，上面有人力资源部电话、传真可以方便联系。

6. 参加各种展览会

这是收集名片最好的办法，经常去参加不光可以拿名片，还可以了解各行各业，有时候在会场说不定就能找到意向客户。

该方法原则基本同人才市场差不多，只不过展会的信息要经常咨询当地或各地国际博览中心、展览馆、农展馆等大展览馆，主动经常联系、搜集展会的信息，或者登陆中国会议网等网站，参考展会信息。一定不要满足于发发资料名片，要尽可能的深入地了解情况，实践证明展会上85%的资料都进了垃圾桶。

知识链接

2010 年上海世博会

在古代农耕社会，人们往往在庆贺丰收、宗教仪式、欢度喜庆的节日里展开交易活动，后来逐渐发展成为定期的、有固定场所的、以物品交换为目的的大型贸易及展示的集会。这就是世博会的最早形式。公元5世纪，波斯举办了第一个超越集市功能的展览会。

18世纪，随着新技术和新产品的不断出现，人们逐渐想到举办与集市相似，但只展不卖，以宣传、展出新产品和成果为目的的展览会。1791年捷克在首都布拉格首次举办了这样的展览会。随着科学技术的进步，社会生产力的发展，展览会的规模也逐步扩大，参展的地域范围从一地扩大到全国，由国内延伸到国外，直至发展成为由许多国家参与的世界性博览会。

2002年12月3日，在国际展览局第132次全体大会上，成员国代表经过4轮投票，最终中国以54票对韩国34票的胜利，获得2010年世博会的举办权。上海市成为举办2010年世博会的城市。

正式名称：中国2010年上海世界博览会（World Expo 2010 Shanghai China）

简称：中国2010年上海世博会、2010年世博会或上海世博会

主题：城市，让生活更美好（Better City，Better Life），五个副主题分别是“城市多元文化的融合”、“城市经济的繁荣”、“城市科技的创新”、“城市社区的重塑”、“城市和乡村的互动”。

展期：6个月184天，2010年5月1日开幕，10月31日闭幕。

目标：邀请200个国家、国际组织参展，吸引7000万参观人次。

（资料来源：世博会官方网站，http：//www. expo2010. con/，经本书作者整理）

7. 供应商、销售商

向你单位提供服务的人中，如广告推销人员，办公用品推销员，他们的顾客，也可供参考。建议推销人员上门洽谈顾客之后，问他们索要名片。

8. 建立自己的人际关系网，客户介绍客户

可以多加入些QQ群、MSN群和论坛，尤其人际交往较多的记者，广告人，银行职员，经贸委官员更值得接触。亲戚，朋友，同学也有可能给你提供名录客户。

9. 各类媒体

报纸、杂志、电台和电视台等各类媒体每天都有很多的广告，在这些广告上也可以找到很多企业的信息，有些可能成为推销人员的目标顾客。推销人员应该注意，一般在报纸、杂志投放广告较多的客户，资金都比较充足，可以优先考虑追踪。与此同时，这种方式比较适合经常做广告的行业，另外报纸杂志上面有许多名录，只是麻烦一点，需要手工记录。

总之，为了维持和提高销售额的需要，也为了保持现有的顾客队伍和销售稳定，推销人员需要不断地通过各种途径寻找新的目标顾客，不断地开拓新的目标顾客。

知识链接

寻找目标顾客的原则

寻找目标顾客是最具挑战性、开拓性和艰巨性的工作。推销员必须明白，寻找准顾客是一项讲究科学性的工作，是有一定的规律可循的。推销人员需遵循一定的规律，把握科学的准则，使寻找顾客的工作科学化、高效化。我们通过借鉴前人总结的经验和创造的方法，使寻找准顾客的方法更加科学化和高效化。

（一）确定推销对象的范围

在寻找顾客前，首先要确定顾客的范围，使寻找顾客的范围相对集中，提高寻找效率，避免盲目性。准顾客的范围包括两个方面：

（1）地理范围，即确定推销品的销售区域。

（2）交易对象的范围，即确定准顾客群体的范围。

（二）树立“随处留心皆顾客”的强烈意识

作为推销人员，要想在激烈的市场竞争中不断发展壮大自己的顾客队伍，提升推销业绩，就要在平时的“工作时间”特别是在“业余时间”，养成一种随时随地搜寻准顾客的习惯，牢固树立随时随地寻找顾客的强烈意识。

（三）选择合适的途径，多途径寻找顾客

对于大多数商品而言，寻找推销对象的途径或渠道不止一条，究竟选择何种途径、采用哪些方法更为合适，还应将推销品的特点、推销对象的范围及产品的推销区域结合起来综合考虑。

（四）重视老顾客

一位推销专家深刻地指出，失败的推销员常常是从找到新顾客来取代老顾客的角

度考虑问题，成功的推销员则是从保持现有顾客并且扩充新顾客，使销售额越来越多，销售业绩越来越好的角度考虑问题的。对于新顾客的销售只是锦上添花，没有老顾客做稳固的基础，对新顾客的销售也只能是对所失去的老顾客的抵补，总的销售量不会增加。

推销员必须树立的一个观念是：老顾客是你最好的顾客。推销员必须遵守的一个准则是：你80%的销售业绩来自于你20%的顾客。这20%的客户是推销员长期合作的关系户。如果丧失了这20%的关系户，将会丧失80%的市场。

（资料来源：MBA智库百科，经本书作者整理）

第三节　寻找目标顾客的方法

寻找目标顾客往往是一个推销人员销售活动的开端。推销人员需要具备一种能力发现和识别潜在顾客，并通过自己的工作来提高寻找顾客的成效。寻找顾客的方法非常多而且具有灵活性和创造性。

一、普遍寻找法

这种方法也称逐户寻找法或者地毯式寻找法。其方法的要点是，在推销人员特定的市场区域范围内，针对特定的群体，用上门、邮件或者电话、电子邮件等方式对该范围内的组织、家庭或者个人无遗漏地进行寻找与确认的方法。比如，将某市某个居民新村的所有家庭作为普遍寻找对象，将上海地区所有的宾馆、饭店作为地毯式寻找对象等。该方法遵循的是“平均法则”，即认为在被寻访的所有对象中，必定有销售人员所要的客户，而且分布均匀，其客户的数量与访问的对象的数量成正比。推销员不可能与他拜访的每一位客户达成交易，他应当努力去拜访更多的客户来提高成交的百分比。如拜访的10人中有1人会成交，那么100次拜访就会产生10笔交易。因此，只要对特定范围内所有对象无一遗漏地寻找查访，就一定可以找到足够数量的客户。这种方法，通常在完全不熟悉或不太熟悉推销对象的情况下采用。

普遍寻找法有以下的优势：

（1）地毯式的铺开不会遗漏任何有价值的客户；

（2）寻找过程中接触面广、信息量大、各种意见和需求、客户反应都可能收集到，是分析市场的一种方法；

（3）让更多的人了解到自己的企业。

当然其缺点也是很明显的：

（1）成本高、费时费力；

（2）容易导致客户的抵触情绪。

因此，如果寻找活动可能会对客户的工作、生活造成不良的干扰，一定要谨慎进行。

普遍寻找法可以采用推销人员亲自上门、邮件发送、电话、与其他促销活动结合进行的方式展开。

二、广告寻找法

广告寻找法又称广告开拓法，广告吸引法，是指推销人员利用各种广告媒介寻找目标顾客的方法。这种方法依据的是广告学的原理，即利用广告的宣传攻势，把有关产品的信息传递给广大的消费者，刺激或诱导消费者的购买动机和行为，然后推销人员再向被广告宣传所吸引的顾客进行一系列的推销活动。根据传播方式不同，广告可分为开放式广告和封闭式广告两类。开放式广告又称为被动式广告，如电视广告、电台广告、报纸杂志广告、招贴广告、路牌广告等，当目标顾客接触或注意其传播媒体时，它能被看见或听到。封闭广告又称为主动式广告，它能直接传至特定的目标对象，与开放式广告相比，具有一定的主动性，如邮寄广告、电话广告等。一般来说，对于使用面广泛的产品，如生活消费品等，适宜运用开放式广告寻找潜在顾客，而对于使用面窄的产品（如一些特殊设备、仪器）和目标顾客范围比较小的情况，则适宜采用封闭式广告来寻找潜在顾客。在西方国家，推销人员用来寻找客户的主要广告媒介是直接邮寄广告和电话广告。

这种方法的基本步骤是：

（1）向目标顾客群发送广告；

（2）吸引顾客上门展开业务活动或者接受反馈展开活动。例如，通过媒体发送某个减肥器具的广告，介绍其功能、购买方式、地点、代理和经销办法等，然后在目标区域展开活动。

广告寻找法的优点是：

（1）传播信息速度快、覆盖面广、重复性好；

（2）相对普遍寻找法更加省时省力；

其缺点是需要支付广告费用、针对性和及时反馈性不强。

知识链接

直接邮寄广告

直接邮寄广告的英文原文是 Direct Mail Advertising，在港台将直邮广告简称为 DMA。直接邮寄广告就是通过收集、整理、筛选潜在客户名单，确定符合条件的客户群，然后利用产品目录、传单、直邮广告等媒体，主动将信息传递给客户，以激起他们的购买欲望。又或借助推广资料上令人眼花缭乱的各种优惠或促销，吸引顾客立即回复。

由于直接邮寄广告不经由如报纸、杂志、电视等媒体，而直接将宣传品以指名的方式送到家庭或公司，直接送到消费者手中，所以说叫直邮。

直接邮寄广告有各种不同的形式、做法和递送方式，比如百货公司发给顾客或准顾客的邀请函；推销员为了使推销活动进行得更加顺利而在访谈之前预先寄给顾客的宣传材料；公司为了宣传自己的产品特性或形象，或为博得消费者好感而发出公共关系式的东西（如彩页、赠品）等。

通常的直邮广告是封入信封的印刷品和商业信函，内容一般包括产品或服务的较详细介绍，能够引起顾客注意并使其感兴趣的“卖点”，以及用于搜集顾客反馈的工具（比如订单或反馈单）。由于通常的直邮只含有广告讯息，因此广告主需要相当重视针对有效的受众和高品质的设计制作，虽然直邮广告几乎是“千人成本”最高的广告方法，但其出众的反馈比率和受众对品牌的记忆率上升仍然使众多的营销主乐此不疲。

美国的直接邮件广告从1775年美国实施邮政法之后就产生了。然而，直接邮件广告成为重要的宣传方式受到普遍使用，其实只不过是70多年的事。如今，直接邮件广告在美国是仅次于报纸广告的宣传手段，约占年广告费总量的20%左右。

直邮广告的过程一般都包括这样几个步骤：

寻找目标客户群（清单）→制作宣传材料→发送商品信息→接受客户回复信息

（资料来源：中国直投网，http：//www.dm185.com/，经本书作者整理）

三、介绍寻找法

这种方法又称为连锁介绍法、客户引荐法或无限连锁法。这种方法是推销人员通过他人的直接介绍或者提供的信息进行顾客寻找，可以通过推销人员的熟人、朋友等社会关系，也可以通过企业的合作伙伴、客户等由他们进行介绍，主要方式有电话介绍、口头介绍、信函介绍、名片介绍、口碑效应等。介绍寻找法在西方被称为是最有效的寻找顾客的方法之一，也被称作黄金客户开发法。

该方法遵循的是"连锁反应"原则，即犹如化学上的"连锁反应"。例如我们现在只有10个客户，如果请求每个现有客户为我们推荐2个可能的客户的话，我们现在就增至30个客户了，这新增的20个客户每人再为我们一个介绍2个客户，发展下去可能的结果就是10、10+20、30+40……那么，到了第二轮推荐时我们就有70个客户了。

这种方法要求推销人员设法从自己的每一次推销面谈中，了解到其他更多的新客户的名单，为下一次推销拜访做准备。购买者之间有着相似的购买动机，各个客户之间也有着一定的联系和影响，介绍寻找法就是据此依靠各位客户之间的社会联系，通过客户之间的连锁介绍，来寻找新客户。介绍内容一般为提供名单及简单情况。因此，利用这个方法的关键是推销人员必须注意培养和积累各种关系，为现有客户提供满意的服务和可能的帮助，并且要虚心地请求他人的帮助。口碑好、业务印象好、乐于助人、与客户关系好、被人信任的推销人员一般都能取得有效的突破。了解和掌握每一个客户的背景情况会随时给你带来新的推销机会。运用这种方法可以不断地向纵深发展，使自己的客户群越来越大。

介绍寻找客户法由于有他人的介绍或者成功案例和依据，成功的可能性非常大，同时也可以降低销售费用，减小成交障碍，因此推销人员要重视和珍惜。

四、资料查阅寻找法

资料查阅寻找法又称文案调查法，是指推销人员通过收集、整理、查阅各种现有文献资料，来寻找准顾客的方法。这种方法是利用他人所提供的资料或机构内已经存在的可以为其提供线索的一些资料。这些资料可帮助推销员较快地了解到大致的市场容量及准顾客的分布等情况，然后通过电话拜访、信函拜访等方式进行探查，对有机会发展业务关系的客户开展进一步地调研，将调研资料整理成潜在客户资料卡，就形成了一个庞大的客户资源库。

推销人员经常利用的资料有：①统计资料。如国家相关部门的统计调查报告、统计年鉴、行业在报纸或期刊等上面刊登的统计调查资料、行业团体公布的调查统计资料等。②名录类资料。如客户名录（现有客户、旧客户、失去的客户）、工商企业目录和产品目录、同学名录、会员名录、协会名录、职员名录、名人录、电话黄页、公司年鉴、企业年鉴等。③大众媒体类资料。如电视、广播、报纸、杂志等大众媒体。

④其他资料。如客户发布的消息、产品介绍、企业内刊等。

推销人员要有较强的信息处理能力，通过资料查阅寻找客户既能保证一定的可靠性，又能减小工作量、提高工作效率；同时，也可以最大限度地减少业务工作的盲目性和客户的抵触情绪，更重要的是，可以展开先期的客户研究，了解客户的特点、状况，提出适当的客户活动针对性策略等。

需要注意的是资料的时效性和可靠性。此外，注意对资料（行业的或者客户的）日积月累往往更能有效地展开工作。一些有经验的推销人员，在和客户接触之前，往往会通过大量的资料研究对客户做出非常充分的了解和判断。

五、委托助手寻找法

委托助手法也称“猎犬法”，就是推销人员雇佣他人寻找目标顾客的一种方法。在西方国家，这种方法运用十分普遍。一般是推销人员在自己的业务地区或者客户群中，通过有偿的方式委托特定的人为自己收集信息，了解有关客户和市场、地区的情报资料等，这有点像西方警察使用“线民”，在国内的企业也有，就是推销人员在企业的中间商中间，委托相关人员定期或者不定期提供一些关于产品、销售的信息。另一种方式是，老推销人员有时可以委托新推销人员从事这方面的工作，对新推销人员也是一个有效的锻炼。

推销人员通过其他人寻找目标顾客，自己就能够集中精力从事具体的推销访问工作。这些受雇人员一旦发现目标顾客，便立即通知推销人员，安排推销访问。这些接受雇用的人员被称为推销助手。

委托助手法依据的是经济学的最小、最大化原则与市场相关性原理。因为委托一些有关行业与外单位的人充当助手，在特定的销售地区与行业内寻找客户及收集情况，传递信息，然后由推销人员去接见与洽谈，这样花费的费用与时间肯定比推销人员亲自外出收集情况更合算些。越是高级的推销人员就越应该委托助手进行调查，推销人员只是接近那些影响大的关键目标客户，这样可以获得最大的经济效益。此外，行业间与企业间都存在着关联性，某一行业或企业生产经营情况的变化，首先会引起与其关系最密切的行业或企业的注意。适当地运用委托推销助手来发掘新客户，拓展市场，是一个行之有效的方法。

六、客户资料整理法

这种方法本质上属于“资料查阅寻找法”，但是，也有其特殊性，我们强调客户资料管理，因为其重要性十分突出，现有的客户、与企业联系过的单位、企业举办活动（如公关、市场调查）的参与者等，他们的信息资料都应该得到良好的处理和保存，这些资料积累到一定的程度，就是一笔财富，在市场营销精耕细作的今天，这尤为重要。

知识链接

CRM——客户关系管理

关于CRM的定义，不同的研究机构有着不同的表述。

最早提出该概念的Gartner Group认为：所谓的客户关系管理就是为企业提供全方位的管理视角；赋予企业更完善的客户交流能力，最大化客户的收益率。

Hurwitz Group 认为：CRM 的焦点是自动化并改善与销售、市场营销、客户服务和支持等领域的客户关系有关的商业流程。而 IBM 则认为：客户关系管理包括企业识别、挑选、获取、发展和保持客户的整个商业过程。IBM 把客户关系管理分为三类：关系管理、流程管理和接入管理。

从管理科学的角度来考察，客户关系管理（CRM）源于市场营销理论。

从解决方案的角度考察，客户关系管理（CRM）是将市场营销的科学管理理念通过信息技术的手段集成在软件上面，得以在全球大规模的普及和应用。它集合了当今最新的信息技术，它们包括 Internet 和电子商务、多媒体技术、数据仓库和数据挖掘、专家系统和人工智能、呼叫中心等。作为一个应用软件的客户关系管理（CRM），凝聚了市场营销的管理理念。市场营销、销售管理、客户关怀、服务和支持构成了 CRM 软件的基石。

综上，客户关系管理（CRM）有三层含义：

（1）体现为新态企业管理的指导思想和理念；

（2）是创新的企业管理模式和运营机制；

（3）是企业管理中信息技术、软硬件系统集成的管理方法和应用解决方案的总和。

其核心思想就是：客户是企业的一项重要资产，客户关怀是 CRM 的中心，客户关怀的目的是与所选客户建立长期和有效的业务关系，在与客户的每一个“接触点”上都更加接近客户、了解客户，最大限度地增加利润和利润占有率。

CRM 的核心是客户价值管理，它将客户价值分为既成价值、潜在价值和模型价值，通过一对一营销原则，满足不同价值客户的个性化需求，提高客户忠诚度和保有率，实现客户价值持续贡献，从而全面提升企业盈利能力。

尽管 CRM 最初的定义为企业商务战略，但随着 IT 技术的参与，CRM 已经成为管理软件、企业管理信息解决方案的一种类型。因此另一家著名咨询公司盖洛普（Gallup）将 CRM 定义为：策略 + 管理 + IT。强调了 IT 技术在 CRM 管理战略中的地位，同时，也从另一个方面强调了 CRM 的应用不仅仅是 IT 系统的应用，和企业战略和管理实践密不可分。

图 3－2 可以代表当前人们对 CRM 的主流认识：

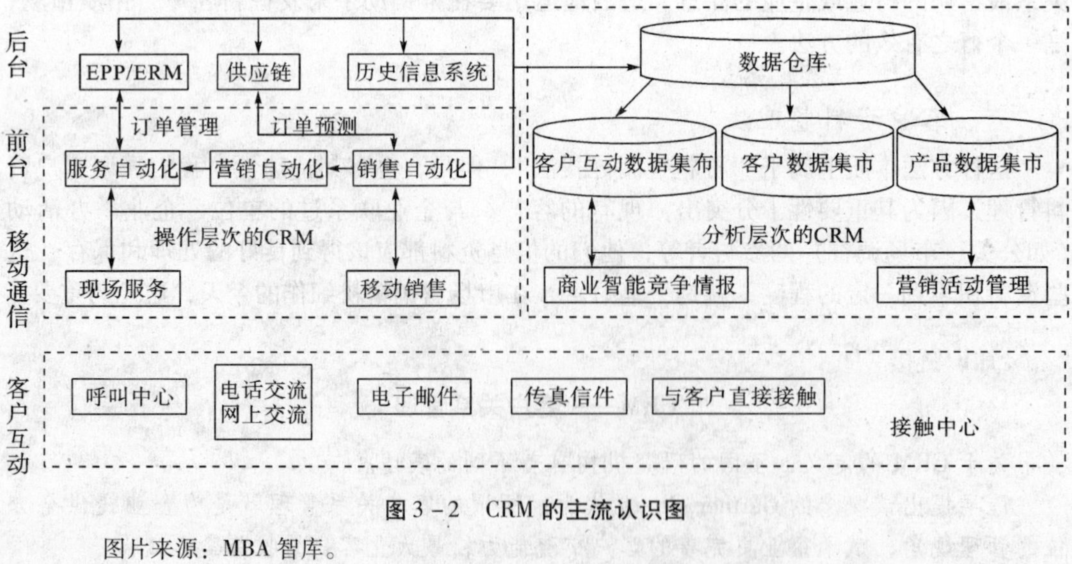

图 3－2　CRM 的主流认识图

图片来源：MBA 智库。

在图3－2中，CRM的功能可以归纳为三个方面：对销售、营销和客户服务三部分业务流程的信息化；与客户进行沟通所需要的手段（如电话、传真、网络、Email等）的集成和自动化处理；对上面两部分功能所积累下的信息进行的加工处理，产生客户智能，为企业的战略战术的决策作支持。一般来讲，当前的CRM产品所具有的功能都是图3－2的子集。

其实，对于CRM，不要把概念弄得那么复杂，如果真正观念到位、措施到位，其实很简单，不提CRM又有什么关系？

举个最简单的例子，某个家庭，第一代洗衣机购买的是“小天鹅双桶洗衣机”、第二代洗衣机是“小天鹅全自动洗衣机”、第三代洗衣机是“小天鹅滚筒式洗衣机”，你如果要做到真正让客户的三代洗衣机都用“小天鹅”，客户的资料和客户的精细服务就是必不可少的（有人使用的两代洗衣机都是小天鹅的，正要更新换代，这中间就有业务机会，而且也可以通过一些活动加深厂商与顾客的感情）。小天鹅甚至可以提出一个营销内部口号：“让小天鹅在顾客家里代代相传”。

（资料来源：MBA智库，经本书作者整理）

七、交易会寻找法

交易会寻找法是指利用各种交易会寻找目标顾客的方法。国际国内每年都有不少交易会，如广交会、高交会、中小企业博览会等。充分利用交易会寻找目标顾客、与目标顾客联络感情、沟通了解，是一种很好的获得顾客的方法。参加展览会往往会让推销人员在短时间内接触到大量的目标客户，可以获得相关的关键信息，对于重点意向的客户也可以作重点说明，约好拜访的时间。例如，假如你想获得在印刷机械行业的目标客户，你可以参加国际印刷机械展，你将在那里遇到中国乃至世界上最著名的印刷机械制造商，几乎所有的大厂商都会参加，你只需要去看一个展览会，你就会得到这个行业的几乎最有价值的那部分目标客户。经常去参观某个行业的展览会，你甚至会发现每次你都看到那些目标顾客，这对以后向客户推销是非常有利的。某公司的一位老总，参加了广交会回来，向全体员工宣布一个惊人的好消息：“我有足够的信心向大家保证：今年我们的销售收入可以增加2个亿！”，其成效明显主要原因之一是因为其产品的特殊性，但是更重要的是企业已经全面学会和掌握了这个有效的途径。

销售人员应该在每年的年末将未来一年相关行业的展览会进行罗列，通过网络、展览公司的朋友都可以做到这些，然后贴在工作间的醒目处并在日程表上进行标注，届时提醒自己要抽时间去参观一下。

知识链接

广交会

中国出口商品交易会，又称广交会，创办于1957年春季，每年春秋两季在广州举办，迄今已有五十余年历史，是中国目前历史最长、层次最高、规模最大、商品种类最全、到会客商最多、成交效果最好的综合性国际贸易盛会。

广交会由48个交易团组成，有数千家资信良好、实力雄厚的外贸公司、生产企业、科研院所、外商投资/独资企业、私营企业参展。广交会贸易方式灵活多样，除传统的看样成交外，还举办网上交易会。广交会以出口贸易为主，也做进口生意，还可以开展多种形式的经济技术合作与交流，以及商检、保险、运输、广告、咨询等业务活动。来自世界各地的客商云集广州，互通商情，增进友谊。

展出周期：一年两届，每届三期

举办时间：

春交会：第一期：4月15日~19日；第二期：4月23日~27日；第三期：5月1日~5日；

换展期：4月20日~22日；4月28日~4月30日

秋交会：第一期：10月15日~19日；第二期：10月24日~28日；第三期：11月2日~6日；

换展期：2010年10月20日~23日；10月29日~11月1日

展览地点：中国进出口商品交易会琶洲展馆（广州市海珠区阅江中路380号）；中国进出口商品交易会流花路展馆（中国广州市流花路117号）

展场面积：540000平方米

展位数量：55000个

出口展区按15大类商品划分50个展区；进口展区维持1.5万平方米的规模，设立9个产品区。(2009年秋交会)

（资料来源：中国进出口商品交易会官方网站，经本书作者整理）

八、咨询寻找法

咨询寻找法又称市场咨询法，是指推销人员利用社会上各种专门的行业组织、市场信息咨询服务等部门所提供的信息来寻找准顾客的办法。一些组织，特别是行业组织、技术服务组织、咨询单位等，他们手中往往集中了大量的客户资料和资源以及相关行业和市场信息，通过咨询的方式寻找客户不仅是一个有效的途径，有时还能够获得这些组织的服务、帮助和支持，比如为国外企业进入中国市场提出合作建议方案、寻找合作者甚至参与项目论证等方面提供一揽子服务。

推销人员可以从以下部门获得市场信息：

（1）专业信息咨询公司。如一些专业建筑信息公司能提供详细的在建工程信息包括：工程类别、建筑成本、工程时间表和发展商项目经理建筑师等联系方式，且信息每天更新。这为建材生产企业的销售人员节约了大量时间。虽然要向信息公司付一些费用但总体成本还是合算的。

（2）工商行政管理部门。该部门涉及面十分广阔，包括工业、商业、交通运输等各个行业，是一个理想的市场咨询单位。

（3）各级统计和信息部门。这些部门提供的信息准确、可靠。

（4）其他相关部门，如银行、税务、物价、公安、大专院校、科研单位等。

（5）当地行业协会。每个行业基本上都有自己的行业协会，如软件行业协会、电子元件行业协会、仪器仪表行业协会等，虽然行业协会只是一种民间组织，但恐怕没有人能比行业协会更了解行业内的情况了。如果你的潜在客户恰好是某某协会的成员，能得到协会的帮助是你直接接触到潜在客户的有效方法。

九、企业各类活动寻找法

企业通过公共关系活动、市场调研活动、促销活动、技术支持和售后服务活动等，一般都会直接接触客户，这个过程中对客户的观察、了解、沟通都非常有力，也是一个寻找客户的好方法。

案例3－2

美国亨氏集团的母亲座谈会

美国亨氏集团与我国合资在广州建立婴幼儿食品厂。但是，生产什么样的食品来开拓广阔的中国市场呢？筹建食品厂的初期，亨氏集团做了大量调查工作，多次召开“母亲座谈会”，充分吸取公众的意见，广泛了解消费者的需求，征求母亲对婴儿产品的建议，摸清各类食品在婴儿哺养中的利弊。之后进行综合比较，分析研究，根据母亲们提出的意见，试制了些样品，免费提供给一些托幼单位试用。

收集征求社会各界对产品的意见、要求，相应地调整原料配比，他们还针对中国儿童食物缺少微量元素、造成儿童营养不平衡及影响身体发育的现状，在食品中加进一定量的微量元素，如锌、钙和铁等，食品配方更趋合理，使产品具有极大的吸引力，普遍地受到中国母亲的青睐。于是，亨氏婴儿营养米粉等系列产品迅速走进千千万万中国家庭。

（资料来源：豆丁网，http：//www. clocin. com/，经本书作者整理）

案例点评

（1）亨氏公司的产品定位就是在目标顾客的心目中为自己的产品设置一个特定的位置，这个位置只为自己的产品独占而其他同类产品则不能拥有。产品定位的客观依据有：关于产品的调查研究；竞争对手的调查研究；传播媒体的调查研究；流通领域情况的调查研究。

（2）本案例侧重的是对消费者的调查研究，通过对消费者的调查去发现消费者和潜在的消费者群。亨氏集团多次召开“母亲座谈会”，充分听取公众的意见书，广泛了解消费者的需求，征求对婴儿产品的建议，摸清了各类食品对婴儿哺养的利弊，得到产品定位的信息，从而一举成功。

（3）此案例还说明，企业要重视对消费者的调查研究，搞清消费者对产品的需求趋势，为自己的产品定位找到科学的依据，这样才可以帮助企业赢得市场。

有效地寻找客户方法远远不止这些，应该说，是一个随时随地的过程。一般信息处理过程是：“所有目标对象—接触和信息处理—初选—精选—重点潜在客户—客户活动计划”。

本章内容小结

推销人员只有去拜访那些有较大可能性会成为推销产品买主的目标顾客，才能提高推销工作的效率。因此，在开始实际的推销约见与洽谈之前，应该进行目标顾客资格的审查工作。一般而言，只有那些对产品有真实需求，同时也有货币支付能力和购买决策权并信用良好的目标顾客，才能成为现实意义上的顾客，才是合格的顾客。

顾客是推销之本，顾客的多少决定着推销业绩的高低。对于一名推销员而言，其首要的任务在于寻找新顾客。

寻找目标顾客的途径有：网络、电话号码簿、国家统计局普查数据、数据经销商、参加招聘会、参加各种展览会、与供应商、销售商建立自己的人际关系网，客户介绍客户、各类媒体法等不同的途径。

寻找目标顾客的方法有：普遍寻找法、广告寻找法、介绍寻找法、资料查阅寻找法、委托助手寻找法、客户资料整理法和交易会寻找法等众多的方法。

本章内容模块

第三章 目标顾客的选择

- 模块一 目标顾客的资格审查
  - 1. 顾客需求审查
  - 2. 顾客支付能力审查
  - 3. 顾客购买资格审查
- 模块二 寻找目标顾客的途径
  - 1. 什么是寻找目标顾客
  - 2. 寻找目标顾客的重要性
  - 3. 寻找目标顾客的途径
- 模块三 寻找目标顾客的方法
  - 1.普遍寻找法
  - 2.广告寻找法
  - 3.介绍寻找法
  - 4.资料查阅寻找法
  - 5.委托助手寻找法
  - 6.客户资料整理法
  - 7.交易会寻找法
  - 8.咨询寻找法
  - 9.企业各类活动寻找法

本章思考题

1. 对潜在顾客需要进行哪些方面的审查，分别如何进行？
2. 可以通过哪些途径寻找目标顾客？
3. 寻找目标顾客有哪些方法？

第四章
接近与约见顾客

◆ 学习目的和要求

从选择、确定推销对象到与客户正式洽谈之间，是推销人员接近客户的阶段。在进入实质性的推销工作之前，与推销对象的约见、接近，对于以后各项推销活动的顺利开展都有深远影响。推销人员只有精心筹划，认真从事，才能赢得最初的成功。通过本章的教学应使学生掌握如下几个方面的内容：

1. 熟悉推销接近的准备工作；
2. 领会约见顾客的内容与方法；
3. 掌握接近顾客的方法。

走进推销

地毯推销员的故事

在某市，有一十几层的大厦需要几万平方米的地毯，这是一笔价值几十万元的生意，全国几十家地毯厂都盯上了这块“肥肉”，纷纷派人推销。一位推销员带着礼品去敲顾客的门。出乎意料的是，当一位老者开门看到他手中拿的东西，就将他拒之门外。推销员百思不得其解。第二天他了解到，这位倔强老头是一位“老革命”，一身正气，两袖清风，对社会上的不正之风深恶痛绝。他好为人师，常教导青年人“革命的路该怎么走”。在了解到这些情况后，推销员又再去拜访顾客，当然没有忘记应该两手空空。见到顾客后说，我是一位刚参加工作的青年人，在工作生活上遇到许多困难不知该怎么处理，你是老前辈、老革命，有丰富的阅历，今天特来请教你。一席话令老人十分高兴，忙请推销员坐下，然后“痛说革命家史”，讲自己当年过五关斩六将、南征北战的光荣历史。老人侃侃而谈，推销员洗耳恭听。“话到投机情便深”，两个人成了忘年交。最后的结果可想而知。

（资料来源：《现代营销·经营版》2006 年第 10 期《推销成功案例集锦》，经本书作者整理）

问题讨论：

这个地毯推销员为什么能获得成功？

经过严格的顾客资格审查之后，就可以列出合格的准顾客名单。有了一份合格的准顾客名单，推销人员就可以开始进行推销接近工作了。所谓推销接近，是指推销人员采用各种方式直接与准顾客进行业务接触的活动。它包括接近准备、约见顾客、接近顾客及与之推销洽谈。本章主要介绍前三个方面。

第一节　接近顾客前的准备

成功推销的基础在于推销人员成功地接近推销对象，而且很多交易能否达成，往往取决于推销洽谈前接近的几分钟。如果接近是有效的，你就有机会过渡到洽谈；如果接近是失败的，你将丧失推销陈述的机会，也就等于宣告本次推销的终结。对于不同类型的顾客，接近的重要性也可能不相同。一般来说，新顾客的接近比老顾客的接近要重要得多。

为了更好地完成接近准顾客的目的，我们需要在接近准顾客前进行一系列的准备活动即接近准备。所谓接近准备，是指推销人员在接近某一准顾客之前进一步了解该准顾客情况的过程。推销接近准备阶段实际上是顾客资格审查的延续，目的是搜集更多的准顾客资料，为成功推销做好前期准备。兵法云："知己知彼，百战不殆"。欲使每次推销都能获得订单，就必须熟悉自己的推销品，也必须了解自己的客户。

选定准顾客结束的标志是什么？什么时候开始接近准备？对于这个问题的回答，应从推销过程的联系性来认识，各过程之间相互渗透、交叉发展。一般来说，当你对某个线索有一定了解并相信有可能达成交易后，潜在顾客的选择工作即告结束，接着就要进行接近前的准备。准备也是一个过程，即将在正式接洽前或接洽中所获的知信息进行调整。

在进行推销准备工作时，推销人员不要怕浪费时间。俗话讲，"磨刀不误砍柴工"，在准备工作中所耗费的时间，必将得到回报。在接近每一个准顾客之前，我们都要尽可能地抽出时间做好相关准备，准备得越充分，接近准备的访问的效率就会越高，效果就会越好。

一、接近顾客前的心理准备

运动员在赛场上比赛，除了自身竞技水平外还有一个很重要的因素就是心理素质。这种素质的培养需要经过无数次大赛的磨炼，当然也需要经过一些专业的培训。推销人员在接近顾客前，最容易出现的问题就是信心不足，其实这也是一种心理素质的问题。缺乏经验的推销人员会有一些顾虑：是否会搅乱被访者的正常生活？顾客是否会接受推销访问？顾客拒绝成交怎么办？这种无形的"恐惧"如果表现在推销过程的言行举止中，会使顾客感到担忧与失望。顾客心里会想：对自己都缺乏信心的推销员，难道其推销的商品可信吗？因此，推销员要时刻牢记一句话："推销是信心的传递，要想使你的顾客相信你，你必须对你自己及你所推销的产品表现出十足的信心。"同时，必须克服畏难情绪和逃避心理，敢于正视顾客的拒绝，时刻保持一种高昂的精神状态，沉着冷静地去排除接近过程中遇到的种种障碍。此外，为了加强心理准备，可以在访问前预演，假想顾客可能提到的问题，事先准备好答案，并自问自答一番。

知识链接

正式推销前的十秒钟

推销人员一切准备就绪后，前往约定地点与客户见面，开始正式推销访问。心理学研究表明，人们在见面的10秒钟后就会对对方做出许多判断，因此，推销人员要抓住这宝贵的瞬间，运用一定的表现技巧，以一种恰当的风度出现，给顾客留下美好的第一印象。其步骤如下：

（1）微笑。微笑是推销的第一技能，美国最大的连锁店沃尔玛的创始人沃尔顿生前用一句话概括了他成为亿万富翁的秘诀：低买低卖，微笑攻势。日本推销之神原一平也练就了一副“价值百万美金的笑容”，可见微笑在整个推销过程中的重要作用。推销人员在客户面前要真诚友好地微笑，这样可以缩短双方的距离，使客户有一种亲切感，减少抗拒心理。

（2）注视。推销人员要用眼睛正视客户，用眼神传递正直、诚恳、自信、热情等情感，绝不能眼睛朝下或左顾右盼，使客户感到推销人员心不在焉，或不诚实、不热情。但要注意，注视并不是凝视；否则无法正常交谈。

（3）问候。推销人员一定要问候顾客，这是打开话语的最好题材。问候的方式取决于许多方面，推销人员应该根据不同的人、不同的时间、不同的环境来选择问候的方式，甚至对同一个人也不能总用一种问候方式。因此，推销人员要学会至少用三种方式迎接顾客。

（4）握手。握手是常见的礼节，如果顾客有意，推销人员应热情地与之相握。握手时要握住对方的整个手掌，短暂而有力，但不能太紧。正确的握手姿势能表达一个人的自信和能力，同时也表达了对客户的敬意和信任。

（5）互道姓名。在握手时很自然地互道姓名，自我介绍。推销人员应反复提及自己的名字，直到确信对方记住他。如果顾客把你和其他人弄混了也许就会错过一次销售机会。

（6）话题。话题是与别人交往的基础，适当的话题能够创造轻松友好的气氛，使顾客对推销人员产生认同感，对完成接近顾客这一阶段的任务有极大帮助。话题的寻找要通过仔细观察和丰富的经验。以下是大多数推销冠军在商谈中所选择的话题：对方的嗜好；对方的工作；时事问题；孩子等家庭之事；影艺及体育运动；对方的故乡及所就读的学校；健康知识；理财技术及闲谈。

以上步骤顺利完成后，推销人员就要把握好时机，把谈话推入下一阶段。

（资料来源：鞍山师范学院高等职业技术学院，http：//221. 203. 54. 19/swx/lgy/y _ lljxdg. html，经本书作者整理）

二、顾客资料的准备

顾客资料是反映顾客基本情况的信息资料。推销人员对顾客信息资料掌握得越多，就越容易接近顾客。准顾客的种类很多，主要分为个体顾客、团体顾客和老顾客。销售员在接近不同类型的准顾客时，需要依据其类型进行不同的准备。下面分别进行说明。

（一）个体准顾客的接近准备

这里所谓的个体准顾客，是指一个个体的准客户。按照西方销售学家的说法，个体准顾客是作为一个人的准客户，而不是作为一个公司经理人的准客户。一般来说，接近个体准顾客前要了解以下内容：

（1）姓名。接近个体准顾客时，如果能在一见面时就准确地叫出对方姓名，会缩短推销人员与顾客的距离，产生一见如故的感觉。因此，弄清楚准顾客的姓名，是赢得准顾客信任，获得推销成功的第一步。

（2）年龄。不同年龄的人会有不同的个性差异和需求特征，因而会有不同的消费心理和购买行为。在接近顾客之前，推销人员应采取合适的方法和途径了解该顾客的真实年龄，便于分析、研究、把握顾客的消费心理，制定推销接近策略。

（3）性别。对待不同性别的准顾客时，应采取不同的推销方式。男女准顾客在其性格、气质、需要和交际等方面均有区别，推销人员应区别对待。

（4）民族。我国是一个多民族的国家。不同民族的人都有自己的民族风格和民族习惯。了解准顾客的民族属性，准备好有关各民族风俗习惯的材料，是接近准顾客的一个好方法。至于到少数民族地区去开展推销活动，更要入乡随俗，切不可做出有违民族风俗习惯的事，相互尊重对方的民族习惯是长期合作的重要基础。

（5）出生地。推销人员在接近准备时，应尽可能了解准顾客的籍贯和出生地。一个人出生和生长的地方，会给其生活习惯甚至性格打上很深的烙印，对他们都有较大的影响。了解准顾客的出生地，一来可以从侧面揣测其生活习惯和性格特征，二来可以以此为话题拉近与其的感情距离。中国人对于乡土有着浓厚的感情，所谓“他乡遇故知”，常被世人颂为是人生的一大快事。

（6）相貌特征。推销人员在接近准备阶段，应了解准顾客的音容、相貌、身体等重要特征，最好能拥有一张准顾客的近期相片。掌握准顾客的身体相貌等特征，既可避免接近时出错，又便于销售人员提前进入洽谈状态。

（7）职业状况。不同职业的人在价值观念、生活习惯、购买行为、消费内容与消费方式等方面，都有着比较明显的区别。因此，针对不同职业的准顾客，我们在约见方式、认识方式、接近方式与洽谈方式上也应该有所不同。

（8）学习和工作经历。对于推销员来说，了解推销对象的学习和工作经历将有助于约见时拉近双方间的距离。例如，一位推销员了解到顾客和自己一样，都曾在部队里当过话务员，于是他和顾客一见面时，就谈起了收发报，双方谈得津津有味，最后在愉快的气氛中达成了交易。

（9）兴趣爱好。了解准顾客的兴趣爱好，不仅有利于针对性地向准顾客推销商品，以投其所好，而且有利于寻找更多的共同话题接近准顾客，融洽谈话气氛，并且可以避免冒犯准顾客。

（10）办公及居住地址。准顾客的住址、办公地点和经常出入、停留的地方，对推销人员而言是很重要的资料。在接近准备阶段，一定要不厌其烦地核对清楚。例如，邮政编码、区名、街道名、楼宇名、门牌号码以及其周围环境特征。联系电话、传真机、手机号码等都要搞清楚，以便顺利到达接近地点和节省接近拜访时间。

（11）家庭及成员情况。了解准顾客的家庭情况，可以为接近准备和面谈提供一些话题。

（12）需求内容。这是准顾客资格审查的重要内容之一，同时也是接近准顾客前准备工作的重要方面。推销人员应尽量了解准顾客需求的具体情况，如购买需求的特点、动机、购买决策权限以及购买行为的规律性等，便于有针对性地做好推销工作。

（二）团体准顾客的接近准备

团体准顾客是指除个体准顾客以外的所有准顾客，包括工商企业、政府机关、事业单位及其他社会团体组织。由于团体准顾客的业务范围广，购买数量大，而且购买决策人与购买执行人往往是分离的，使得团体准顾客的购买行为变得更为复杂。同时，团体准顾客的购买力强，生产周期与消费周期较长，对推销人员来说，完成团体准顾客的推销接近计划显得更有价值，推销人员准备的资料应比个体准顾客更充分。除了个体准顾客的接近准备的内容之外，团体准顾客的接近准备还包括以下内容：

（1）基本情况。团体准顾客的基本情况包括机构名称、品牌商标、营业地点、所有制性质、注册资本、职工人数等。除此之外，还要掌握团体准顾客总部所在地及各分支机构所在地详细地址、邮政编码、传真号码、公司网址，具体人员的电话、手机号码，以及前往约见与接近时可以利用的交通路线及交通工具，进入的条件和手续等情况。

（2）生产经营情况。即产品品种、产量、生产能力及发挥水平，设备技术及技术改造方式，产品结构情况，产品加工工艺及配方，产品主要销售地点及市场反映，市场占有率及销售增长率，管理风格与水平，发展、竞争与定价策略等。如果准顾客属于商业机构，应该了解准顾客的营业面积、商品规模、商品等级、客流量、购买者的购买行为及商品特点等，并了解对方的资信情况。

（3）采购习惯和购买行为情况。不同准顾客有各自不同的采购习惯，包括采购对象的选择、购买途径、购买周期、购买批量、结算方式等方面都可能有差异。在准备工作的过程中，推销人员要对团体准顾客的采购习惯进行认真、全面、细致的分析，再结合推销品的特征和性能，确定能否向准顾客提供新的利益以及团体准顾客对推销品采购的可能性。购买行为情况包括：在一般情况下，由哪些部门提出需求或提出购买申请；由哪个部门与机构对需求进行核准；由哪个部门与机构对需求及购买进行决策及选择供应厂家；客户目前向哪几个供应者进行购买；供求双方的关系及其发展前景如何等。

（4）组织情况。对团体准顾客的推销，实际上是向机构决策人或执行人推销，而绝非向机构本身推销。但是，机构本身复杂的组织结构和人事关系，对推销能否成功有着重要的影响。因此，在接近团体准顾客之前，推销人员不仅要了解团体准顾客的近远期目标、规章制度和办事程序，而且还要了解它的组织结构和人事状况、人际关系以及关键人物的职权范围与工作作风等方面的内容。

（5）关键部门与关键人物情况。在购买行为与决策中起关键作用的部门和人物的有关情况也要了解清楚。

（6）其他情况。对影响准顾客购买的其他情况也要了解。例如，购买决策的影响因素是什么？目前进货有哪些渠道？维持原来的购买对象与可能改变的原因是什么？目前准顾客与供应商的关系及发展前景如何？目前竞争对手给准顾客的优惠条件是什么？准顾客的满意程度如何？等等。

（三）老顾客的接近准备

老顾客是推销人员熟悉的、比较固定的买主。保持与老顾客的密切联系，是推销人员保证顾客队伍的稳定，取得良好推销业绩的重要条件。

对老顾客的接近准备工作与新顾客的接近准备工作有所不同，因为推销人员对老顾客已经有一定程度的了解，主要是对原有资料的补充、修订和调整，是对原有客户关系管理工作的延续。

接近老顾客前，应该准备的资料有：

(1) 基本情况。应该注意和重视在见面之前对老顾客原有情况进行温习与准备。通过温习，在见面时可以从这些内容入手进行寒暄，这样会使顾客感到很亲切。

(2) 变动情况。对原来档案中的资料，最重要的一点就是逐一审查，并加以核对，了解原有资料是否有变动。

(3) 信息反馈情况。推销人员再次拜访老顾客之前，应该先了解老顾客（无论是个体顾客还是团体顾客）上一次成交后的信息反馈情况，包括供货时间、产品价格、产品质量、使用效果和售后服务等情况。老顾客反应情况的内容和形式无非是两个方面：一是好的反应，一是不好的反应。无论老顾客反应好坏，推销人员都应该认真听取，并加以研究。

三、推销访问计划的准备

制订推销访问计划是指推销人员设计、规划并准备向顾客做推销介绍时所要阐述的主题、观点以及陈述程序的过程。在接近顾客前，推销人员应根据不同的顾客来设计规划好其推销访问计划，以使推销有目的、有计划地进行。一般来讲，在没有准备程序的情况下走进准顾客家里或办公室，很容易导致推销失败。实践表明，推销访问越有计划，准备越充分，促成交易的机会就越大。因此，推销人员应养成推销前做好推销访问计划设计的良好习惯。

四、推销辅助工具的准备

在接近顾客前，推销员应仔细检查一下自己需携带的推销辅助工具。推销辅助工具可以对难以用语言表达的内容给予直接的说明，有助于加深客户对推销员介绍的内容的印象和记忆。对于推销新手，准备推销辅助工具的意义很大，它可以弥补语言表达能力的不足和对业务不熟悉的缺点。当然，推销人员由于所推销的产品不同，接近顾客的目的不同，推销辅助工具也应因情况而定。尽管如此，仍可以把推销辅助工具划分为以下两类：

第一，推销人员自己使用的物品，包括公文包、记录本、通讯录、顾客档案或资料卡片、身份证、钢笔、计算器、香烟、打火机、化妆品等。

第二，与顾客接触时展示给顾客的物品，包括名片、样品或图片资料、产品目录、价格表、推荐信函、小礼物、合同文本、收据等。

第二节　约见顾客的内容与方法

在完成必要的接近准备工作之后，推销人员就可以开始接近顾客。由于种种原因，有些推销对象难以接近，有些顾客谢绝推销访问，甚至干脆拒绝推销来访。因此，为了成功地接近顾客，推销人员应尽量事先进行顾客约见。约见顾客，是指推销人员事先征得顾客同意会面的行动过程。

一、约见与接近顾客的关系

顾客约见是推销工作的重要环节，它既是接近准备工作的延续，又是正式接近顾客的开始。成功地约见顾客，可以有利于推销人员自然、顺利地接触顾客，避免突然拜访的盲目性，推销人员还可以根据约见顾客时获得的信息，对顾客各个方面的情况有个初步的认识和判断，从而制订科学合理的推销计划，提高推销效率。

二、约见顾客的内容

约见顾客的基本内容包括确定约见对象、明确约见目的、安排约见时间和选择约见地点，也就是要确定“4W”。

（一）确定约见对象（who）

要进行推销访问，就要先确定具体的访问对象。约见对象指的是对购买行为具有决策权或对购买活动具有重大影响的人。如果推销的是个人用品，约见对象一般容易确定；如果推销的是生产用品，推销人员将面对一个采购中心，那么首选的约见对象是公司的董事长、总经理、厂长等企业或有关组织的决策者。推销人员若能成功地约见这些决策者，将为以后在该企业或组织里的推销打下良好的基础。但是在实际推销工作中，推销人员发现自己往往无法直接约见访问对象。因此，推销人员在尽力约见购买决策人的同时，也不要忽视那些对购买有影响力的人物，如总经理助理、秘书、办公室主任、部门经理等人。这些人虽然没有最终购买决定权，但他们接近决策层，可以在公司中行使较大的权力，对决策者的决策活动有很大的影响。

（二）明确约见目的（why）

任何人都不会接受没有理由的约见。约见顾客要有充分的理由，使对方感到约见的必要性和重要性。推销约见的目的虽然都是为了推销商品或服务，但具体到每一次访问约见其目的却有所不同，这要视推销活动的进展程度与具体情况而定。常见的约见目的有：

（1）推销产品。由于这是推销访问的主要目的，通常都作为正式推销访问的理由。在目前买方市场的形势下，这种正式推销不易实现，如果再碰上那些对推销员抱有成见的客户，就更加困难。推销人员应当在约见时就说明来意，同时留意客户的反应，如果客户确实对商品感兴趣，就可以循序渐进，详细介绍商品的性能和特点；如果客户只是出于礼貌而应付或对所推销的商品根本不感兴趣，则可考虑知难而退，不要强人所难。当然，如果推销员对其中某些客户仍保持信心，则不妨换一种方式接近他们，这就要讲究约见技巧。

（2）市场调查。现代推销员集直接推销、广告宣传、公共关系、市场调查等多项任务于一身。市场调查是推销员的重要任务之一。在实际推销工作中，推销员以市场调查为访问事由约见顾客，比较容易被对方接受。由于这种约见不需要顾客购买商品，往往容易被顾客接受，容易赢得顾客的信任、合作与支持，这样既有利于搜集市场情报和信息，为进一步推销做好准备，又可避免强行推销，也有可能由市场调查转变为正式推销，甚至当场成交。

（3）提供服务。在现代推销活动中，优质服务既是推销的保证，也是竞争中取胜的保障。任何一个企业企图靠技术优势长期占领市场是不现实的，要想在竞争中保持优势，更多的是要靠提供商品的附加价值，使产品所提供的利益得到延伸。因此，推销员利用提供服务作为约见事由，往往比较受客户欢迎，有利于建立良好的推销信誉，稳定购销关系，扩大影响。

（4）签订合同。推销人员与顾客经过多次推销洽谈，已达成购买意向，需要商讨一些具体细节，签订合同。以此为目的的约见，一定不要显得过于急切，要尊重顾客的时间。因为签订合同不仅意味一次交易的结束，而且意味着下一次交易的开始，必须予以高度重视。

（5）收取货款。收取货款是推销过程中的重要环节。没有收回货款的推销是不完整的推销，无法收回货款的推销是失败的推销。收取货款作为访问事由，对方不好推托，但推销人员也应该体谅对方的困难，既要防止出现呆账，又不要过于逼账。

（6）走访用户。在市场竞争日趋激烈的推销环境中，推销员甚至公司经理经常亲自走访用户，征求意见，进行市场调查，这样可以保持长期的购销关系。推销员利用走访用户约见客户，可以处于积极主动的有利地位，容易使客户产生好感，同时可以了解客户的最新信息，这可能使一般性走访转变为正式推销，一举两得。

总之，约见顾客有多种目的。推销人员应根据具体情况，创造各种机会约见、接近顾客。

（三）确定约见时间（when）

约见顾客的主要目的之一就是与其约定一个面谈的准确时间。访问时间是否恰当，直接关系到整个推销工作的成效。在确定约见时间这个问题上，应注意以下问题：

（1）尽量尊重顾客的意见，考虑到顾客的方便。

（2）根据访问目的来选择约见时间，以有利于达成访问目的为准。如果访问目的是收回货款，就应在明确客户账款资金到位的时间访问；如果访问目的是做市场调查，则应在市场行情变化较大、竞争对手推出新产品或新的营销活动之时进行拜访。

（3）根据访问对象的特点确定访问时间。如果顾客为会计师，访问的时间最好不要安排在月初或月尾；如果顾客为教师，拜访时间最好是下午4点左右放学以后；如果顾客是行政人员，则上午10点到下午3点之间的时间较为合适。

总之，在确定约见时间问题上的原则是：在尽可能满足顾客要求的前提下，确定一个确切的时间，并且守信、守时，最好坚持每次都比约定时间提前5分钟到达约定地点。同时，以“二选其一”的方法来确定时间，如“王先生，我什么时候来拜访您方便呢?”与“王先生，我这个月20号上午10点还是21号下午4点钟来拜访您好呢?”同样是约定时间，前者顾客可以说“最近我都没有时间，以后再说吧!”一句话就给推辞掉了，推销人员很被动；而后者使推销人员处于主动地位，若顾客一时反应不过来，便很有可能在给出的两个时间中选择一个，从而达到确定约见时间的目的。

（四）确定约见地点（where）

选择与确定约见地点应坚持方便顾客，有利于推销的原则，这样才可能利于交易的达成。约见地点的选择方式一般有以下几种：

（1）办公室。对于推销生产用品的推销人员来说，最佳的地点一般是访问对象工作单位的办公室。因为在大多数情况下，顾客是被动的，而推销人员应该采取主动。在办公室约见方便双方讨论问题，进行反复商议以达成共识。

（2）居住地点。对于生活消费品的推销人员来说，则通常以顾客居住地为约见地点，既方便顾客，又显得亲切、自然。

（3）社交场合和公共场所。社交场合和公共场所如歌舞厅、酒会、座谈会、公园、广场等地方气氛轻松愉快，有利于拉近推销人员与顾客的距离。

三、约见顾客的方法

约见不仅要占用顾客的时间，甚至会影响顾客的工作与生活。因此，推销员在约见顾客时，不仅要考虑约见对象、目的、时间和地点，还必须讲究约见方式和方法。在实践推销活动中，常见的约见方法有以下几种：

（一）电话约见

1. 电话约见的概念

电话约见即通过电话来约见顾客，这是现代推销活动中常用的约见方法。如果在没有电话或电话不通的情况下，也可以考虑利用电报、电传约见客户。

2. 基本特点

它的优势在于能在短时间内接触更多的潜在顾客，是一种效率极高的约见方式。但电话约见也有明显的缺点：由于推销人员与顾客没有直接见面，顾客占主动地位，推销人员处被动地位，容易遭到顾客的推脱和拒绝。

3. 参考范例

（1）心怀感激法。例如，推销员说："王经理，我是东方电器厂的推销员小张，您上月15日寄来的用户调查表已经收到，十分感谢你们的大力支持。目前我们厂新推出系列家电产品，质量和效果都比以往产品有较大的改进，售价也比同类厂家低一些，所以想尽早介绍你们单位试用。"上述电话约见方法中，推销员小张利用自己与顾客代表王经理的熟识关系，借感谢对方大力协助之机，推广新投产的产品并要求对方约见，层层推进，顺理成章。推销员以顾客利益为基准，使自己的推销宣传符合对方的需求，这种对顾客的关心自然会得到顾客的感激与回报，从内心乐意接受推销员的约见要求，欢迎推销人员的上门造访。

（2）问题解决法。例如，推销员说："陈秘书，我是华士钟表制造公司的推销员，今天冒昧打搅，想向您介绍我公司最近研制成功的一种考勤打卡钟，它的特点是准确、精巧，尤其是质量可靠，在广东试销时返修率不到万分之一。价格也比进口的同类产品便宜30%，很适合像你们这样的商业单位使用。我打算明天上午10时或下午4时去贵公司拜访您，好吗？"这位推销员说理充分，问话符合"两选一"的约见原则，又给对方考虑的余地。对方接到这类电话预约，问题明了，要求约见的理由充分，一般是会同意与推销员直接面洽的。

（3）社交应付法。例如，推销员说："孙主任，您好。我是通维公司的推销员小白。昨天您和经理一道来我们公司门市部选购电脑，最后商量要等过了春节再购买。现在刚好有个好机会，从下周开始我公司开展便民服务月活动，不仅每台电脑的价格可以优惠供应，实行三包服务，而且还负责培训操作维修人员，免收费用，我想你们不会错过这个大好机会吧？所以，我建议你们公司还是赶快购买，最好在下周五上午来门市部选购，届时我在那里恭候您的光临，事后我保证派人送货上门。"推销员小白的一席话，肯定能打动顾客的心，早买早用，又享受优惠价格和优良服务，何乐而不为呢？例子中的推销员话语诚恳，明确择定双方约见的时间和地点，恭候顾客光临，他能为顾客的利益想得如此细致周到，确实使对方感到盛情难却，顾客遇到如此约请，一般来说都会从百忙之中抽出时间，欣然前往赴约洽商。

（4）信函跟进法。许多厂家往往只将有关产品的宣传资料或广告信函寄给顾客就万事大吉了，而忽视了更为重要的下一步，即“跟进推销”，因此往往如同大海捞针、收效甚微。许多客户在收到推销商的函件资料之后，可能会把它冷落一旁，或者干脆扔进废纸堆里。这时，如果推销人员及时跟踪客户，打通电话与有关客户联系，就可以起到应有的推销作用。例如，推销员可以说：“徐科长，您好，上星期我单位寄来的一份华日电冰箱的广告宣传资料您收到了吗？看了以后，您对这一产品有什么意见和建议？”一般来说，对方接到推销员的电话，或多或少有一番自己的建议与看法。这时候，聪明的推销员会马上提出约见要求，以便听取顾客对所推销产品的意见，届时他亲自上门向顾客讲解推荐，一笔生意可能会很快谈成。

4. 应用建议

获得电话约见成功的关键在于推销人员必须懂得打电话的技巧：精心设计开场白，激起对方足够的好奇心，使他们希望继续交谈；约见事由的叙述要充分，用词简明精练；态度要诚恳，语气平缓。电话约见可以依照以下几个步骤进行：

（1）问候。接通电话后可利用对方的名字或职务正式问候，注意使用一种与众不同的方式以加深印象。

（2）介绍。问候之后要自我介绍，并简要介绍推销人员所在公司的业务。注意要用以顾客需求为导向的语言来叙述。假如推销产品是真空吸尘器，你应该说：“本公司致力于为顾客提供美好清洁的环境，以增进顾客身体健康。”这样的语言会激起顾客的好奇心，继续与你交谈。

（3）感谢。对顾客抽出宝贵时间接听电话表示感谢，使顾客感觉到自己受到了充分重视，会很乐意再给你几分钟时间。

（4）目的。这一步骤接触到了约见的核心，推销人员要告诉对方约见的事由。较好的方式是由问题导出，例如“如果我们能使您家里时刻保持一尘不染而并不增加您的劳动负担，您会感兴趣吗？”

（5）约见。提出约见的请求，如果对方有意见面，要提前告诉他洽谈大概需要多长时间，并约定见面时间及地点。

（6）再一次致谢。进一步强调约见时间和地点，向对方表示感谢后结束谈话。

电话约见要掌握好时间和分寸，如果对方表示时间不合适或没有兴趣，则应立即停止对话并道歉，不要强人所难。所以，在通话时间上，除非对方特别感兴趣，否则应控制在两分钟之内。

（二）信函约见

1. 信函约见的概念

信函约见是指推销人员通过信函或电子邮件来约见顾客。信函通常包括个人书信、会议通知、社交柬帖、广告函件等，其中采用个人通信的形式约见顾客的效果为最好。当然，书写个人信函一般要在与对方较熟识的情况下采用；否则，莽撞地给对方寄去个人书信，则有可能产生消极的结果。如碰到并不熟悉的顾客，寄去柬帖、会议通知、参观券或广告函则是比较理想的方式。

2. 基本特点

信函约见的优点在于可以畅通无阻地进入顾客的办公室或住所，避免了推销人员用其他方式约见顾客时遇到的层层人为阻碍，也不需电话约见时的机智对答，而且费用少，是所有约见方式中成本最低的。信函约见的缺点也很明显，它花费时间长，反馈率低。

3. 参考范例

一位推销员接管了新的业务范围以后，遇到一位因为几年前对医疗公司的旧器材不太满意，因而拒绝接听他打去电话的客户。于是他写了一封信给这位客户，内容如下：

“我认为，如果您允许我向您引荐可能使贵公司受惠的新器材，将会对您获益匪浅。我一直很努力地想与您联络，可惜一直没有成功。如今我写这封信的目的只是想要告诉您，星期一上午9点30分，我会再打电话给您，而且只想借用您5分钟的时间说话。”

这位推销员尊重客户的时间，甚至和客户约好打电话过去的时间的做法，显然已给对方留下了良好的印象。客户一般会接听该推销员打去的电话。

4. 应用建议

为了提高信函约见的成功率，销售人员在写约见信函时应注意以下几个问题：

（1）措词委婉恳切。写信约见顾客，对方能否接受，既要看客户的需要与购买力，也要看推销人员是否诚恳，一封措词委婉恳切的信函往往能博得客户的信任与好感，也使对方同意会面。

（2）内容简洁、有重点。书信应尽可能言简意赅，只要把约见的时间、地点、事由写清即可，切不可长篇大论，不着边际。

（3）传递的信息要投其所好。约见书信应该以说服客户为中心，投其所好，供其所需，以顾客的利益为主线劝说或建议其接受约见要求，为此要做到真实性与适度修辞相结合。例如用“物美价廉”来说明推销的水果，虽然简练，但较抽象，不如改成“汁多味甜，个大色艳，每公斤1.80元”，这样具体翔实地将水果的色泽、口味、价格描述得一清二楚，给人一种感性印象，对方也将很快会给予答复。

（4）信函形式要亲切。约见信函要尽可能自己动手书写，而不使用冷冰冰的印刷品，信封上最好不要盖“邮资已付”的标志，要动手贴邮票。

（5）电话追踪。在信函发出一段时间后要打电话联系，询问顾客的想法与意见，把电话约见与信函约见结合起来使用，可大大提高约见效果。

（三）当面约见

1. 当面约见的概念

当面约见是指推销员与顾客面对面约定见面的时间、地点、方式等事宜。这种约见简便易行，也极为常见。

2. 基本特点

当面约见的优点有：①有利于发展双方关系，加深双方感情。当面约见，能及时得到顾客的反应，缩短双方的距离，增加亲近感，甚至建立信任与友谊关系。②有助于推销人员进一步做好接近准备，了解顾客的有关情况。③面约一般比较可靠。有时约见情况比较复杂，非面约才说得清楚。当面预约，可以消除对方的顾虑。④节约信息传递费用，简便易行，对双方都比较方便。缺点有：①受地理限制，远距离的顾客往往很难面约。②受时机的限制，有时很难碰巧遇到所要面约的顾客。③效率限制，面约花费的时间与精力较多，面约较少的顾客还行，多了就很难在短时期内办到。④一旦当面约见遭到顾客拒绝后，推销人员便处于被动局面，无法挽回败局。

3. 参考范例

（1）面陈请求法。例如，推销员说：“杨总工程师，我是上海仪器仪表公司的推销员。今年我们公司试制开发了一种质量控制仪，专供丝绸行业的厂家使用。目前全国已有18个省市200多个厂家采用，他们反映使用效果很好，可以减少次品率15%以上，安装简单，使用方便。因此，我很想把这种质量控制仪推荐给你们厂，现在您能否抽出半小时时间，让我给您详细介绍一遍?”这位来自上海的推销员首先将自己的身份和自己的企业介绍给顾客，以使对方了解自己的用意。进而，他详细说明所推荐产品的性能、作用和功效情况，使顾客进一步了解上门目的，引起对方的足够关注。最后，这位推销员及时提出约见商谈的请求，可谓恰到好处，看得出这是一位有经验的推销员。

（2）大意说明法。采购大型的机械设备、高数额的原材料，顾客一般先委托他的部属，如秘书、助理等与推销员洽谈，而不是直接正面与推销员进行购销谈判。但往往部属人员并不是真正的买主，他们无权决定是否购买，因而推销员在与接待人员接洽时，应面带微笑，先自我介绍单位名称，除非对方追问，一般不做进一步应答，以免言多有失。并且推销员应一面强调与其上司，即真正的购买决策者面谈的必要性，一面只对自己的来意作概略陈述，而故意将重要的问题保留，待与决策者见面时再作详述。尤其是在推销的一些关键问题上更应慎重，否则就很难与真正的顾客相见。在这种情况下，推销员可以这样说：“小王同志（业务助理），这种机床的性能和功效大致如此，规格品种则由贵厂自选，至于销售价格我想还是和张厂长见面后，我们再一起商议吧。”在提出约见请求时，这位推销员用了“我们再一起商议”的说法，当然未将对方忽视，也不是不把业务助理放在眼里，而是平等参与共同协商，所以也就不会伤害对方的自尊心，对方也就愿意安排推销员与上司见面的时间。另外，推销员避轻就重提醒对方，接待人员自知无权做出购买决定，也会迅速将有关情况汇报给上级主管。一旦上司阅读资料，听完报告，发觉尚有一些重要问题必须召请推销员当面说明，约见的机会就到来了。

（3）告诫提示法。有些秘书和部属口齿伶俐、待人傲慢，常常借故推托不让推销员见到顾客本人，给上门拜访设置各种求见障碍，使得一些推销员的满腹希望化为乌有，尤其是初次出马而经验不足的新手，只能放弃推销努力，功亏一篑。告诫提示法要求推销员利用这些助手、秘书、部属的一时心虚，微笑告诫提醒对方，以达到拜见主顾的目的。当接待人员故意设卡刁难时，推销员要用肯定而自信的语气告知对方：“我拜见你们老总的目的，正是要设法解决贵厂生产的收录机性能不稳，音质嘈杂的老大难问题，如果他知道我今天来拜访他而没有见面，事后他一定会非常懊悔，甚至会怪罪于你，与其如此，不如让我亲自找他谈一谈。”对方听完这话，深知事关重大，耽误不得，为了避免事后担当责任，往往会马上安排自己的上司与推销员见面的。有时对方精明老练，继续追问来意，而推销人员则顺水推舟，辗转逼进，直陈利弊得失，一方步步为营，一方节节退让，在一进一退之间，推销员将对方心中的疑虑一一冰释，直到与真正的主顾相见为止。

4. 应用建议

推销人员可以利用与顾客会面的各种机会进行面约，如在展销会或订货会上、在社交场所、在推销旅途中或在其他见面的场合与顾客不期而遇，推销人员都要借机面约。但是这种机会并不常有，这就要求推销人员时时留心，了解重要顾客的生活习惯、兴趣爱好，创造机会与顾客见面，进而约定正式见面的时间。

（四）委托约见

1. 委托约见的概念

委托约见是指推销人员委托第三者（如推销人员委托顾客的朋友、同学、亲戚、领导）约见顾客的一种方法，简称托约。

从现代推销学理论上讲，任何借助他人约见顾客的方法都属托约范畴，如委托第三者转交约见信函、便条或代传电话、口信等。除此之外，其他约见方式都属自约。托约中的第三者称转约人（或被托人、受托人）。转约人一般都是与访问对象本人有一定社会关系或社会交往的人，尤其以与访问对象关系密切的人员或对其有较大影响的人士最为合适。

2. 基本特点

委托约见的优点有：①容易达到约见顾客的目的，有利于推销人员接近顾客；②可以通过受托人与目标顾客的特殊关系对其施加影响，节省推销时间，提高推销效率；③有利于推销人员明确重点，克服约见障碍，提高推销效果。缺点有：①受推销人员社交圈大小等因素的制约；②不如自约亲切，顾客往往不给予足够的重视；③不如自约可靠，如果受托人不太负责任，常常引起误约。

（五）广告约见

1. 广告约见的概念

广告约见是指推销员利用各种广告媒体约见顾客的方式。现代广告媒体主要有广播、电视、报纸、杂志、路牌、招贴、直接邮寄等。利用广告进行约见可以把约见的目的、对象、内容、要求、时间、地点等准确地告诉广告受众。

2. 基本特点

广告约见的优点有：①约见对象较多，覆盖面大，可以扩大推销员的影响，树立企业形象；②有利于推销人员请客上门；③节省推销时间，提高约见效率等。缺点有：①约见费用高；②针对性较差；③不利于推销人员安排具体约见事宜；④难以引起目标顾客的注意等。

3. 应用建议

广告约见比较适用于约见顾客较多或约见对象不太具体、明确，或者约见对象姓名、地址不详，在短期内无法找到等情况。

（六）网络约见

1. 网络约见的概念

网络约见是推销人员利用互联网与顾客在网络上进行约见的一种方法。互联网（Internet）的迅速发展为现代推销提供了快捷的沟通工具，不仅为网上推销提供了便利，而且为网上购物、商谈、联络情感提供了可能，尤其是电子信箱（E—mail）的普遍使用，加快了网上约见与洽谈的进程。

2. 基本特点

网络约见具有快捷、便利、费用低、范围广的优点，不仅可以非常容易地约见国内顾客，而且还为约见国外顾客提供了非常有效的途径。但网络约见要受到推销人员对网络技术和顾客的网址或电子信箱等情况的掌握程度等方面的限制。因此，推销人员要学习并掌握有关的网络知识，利用现代化的高科技推销工具开发自己有效的潜能，提高推销的科技含量。

第三节　接近顾客的步骤与方法

约见顾客之后，推销工作就进入了下一个阶段——推销人员直接接近顾客的阶段。所谓接近顾客就是指推销人员按照约定的时间、地点拜访推销对象。通过接近，推销人员与顾客就能在空间上缩短距离，在感情上消除戒备。

一、接近顾客的步骤

(一) 引起顾客的注意 (attention)

引起顾客的注意是推销接近的首要目的。由于各方面的原因，当推销人员如约拜访顾客时，顾客可能正忙于别的事务，注意力分散；或在推销人员向顾客介绍商品时，有外来干扰分散了顾客的注意力。这时推销人员可以从两个方面吸引顾客的注意。

(1) 用简明的语言提示顾客的需要，从物质利益上吸引顾客。

(2) 有意识地向顾客提出某一问题，让顾客思考，以排除干扰，吸引顾客的注意力。

(二) 引起顾客的兴趣 (interesting)

推销员在与顾客见面时，不仅要引起顾客的注意，还要使顾客觉得跟你说话很投缘，甚至大有“相见恨晚”之感。顾客能否产生兴趣，主要取决于顾客能否清楚地认识到接受推销员的商品或服务后会得到某种利益与好处。

(三) 激发顾客的购买欲望 (desire)

当顾客觉得购买产品所获得的利益大于他的付出时，就会产生购买欲望。正如戈德曼所说：重要的是要使顾客相信，他想购买的产品正是他所需要的，而他所需要的也正是他想购买的。接近顾客的全部目的都是为洽谈的顺利进行打好基础。

二、接近顾客的方法

由于顾客的习惯、爱好、性格等情况各不相同，推销人员应依据事前获得的信息或接触瞬间的判断，选择合适的接近方法去接近不同类型的顾客。现就几种常见的接近方法介绍如下：

(一) 陈述式接近

陈述式接近，是指推销人员直接说明产品给顾客带来的好处，以引起其注意和兴趣，进而转入洽谈的接近技术。推销员陈述的内容可以是推销品的利益，也可以是推销品使用之后所带来的或感觉到的有形与无形实惠，或直接是某位顾客的评价意见，陈述完后常常提出一个问题以试探买主的反应。

1. 介绍接近法

（1）介绍接近法的概念

介绍接近法是指推销员通过自我介绍或他人介绍而接近顾客的方法。介绍的形式可以是口头介绍或者书面介绍。

（2）参考范例与应用建议

①自我介绍法。例如："王总，您好。我是小张，是苏州机电公司的代表，这是我的名片，请您过目。"这是推销人员最常用的一种接近顾客的方法，即推销员通过口头自我介绍让顾客了解自己的身份、背景及来访目的，然后主动提供能证明自己身份的证件，如工作证、名片、推销介绍信等，以消除顾客心中的疑虑。交换名片是现在非常普遍的做法，给对方递上自己的一张名片可以弥补口头介绍的不足，并且便于日后联系。出于礼节，对方回赠名片，由此又获得了顾客本人及企业的一些资料和信息，为今后进一步联系提供了机会。但是，许多事实也表明，推销员在开始接近顾客时单纯的自我介绍大多毫无意义，只有在推销品或推销员的建议令顾客感兴趣后，才会重新询问推销员的尊姓大名或查看名片。所以，推销员进行自我介绍也要和其他方法配合使用。

②他人介绍法。推销员可以通过顾客社交圈里的人介绍而接近顾客。在接近顾客时，推销员交给顾客一张便条、一封信、一个电话或一张介绍人的名片等，就可以轻松地接近顾客，如能由介绍人亲自引见则效果更好。在推销员与所拜访顾客不熟悉的情况下，托人介绍是一种行之有效的接近方法，这种方式往往使顾客碍于人情面子而不得不接见推销人员。一般来说介绍人与顾客之间的关系越密切，介绍的作用就越大，推销人员也就越容易达到接近的目的。推销员应努力扩大自己的社交范围，争取有关人员的帮助和推荐。但应注意尊重介绍人员的意愿，不可勉为其难。

2. 赞美接近法

（1）赞美接近法的概念

赞美接近法也叫恭维接近法，是指推销人员利用顾客求荣心理，以称赞的语言博得顾客的好感从而接近顾客的方法。卡耐基认为，"每个人的天性都是喜欢别人赞美的"。推销员便可以利用这一心理来接近顾客。

（2）参考范例

推销人员对女顾客说："呀！您穿的这身衣服实在是太漂亮了，一看就知道您是内行，很懂颜色的搭配，如果配上我们公司的新式皮鞋，那简直就是完美无缺。"

（3）应用建议

①赞美应把握时机。错过时机或时机不对，有时赞美甚至会得到反效果。例如，看到别人穿着新衣服，但却直说他上礼拜穿的洋装实在好看，受到赞美的人心中不一定高兴。

②赞美尽量切合实际，并用言语清楚地把事实说出来。推销人员应细心观察、了解顾客，对值得赞美的地方加以赞美。例如，只说"这条围巾好棒呀！"这样到底围巾好在哪里则莫名其妙。所以若是要赞美颜色好，最好称赞他很有选择颜色的眼光。例如，可以这样赞美他："哇！这条围巾是您自己选的吗？颜色跟您很相称，真是有眼光。"

③真诚赞美顾客，避免虚情假意。推销员赞美顾客，一定要诚心诚意，要把握分

寸。事实上，不合实际的赞美，虚情假意的赞美，只会使顾客感到难堪，甚至导致顾客对推销员产生不好的印象。

④选择适当的赞美目标，避免冒犯顾客。个人的长相、衣着、举止谈吐、风度气质、才华成就、家庭环境、亲戚朋友等，都可以给予赞美。若是顾客讲究穿着，您可向他请教如何搭配衣服；若是顾客是知名公司的员工，您可表示羡慕他能在这么好的公司上班。如果推销员信口开河，胡吹乱捧，则必将弄巧成拙。

⑤针对不同顾客，选择赞美方式。对于不同类型的顾客，赞美的方式也应不同。对于严肃型的顾客，赞语应自然朴实，点到为止；对于虚荣型的顾客，则可以尽量发挥赞美的作用。对于年老的顾客，应该多用间接、委婉的赞美语言；对于年轻的顾客，则可以使用比较直接、热情的赞美语言。

⑥要克服推销的自卑与嫉妒心理，尽量赞美顾客，不要吝惜语言。应注意赞美顾客本人。例如，不应只赞美顾客的衣服好看，而应赞美顾客会选择衣服与懂得颜色搭配等，同时注意不要过了头。

3. 馈赠接近法

(1) 馈赠接近法的概念

馈赠接近法是指推销人员利用馈赠一些小巧精致的礼品，引起顾客注意和兴趣，进而和顾客认识并接近，借以达到接近顾客目的的一种方法。

在实际推销活动中，以一件价值虽小，但很有意义或新奇雅趣的小礼品为见面礼，进而接近顾客的方法被经常使用。赠送的小礼品可以是印有公司广告的年历卡片、小型台历、小钥匙链、记事簿、签字笔、打火机、广告伞等。日本人最懂得赠送小礼物的奥妙，大多数公司都会费尽心机地制作一些小赠品，供推销人员初次拜访客户时赠送客户。小赠品的价值不高，却能发挥很大的效力，不管拿到赠品的客户喜欢与否，相信每个人受到别人尊重时，内心的好感必然会油然而生。

(2) 参考范例

例如，推销冰箱时可送温度计、推销高级音响时可送几张激光唱片、推销洗衣机时可送洗衣粉。

(3) 应用建议

①慎重选择馈赠用的礼品。在进行接近准备时应做好调查，摸清情况。首先应确定的是顾客会不会把赠送礼品看成是不正当的行为，会不会把送礼的推销人员看成骗子；其次是了解顾客对礼品的价值观念，以确定送礼的方式；最后是了解顾客的嗜好需求，尽量送其所爱，送其所用。

②赠送的礼品只应当作接近顾客的见面礼与媒介，绝不能当作恩赐顾客的手段。

③赠送的小礼物不要过于昂贵，必须符合国家有关规定，不能将一般的礼尚往来变成贿赂，以免造成对方心理负担，使其敬而远之。

④赠送的礼品尽量与所推销的产品有某种联系，尽量与企业的整体形象和谐一致。如果赠品就是所要推销的产品则效果更好。

4. 利益接近法

(1) 利益接近法的概念

利益接近法是指推销人员简明扼要地向顾客陈述推销能给顾客带来的实质性的利益，从而达到正式接近顾客目的的一种方法。利益接近法更符合顾客的求利心理与需求满足心理，因而能引起顾客的注意。如果推销人员能够用精炼的语言把推销的优惠、产品的优势与顾客当时最关心的利益和问题挂上钩的话，那么接近与洽谈都会是成功的。

（2）参考范例

一位文具推销员说："本厂出口的各种账册、簿记比其他厂家生产的同类产品便宜三成，量大还可优惠。"

（3）应用建议

①对产品的陈述要能打动顾客的求利心理，但必须实事求是，不可夸大其词；否则，就会失去顾客的信任感或导致推销本身没有实际效益。在正式接近顾客之前，推销员要科学地测算出商品的实际效益，并且要留有一定的余地。在接近顾客陈述产品利益时，最好能出示财务分析资料、技术性能鉴定书、用户证明等资料予以印证。

②产品利益要具有可比性。推销人员可以通过对产品供求信息的分析，使顾客相信购买该产品所能产生的实际效益。这样，顾客才能放心地购买这种产品。

（二）演示式接近

演示式接近最显著的特点是能促成顾客的参与，从而能使顾客集中注意力关注所推销的商品。演示接近的两种方法中，产品接近法相对更为常用，或结合陈述式、提问式接近使用。

1. 产品接近法

（1）产品接近法的概念

产品接近法也称实物接近法，是指推销人员直接将所推销的产品实物或者模型摆在顾客面前，以引起顾客对其推销的产品的足够的注意与兴趣，进而使接近顺利转入洽谈的接近方法。精心策划的产品接近法能够调动潜在顾客的感觉器官，通过产品自身的魅力与特性引起顾客的兴趣，达到接近顾客的目的。

（2）参考范例

儿童用品推销员小周推销一种新型铝制轻便婴儿车的经过如下：

小周走进一家商场的商品部，发现这是他所见过的百货商店里最大的一个营业部，经营规模可观，各类童车一应俱全。他在一本工商业名录里找到商场负责人的名字，并向一位女店员打听了负责人的工作地点，进一步核实了他的尊姓大名。然后，小周跨进了负责人的那间小小的办公室。刚进入，负责人就问："喂，有何贵干？"小周不动声色地把轻便婴儿车递给他。负责人说："什么价钱？"小周就把一份内容详细的价目表放在了他的面前。负责人说："送60辆来，全要蓝色的。"小周问道："您不想听听产品介绍？"负责人回答说："这种产品的价目表已经告诉我所需要了解的全部情况，这正是我所喜欢的购买方式。请随时再来，和您做生意，实在痛快！"

（3）应用建议

采用产品接近法时，推销员应注意下述问题：

①产品本身必须要有一定的吸引力，能够引起顾客的注意和兴趣，这样，才能达到接近顾客的目的。在顾客看来毫无特色、毫无魅力的一般商品，不宜单独使用产品推销法。即使推销员自信产品独特新颖，而且事实上也的确如此，但若顾客不能立即认识到这一点，最好还是不要使用产品推销法。在实际推销工作中，不同的顾客对不同的方面，会有各自不同的兴趣。有人关心产品的技术指标和性能，有人看造型和色

彩。如人们所说：内行看门道，外行看热闹。因此，推销员应发挥产品优势，选用适当的推销方法。

②产品必须是精美轻巧，便于推销员携带，也便于顾客操作。笨重的庞然大物、不便携带的产品不宜使用产品接近法。例如推土机推销员、房地产推销员就不好利用产品接近法。但是，推销员可以利用产品模型、产品图片等作为媒介接近顾客。

③推销的必须是有形的实物产品，可以直接作用于顾客的感官。看不见摸不着的无形产品或劳务，不能使用产品接近法，如理发、人寿保险、旅游服务、电影入场券等都无法利用产品接近法。

④产品本身必须质地优良，经得起顾客反复接触，不易损坏或变质。推销员应准备一些专用的推销产品，平时注意加以保养，以免顾客在操作时出毛病，影响推销效果。

2. 戏剧化接近法

（1）戏剧化接近法的概念

戏剧化接近法也叫表演接近法、马戏接近法，是指推销人员利用各种戏剧性的表演技法引起顾客注意和兴趣，进而接近顾客的方法。这是一种古老的推销技术，旧时常有一些街头艺人耍杂技、玩把戏，在表演中推销商品。现代推销中，这种方法仍有重要的利用价值。不少职业演员成为了推销明星。因此，也应该要求职业推销人员有表演的技术。

（2）参考范例

某纤维玻璃公司为其生产的绝缘材料举行过一种极具戏剧色彩的产品展示会，表演情况如下：

司仪请一位观众上台，司仪取出一卷纤维玻璃，规格与安在炉灶里的隔热玻璃完全一样。然后，他用纤维玻璃包起一大块冰淇淋，将其掷入炉膛，他又拿起一张生的果酱饼，准备烧熟。接着，司仪用一块纤维玻璃将一瓶热咖啡包起来，置入舞台上的一台电冰箱里。然后观众开始欣赏文艺节目，把馅饼、冰淇淋和热咖啡都忘到了脑后。时间到了，他们取出刚烤熟的新鲜馅饼。这时，又有许多想亲眼看看这场展示表演是否诚实的观众急忙跑上舞台，他们跟刚才的那位观众代表一起打开了那一大块冰淇淋。结果发现冰淇淋仍然冻得结结实实，跟它被扔进炉灶时一模一样。那一瓶热咖啡也被取出冰箱，惊奇的观众一个个取样验证，结果发现它仍然很烫。类似的充满戏剧色彩的验证表演继续下去，直到扫除了观众头脑中的一切疑虑，使他们完全承认该产品的绝热性能。

这种绝妙的戏剧化展示和诱购表演，能够极大地扩展销路。

（3）应用建议

戏剧化接近法既有科学性又有艺术性，能迎合顾客求新求奇的心理，唤起人们的购买欲望。在具体应用时应注意：

①表演一定要有戏剧效果，应能够引起顾客的注意与兴趣，对不同的顾客，应采用不同的表演手法。

②表演内容应与推销密切相关，表演所展示的特性应是顾客所关注的，能够打动顾客，又不露表演的痕迹。

③应尽量使顾客参与到戏剧中，使之成为重要角色，以激发顾客的兴趣，并增加

真实感。

④使用的道具最好是推销品或与推销活动有关的物品，这样能使表演与推销浑然一体。

（三）提问式接近

通过提问来接近顾客是最常用的技术，因为提问方式能使推销人员更好地确定顾客的需求，促成顾客的参与。在提问式接近中，问题的确定是至关重要的，应该提出那些已证明能够收到顾客积极响应的问题。

通过提问题去接近顾客的具体方法很多，这里介绍的几种方法只是提供一个基本的认识，随着推销经验的不断积累，推销人员应该针对每个具体的潜在顾客来设计所提的问题。

1. 提问接近法

（1）提问接近法的概念

提问接近法也叫问答式接近法、讨论接近法，是指推销人员通过直接提问来引起顾客注意和兴趣，进而接近顾客的方法。

提问接近法是推销中经常使用的一种很好的方法，它可以迅速抓住顾客的注意力并使之参与讨论，从而顺利转入推销洽谈。

（2）参考范例

有一位推销书籍的女士，平时碰到顾客和读者总是从容不迫、平心静气地向对方提出这样两个问题："如果我们提供给您一套关于经济管理的丛书，您打开之后发现十分有趣，您会读一读吗?""如果读后觉得很有收获，您会乐意买下吗?"这位女士的开场白简单明了，连珠炮似的两个问题使对方无法回避，也使一般顾客几乎找不出说"不"的理由，从而达到了接近顾客的目的。

（3）应用建议

①这种方法可以单独使用，也可以在结合其他接近方法穿插使用。通过这种一问一答的形式，有利于拉近顾客与推销人员的距离，消除戒备心理。尤其适合在第一次约见陌生客户的情景中使用。

②提出的问题应突出重点，有的放矢。在实际生活中，每一个人都有许许多多的问题，推销员只有抓住最重要的问题，才能真正打动人心。推销员提出的问题，重点应放在顾客感兴趣的主要利益上。如果顾客的主要动机在于节省金钱，提问应着眼于经济性；如果顾客的主要动机在于求名，提问则宜着眼于品牌价值。推销员必须设计适当的问题，把顾客的注意力集中于他所希望解决的问题上面。如所提问题漫无边际，只会使顾客产生抵触情绪，反而不能引起顾客的注意和兴趣。

③问题表述必须简明扼要，抓住顾客的关注点，最好能形象化、量化、直观生动。

④问题应当具有针对性、耐人寻味，应当是客户乐意回答和容易回答的，要避免有争议、伤感情和顾客不愿回答的问题，以免引起顾客的反感。

2. 好奇接近法

（1）好奇接近法的概念

好奇接近法是推销人员利用顾客的好奇心理而接近顾客的方法。好奇之心，人皆有之，好奇心理是人们的一种原始驱动力，这种驱动力促使人类去探索未知的事物。好奇接近法正是利用人类的好奇驱力，引起顾客对推销人员或推销品的注意和兴趣，从而接近顾客。好奇接近法需要推销员发挥创造性的灵感，制造好奇的问题与事情。

（2）参考范例

①某推销员一见准顾客便说：“听说贵公司的经营近来出现了问题，我这里有份资料，能够帮助贵公司摆脱困境。”这使愁眉不展的公司经理产生了好奇心，因而对这份资料极感兴趣。

②国外一位科普书籍推销员见到准顾客时说：“这本书可以告诉您，丈夫的寿命与妻子有关。”准顾客立即好奇地拿起来翻阅，从而达到接近的目的。

（3）应用建议

①推销员无论是采用语言、动作、实物或者其他方式唤起顾客的好奇心，都应该与推销活动有关，否则将难以转入推销洽谈。

②唤起顾客好奇心的事物应当符合客观规律，合情合理，奇妙而不荒诞，不故弄玄虚。

③应考虑顾客的文化素养和生活环境，要避免推销员自以为奇特而顾客却觉得平淡无奇，结果弄巧成拙，反而妨碍了接近顾客。

3. 请教接近法

（1）请教接近法的概念

请教接近法是指推销人员虚心向客户讨教问题，利用这个机会，以达到接近顾客的一种方法。生产资料市场中的购买者往往是一些专业水平较高的人士，尤其是在购买行为模式中担任决策者或重要影响者的人，大多认为自己是该行业的专家。因此，用讨教的态度与方法去接近顾客，由于这满足了顾客的自尊心理，往往容易受到欢迎。尤其是对一些年轻资浅的推销人员而言，请教接近法是一个较好的方法。

（2）参考范例

①推销人员说：“赵工程师，您是电子方面的专家，您看看我厂研制投产的这类电子设备在哪些方面优于同类老产品？”

②推销人员说：“ 我是这方面的新手，我想知道您是否能够帮助我？我的同事说‘我们的100型复印机是同档价位中最畅销的。’您是怎么想的？”

（3）应用建议

①请教时态度应诚恳，语言要谦虚。尽量让顾客多说多讲，而推销人员应毕恭毕敬，洗耳恭听，多听多记。

②赞美在先，请教在后。为了请教，首先应对顾客的专长特点有一定了解并尽力加以肯定和赞美，然后再提出与所推销的产品有关的问题进行请教。

③请教在前，推销在后。如果请教的问题提得恰当，顾客自然会注意到推销产品；如果顾客一时没有联想到所推销的产品，推销员应再就与所推销产品有关的问题请教于顾客。这样，顾客也许会较快地接受产品。

④请教过程中注意分析顾客的讲话内容，从中寻找资料，进而确定下面推销的重点。

4. 震惊接近法

（1）震惊接近法的概念

震惊接近法是指推销人员设计一个问题，使顾客认识到问题的严重性，或用令人吃惊的数据资料来引起顾客的注意和兴趣，进而转入正式洽谈的接近方法。

（2）参考范例

一个家庭防盗报警系统推销人员可能会这样开始他们的推销接近：“您知道家庭被盗问题吗？根据公安机关的公布数据，今年家庭被盗比率比去年上升15个百分点。”

（3）应用建议

①利用震惊接近法的关键在于推销员要收集大量的事实资料，并且对材料进行分析，提炼出一些具有危害性、严重性的问题，并且刚好自身产品可以采取防范措施或者杜绝或减小上述危害问题的发生。因此，如何选择问题便是重中之重。

②推销员无论利用何种手段震惊顾客，必须先使自己震惊，确保奏效，以取得一鸣惊人的效果。

③推销员震惊顾客，应该适可而止，令人震惊而不引起恐惧。

④必须讲究科学，尊重客观事实。切不可为震惊顾客而过分夸大事实真相，更不应信口开河。

（四）其他接近方法

1. 调查接近法

（1）调查接近法的概念

调查接近法是指推销人员利用调查机会接近顾客的一种接近方法。在许多情况下，无论推销人员事先如何进行准备，总有一些无法弄清的问题。因此，在正式洽谈之前，推销人员必须进行接近调查，以确定顾客是否可以真正受益于推销品。此方法可以看成一种销售服务或销售咨询法。采用这一方法比较容易消除顾客的戒心，成功率比较高。推销人员可以依据事先设计好的调查问卷，征询顾客的意见，调查了解顾客的真实需求，再从问卷比较自然、巧妙地转为推销。

（2）参考范例

推销员说：“张厂长，为了解决贵厂产品质量的稳定性问题，我想了解一下，在烘干机上需要加装几台高精密温度控制仪？”准顾客正为产品质量不稳定犯愁，听推销人员如此一说，顿时喜上眉梢。

（3）应用建议

①突出推销重点，明确调查内容，争取顾客的支持和协助。

②做好调查准备，消除顾客的防备心理，达到接近顾客的目的。

③运用适当的调查方法，确保调查成功，顺利接近顾客。

2. 搭讪与聊天接近法

（1）搭讪与聊天接近法的概念

搭讪与聊天接近法就是指利用搭讪与聊天的形式接近陌生顾客的方法。搭讪与聊天接近法不会很快进入聊天程序，有时要用很长时间追踪与寻找机会，因此要花费很多精力。

（2）应用建议

①要选准接近顾客的时机。只有非常重要的顾客，而又没有其他方法或者机会可以接近的情况下，搭讪与聊天才可以是一种接近顾客的方法。最好的时间是顾客有较充裕的自由掌握的时间时。

②要积极主动。对于没有与之有搭讪机会的重要顾客，推销人员应该在了解顾客生活习惯的情况下，主动创造条件和机会与之搭讪。

③尽量紧扣主题。

以上介绍了十二种接近顾客的技巧方法，在实际工作中，推销员应灵活运用，既可以单独使用一种方法接近顾客，也可以多种方法配合使用，还可以自创独特方法接近顾客。

本章内容小结

推销接近，是指推销人员采用各种方式直接与准顾客进行业务接触的活动。它包括接近准备、约见顾客、接近顾客及与其推销洽谈。

推销人员在接近顾客前要做好准备工作，包括自身的心理准备、顾客资料的准备、推销访问计划的准备和推销辅助工具的准备。

顾客约见是推销工作的重要环节，它既是接近准备工作的延续，又是正式接近顾客的开始。约见顾客的基本内容包括确定约见对象、明确约见目的、安排约见时间和选择约见地点，也就是要确定“4W”。在实践推销活动中，常见的约见方法有以下几种：电话约见、信函约见、当面约见、委托约见、广告约见、网络约见。

顾客的习惯、爱好、性格等情况各不相同，推销人员应依据事前获得的信息或接触瞬间的判断，选择合适的接近方法去接近不同类型的顾客，具体方法有介绍接近法、赞美接近法、馈赠接近法、利益接近法、产品接近法、戏剧化接近法、提问接近法、好奇接近法、请教接近法、震惊接近法、调查接近法、搭讪与聊天接近法等。

只有掌握了约见和接近顾客的方法，才有利于推销洽谈的开展。

本章内容模块

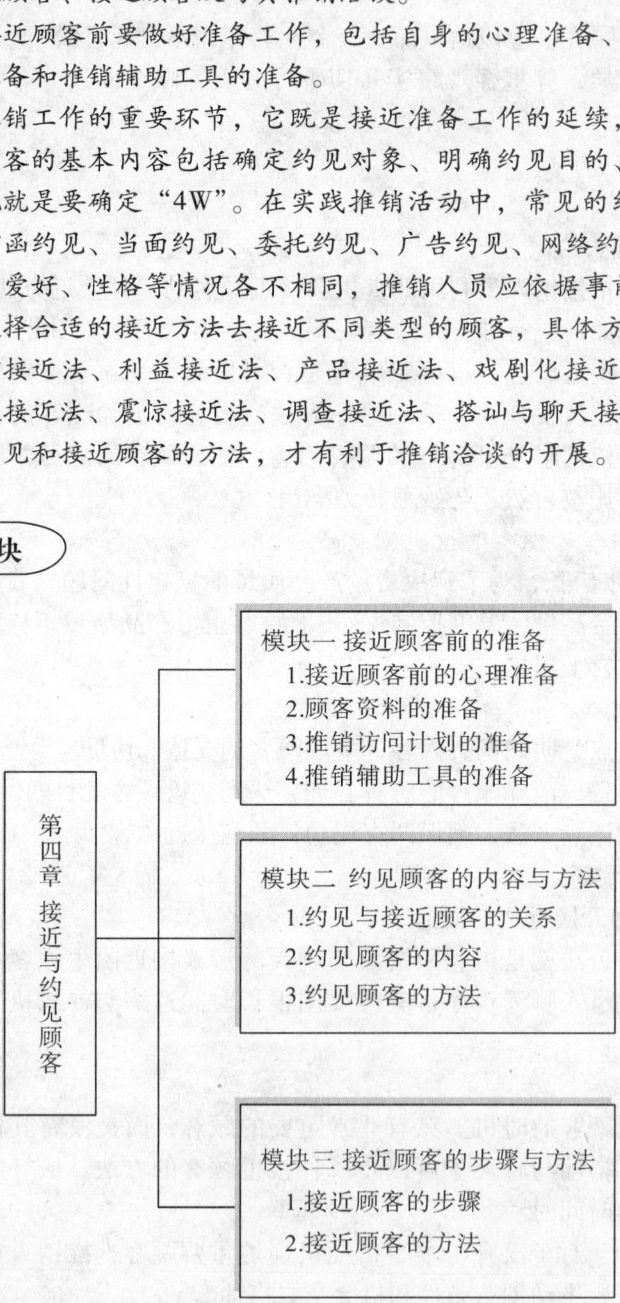

本章思考题

1. 接近个体准顾客应做哪些准备工作?
2. 约见顾客有哪些方面的内容?
3. 约见顾客的事由通常有哪些?
4. 推销员当面约见顾客可以采取哪些具体做法?
5. 什么是产品接近法? 运用产品接近法应注意什么问题?

第五章 推销洽谈

◆ **学习目的和要求**

在整个推销过程中，推销洽谈是一个非常重要的阶段。如果说，推销约见和推销接近的目的是为了引起准顾客的注意及兴趣，那么，推销洽谈就是使准顾客对推销产品的兴趣上升到强烈的购买欲望。能否说服准顾客，实现交易，在很大程度上取决于推销洽谈是否成功。因此，掌握推销洽谈技巧，是推销人员顺利完成任务的重要条件。通过本章的教学应使学生掌握如下几个方面的内容：

1. 了解推销洽谈的概念；
2. 熟悉推销洽谈的内容和步骤；
3. 熟悉报价与还价策略；
4. 掌握推销洽谈的技巧。

走进推销

推销员为什么失败了

书店里，一对年轻夫妇想给孩子买一些百科读物，推销员过来与他们交谈。以下是当时的谈话摘录。

顾客：这套百科全书有些什么特点？

推销员：这套书的装帧是一流的，整套都是真皮套封烫金字的装帧，摆在您的书架上，非常好看。

顾客：里面有些什么内容？

推销员：这套书的内容编排按字母顺序，便于资料查找。每幅图片都很漂亮逼真，比如这幅，多美。

顾客：我看得出，不过我想知道的是……

推销员：我知道您想说什么！本书内容包罗万象，有了这套书您就如同有了一套地图集，而且还是附有详尽地形图的地图集。这对你们一定会有用处。

顾客：我是为孩子买的，让他从现在开始学习一些东西。

推销员：哦，原来是这样。这个书很适合小孩的。它有带锁的玻璃门书箱，这样您的孩子就不会将它弄脏，小书箱是随书送的。我可以给你开单了吗？

（推销员作势要将书打包，给顾客开单出货。）

顾客：哦，我考虑考虑。你能不能留下其中的某部分比如文学部分，我们可以了解一下其中的内容。

推销员：本周内有一次特别的优惠抽奖活动，现在买说不定能中奖。

顾客：我恐怕不需要了。

（资料来源：《现代营销·经营版》，全球品牌网，2009 年 4 月 7 日）

案例点评：

推销要时刻围绕顾客关注的利益点展开，另外进行一些附加利益介绍。不能像以上案例中推销员一样，不明白顾客购买此书的动机；没有掌握产品介绍技巧；自始至终以自己为主，忽略客户感受，始终按照自己的计划、步骤、节奏来介绍。

第一节　推销洽谈概述

一、推销洽谈的概念

推销洽谈也称交易谈判，是指推销人员运用各种方式、方法、手段与策略，向顾客传递推销信息，并设法说服顾客购买商品和服务的过程，也是推销人员与顾客相互协商的双向沟通过程。在古代，推销人员主要依靠一双“铁腿”和一张“巧嘴”，行万里路，登万户门，说万次话，讨万回价，当面商议，各得其所。因此，古人所称的推销洽谈基本上属于当面洽谈。在现代推销环境里，新的推销方法、推销技术和推销手段不断出现，使得推销洽谈的方式和方法也在不断变化。现代推销洽谈可以利用人类所能利用的一切信息沟通工具，除面对面的直接洽谈外，还有电话、书信、电报、电子邮件等推销洽谈方式。因此，作为现代推销学中的一个科学概念，推销洽谈具有特定的含义，它是一个既丰富又复杂的活动。

二、推销洽谈的内容

推销洽谈涉及面很广，内容丰富。不同商品的推销，有其不同的洽谈内容，但基本内容是大致相同的，主要表现在以下几个方面：

1. 商品品质

商品品质是商品内在质量和外观形态的综合，是顾客购买商品的主要依据之一，也是影响价格的主要因素。所以，商品品质是推销洽谈的主要内容之一，推销人员必须全面地向顾客介绍推销品的质量、功能和外观特点，让顾客对推销品有一个全面的了解，另外也可以把商品获得的品质标准（如国际标准，国家标准，部颁标准，通过了 IS09001、IS09002、IS01400 国际认证等）介绍给顾客。

2. 商品数量

商品的数量是指按照一定的度量来表示商品的质量、个数、长度、面积、容积等的量。成交商品数量的多少直接关系到交易规模以及交易价格。在推销洽谈中，买卖双方应协商采用一致的计量单位、计量方法，通常情况下是将数量与价格挂钩的。成交数量大时，通常商品的价格都会有一定的优惠。

3. 商品价格

成交价格的高低，直接影响交易双方的经济利益，所以价格是推销洽谈中最重要的内容，也是洽谈中极为敏感的问题。买卖双方能否成交，关键在于价格是否适宜。在洽谈中，买卖双方要考虑与价格相关的成本、付款条件、通货膨胀状况、彼此信任与合作程度等有关因素，商定一个双方都满意的价格。

在商品交易中，货款的支付也是一个关系到双方利益的重要内容。在洽谈中，双方应确定货款结算方式及结算使用的货币、结算的时间等具体事项。

4. 销售服务

销售服务是顾客极为关心的内容之一。所涉及的服务项目有：

（1）按时交货是顾客的基本要求，推销人员能否按时交货，则受生产和经营能力、运输能力、供应能力等因素制约，顾客提出一定交货时间后，推销人员要汇集各种综合因素，加以考虑。

（2）送货、运输方式、地点等方面的服务。

（3）推销人员应该提供售后维修、养护、保管等方面的服务。

（4）推销人员提供在技术指导、操作使用、消费需求等方面的服务。

（5）提供零配件、工具、供应等方面的服务。

在洽谈过程中，推销人员和企业应尽量满足顾客的正当要求，以解除顾客后顾之忧。

5. 保证条款

保证性条款的主要内容是担保。在商品交易活动中，卖主对售出的商品要承担某种义务，以保证买方的利益，这种卖方的义务和责任称为担保。一项日期较长，数量、金额较大，风险较大的商品交易，权利方都要求义务方提供担保。为限制卖方售货后不执行担保行为，有必要洽谈保证条款。

为了预防意外情况和随机因素对合同执行的影响，应就合同的取消条件以及履约和违约等有关权利、义务进行洽谈，并对合同纠纷中引起的诉讼及处理办法进行协商，以免引起不必要的麻烦。

知识链接

推销洽谈的原则

无论推销人员采取何种方法，在推销洽谈中都必须遵循以下原则。

（1）针对性原则：是指推销人员的推销洽谈必须体现推销目的，具有明确的针对性。比如针对推销环境、顾客购买动机和个性心理及商品特点等。

（2）诚实性原则：是指推销人员在推销洽谈过程中切实对顾客负责，真心诚意与顾客推销洽谈。在推销中失去诚实，就意味着失去顾客。

（3）鼓动性原则：是指推销人员在推销洽谈中用自己的信心、热心和诚心，以自己的丰富知识有效地感染顾客，说服和鼓动顾客采取购买行动。

（4）倾听性原则：是指推销人员在推销洽谈过程中，不要只向顾客传递推销品信息，而是要注意倾听顾客的意见与要求。

（5）参与性原则：是指推销人员在推销洽谈过程中，积极地设法引导顾客参与推销洽谈，促进信息双向沟通。

（资料来源：MBA 智库百科，经本书作者整理）

三、推销洽谈的步骤

推销人员在实际推销活动中，总是要面对各种各样、形形色色的顾客。为了推销的成功，推销人员使用的推销方法、方式也要因人而异，不能千篇一律。这就要求推销人员在推销洽谈前，认真准备有关推销洽谈的各种资料和知识，针对不同顾客，拟订具体的推销洽谈计划，制定解决顾客异议的方案。只有这样，推销人员才能将不同的推销洽谈的内容分清主次，突出重点，采用不同的方式、方法，有的放矢地进行洽谈。推销洽谈的步骤大体如图5－1所示：

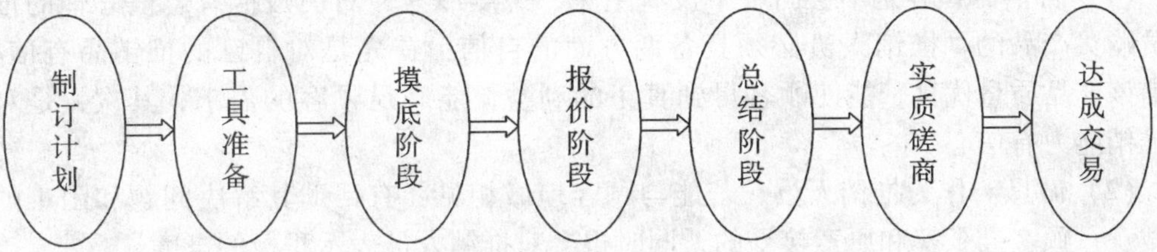

图5－1　推销洽谈的步骤

（一）制订洽谈计划

1. 洽谈的预期评价

对洽谈取得的成绩，作一个预期评价，对洽谈将要出现的结果进行预先安排。洽谈可能取得的成绩，可分为以下两个层次：

第一层次，是本次洽谈的最低界限。例如，让顾客确认自己对推销品有需求，顾客能认同推销品给其带来的利益等。

第二层次，是本次洽谈要取得的成绩。例如，有效处理顾客异议等。

在推销洽谈之前，推销人员必须对预期值有一个清楚的认识，并科学地确定。

2. 确定推销洽谈的时间、地点

推销洽谈时间、地点的确定，是影响推销洽谈的一个不可忽视的因素。确定在什么时间、什么地点与顾客进行推销洽谈，是制订推销洽谈计划的主要内容之一。通常，推销洽谈的时间、地点的确定，既要方便自己又要方便顾客；既要考虑自身的利益，更要考虑到顾客的利益。

3. 进一步核实顾客的基本情况

顾客的基本情况包括：姓名、年龄、职务、性格、偏好、工作作风、顾客本人及其所在部门和公司的状况、愿望、要求等；顾客是否有权购买，是否有支付能力，其购买动机、态度、阻力、需求变化是什么等。只有掌握了这些基本情况，才能制定相应的策略和方法，才能在推销洽谈中灵活、有针对性地进行推销。

4. 提供产品和服务

制订洽谈计划时，对产品的性质、类别、功能、特色以及它能为顾客带来什么好处等都要明确。这样才能把顾客的需要与所推销的产品联系起来，促使顾客接受。随着市场经济的发展，各种产品彼此间的差异越来越小，众多的产品和服务相互竞争。当人们由于选择太多而感到困惑时，能够帮助顾客解决问题，协助他们得到其想要的产品和服务的推销人员，才能赢得顾客的信赖，才能顺利达成交易。

5. 选择推销洽谈的策略和方法

推销洽谈的方法是一门技术，更是一门艺术。它需要推销人员在推销洽谈中针对不同的推销品、不同的顾客，灵活地采用不同的策略和方法。因此，推销洽谈之前，推销人员必须准备好洽谈的策略与方法。关于策略和方法的选择，在本章后面的内容中将有专门的讨论，在此不赘言了。

6. 做好洽谈的心理准备

推销人员做好推销洽谈的心理准备，主要指推销人员要充满自信、要诚恳、要有锲而不舍的意志。

（1）自信。顾客是不会向一个没有主见，态度冷淡，对失败抱有恐惧心理的推销人员购买产品的。推销人员必须具备两方面的自信：首先是对自己的推销品有信心。确信该产品质量优良，能使顾客得到真正的利益，能满足顾客的需求；其次，是对自己推销能力有信心。

（2）诚恳。作为推销人员，若能与顾客坦诚相见，有帮助其解决问题和困难的一片诚意，顾客会了解和愿意接受的，同时也会对推销人员表示积极的态度。

（3）坚强的意志。推销人员在推销过程中往往会遇到很多困难，但不要灰心，不要放弃，要有坚强的意志和锲而不舍的精神，只有这样才能做好推销工作，最终实现推销目标。

（二）推销洽谈的工具准备

推销人员在推销过程中不能单纯靠说话，还需要利用各种推销工具。

（1）推销品。推销人员应尽可能随身携带一些推销品，在推销过程中可以直接展示给顾客，有助于激发顾客的购买欲望。

（2）推销品模型。在推销品难以携带的情况下，推销人员可以利用推销模型来替代，让顾客亲自看一看，试一试。这也能起到刺激顾客的购买欲望、增强顾客购买信心的作用。

（3）文字资料。推销人员应携带一些文字资料，包括产品种类介绍及说明书、产品价目表、企业简介等。利用文字资料辅助推销，一是成本低廉，简便易行；二是它对推销品的介绍要比语言详尽、全面、系统，有较强的说服力。但是，文字资料难以做到因人而异地介绍产品，故应配合其他推销工具一起进行推销。

（4）图片资料。图片资料主要有图表、图形、照片等。在推销品或推销模型难以携带的情况下，生动、形象的图片资料能对顾客产生较强的说服力和感染力，使顾客通过视觉加深印象，直接引发顾客的购买欲望。

（5）推销证明资料。在推销洽谈之前，推销人员应尽量收集和准备各种有说服力的推销证明资料，可以增加产品的可靠性，有利于顾客在心理上产生安全感。

（6）其他物品。其他物品包括推销人员的名片、介绍信、订购单、合同书、笔记用具等。

（三）摸底阶段

双方洽谈人员从见面入座到洽谈的实质内容之前，为摸底阶段。旨在建立推销洽谈气氛、交换意见、开场陈述。

首先要努力建立合作、诚挚、轻松愉快的洽谈气氛。为此，要把洽谈场地布置得赏心悦目，要使推销洽谈者的举止行为给人留下热情、诚挚、轻松、美好的印象。

其次，要及时交换意见和看法，就推销目的、计划、人员情况等方面取得一致意见，即使双方早已联系，也应在正式洽谈中重新明确一下。

最后，为了进一步摸清对方的原则、态度，可以从主要问题、期望目标、主要原则、变通措施等开始陈述或提出倡议。

（四）报价阶段

开盘报价是洽谈过程中十分重要的阶段。洽谈的核心和实质问题是报价，要开门见山，直接报价。

报价，亦称发盘。在推销洽谈中，不论谁先报价，都需要综合考虑价值和风险两种因素。价格条件的洽谈是推销洽谈的中心内容，它涉及买卖双方利益，是买卖双方最为关心的敏感问题。推销人员可按企业所定的上下限价幅度，适当报价。报价时力求报价果断、明确、清楚、无保留、不犹豫、不解释也不说明，尽量留有充分磋商余地，便于对方还价。

经过一轮或多轮的讨价还价，彼此都能接受某一价格时，即可转入其他问题的洽谈。

（五）总结阶段

对上述摸底和报价两个阶段的推销洽谈情况进行回顾、分析，即为总结阶段，主要有三种情况：

（1）销售条件顾客接受。买卖分歧很小，即可跨越磋商阶段，直接转入签字成交阶段，以减少不必要的讨价还价，缩短洽谈时间，提高推销洽谈的效率。推销人员不应过分表现急于求成的心理状态，以免顾客采取拖延战术。

（2）销售条件顾客可能接受，但是还需要磋商，这时推销人员应对洽谈涉及的问题及自身的经济效益进行全面分析，做出坚持还是让步的决策。在推销洽谈中，推销人员应对买方分歧最大的部分认真分析，并对此确定三个目标：最理想的接受目标、可接受的一般目标、可接受的最低限度目标。如果分歧意见在可接受的一般目标上下，则应努力达成协议。

（3）无法预见销售交易的可能性，即买卖双方分歧意见很大，差距悬殊，在买方表示困难时，推销人员则很难按原定计划成交。此时可有三种选择。一是终止推销洽谈。这是最不愿采取的对策，即使采取这个对策，也必须慎重。只有达到以退为进这个目标时，才终止洽谈。具体地说，市场对推销人员有利，推销人员处于强有力地位，退出反而会刺激买方要求重新洽谈；或者说，推销人员已充分肯定终止或退出推销洽谈会使买方改变原来的想法和条件。二是继续洽谈。在按原计划无法达到销售交易时，推销人员可以继续与顾客就一些次要的问题进行磋商，并与上级主管部门联系，修改既定交易条件，力求局部突破。三是请求顾客相应地改变其原定的洽谈计划。

（六）实质磋商阶段

实质磋商，是指对可能达成的交易，在不断调整意见中，从分歧较大到协调一致，最终成交的过程。实质磋商是交易成败的关键，只有善于运用磋商诀窍，才能获得成效。

（1）分析分歧的原因，弄清楚原委。推销洽谈难免会有分歧，这是正常现象。总结起来不外乎有以下几个原因：一是想象的分歧，是因为没有很好理解对方意图所致，或者是因缺乏沟通而发生的误解；二是人为的分歧，是洽谈人员故意制造障碍所致（以上两种分歧，通过洽谈、沟通、解释，可以消除）；三是真正的分歧，即由双方经济利益得失而引起的分歧。

（2）正确施加压力，善于抵御压力。在磋商中，推销人员会对顾客施加压力，如保持对交易的竞争优势，制造顾客之间竞争的事实和气氛，逐步削弱其期望水平，暂时中断推销洽谈等。但是在实施过程中务必注意分寸，适可而止，防止感情冲动和心理外露。同时，在抵御顾客压力时，可以采取先发制人策略，主动提出对方可能提出的问题，减弱其锋芒；采取以逸待劳、耐心等待策略，寻找对方的漏洞，抓住时机进攻；避重就轻，把问题引入自己设想的境地，拖延或请第三者干预。

（3）提出要求和适当让步。推销人员提出要求的目的在于让对方愿意听下去，并为自己提出更高的目标铺平道路。做出某些让步的目的在于吸引对方。但是，让步是有原则的，不是无限的，不能轻易地让步，只有认为需要让步时才让步；不能单方面让步，要以自己的让步换取对方的让步；不能大于对方的让步幅度，一次让步幅度要适中；让步速度不能太快，要注意让步的次数和程度；要注意在较小的问题上先让步，在重要的问题上不先让步。

（4）打破僵局。当双方分歧较大，互不相让，可能会出现僵持局面时，可以采取对事不对人的办法，把人与问题分开，尊重对方，避开矛盾，另找出路。实在无法打破僵局时可暂停洽谈。

（七）达成交易阶段

这是推销洽谈的最后阶段。经过上述几个阶段的洽谈，情况逐渐明朗，洽谈已经接近尾声。这时推销人员务必善终，正确处理有关问题。

（1）向对方发出正确成交信号。推销人员要阐明立场，就对方所提出的条件，表明肯定态度；或以特定的方式表明成交意愿，或告诉对方洽谈时间已到，可以结束了。

（2）及时进行总结。明确交易内容是否谈妥，是否有遗留问题，如有遗留问题要提出处理意见。明确推销洽谈结果是否达到原先期望的交易目标，明确最后让步项目及让步幅度，着手安排交易记录事宜。

（3）确定最后报价。在交易达成阶段，双方都要做最后一次报价。推销人员应该选择好时机，既不要过于匆忙，也不要过晚。最后报价应分两步走，不要一步到位，否则使自己处于被动局面。让步幅度应因人而宜，并成为最后成交的标志。让步应与对方提出成交要求同时进行。

（4）整理洽谈记录，起草书面协议。在最后阶段，应将整理出的洽谈记录，从头到尾检查一遍，双方确定记录无误后，所记内容便是起草书面协议的主要依据。起草书面协议应谨慎和全面。推销洽谈双方必须对所同意的条款，认识一致，使协议名副其实。对敏感性问题，应特别细致，诸如价格、合同完成、规格要求、索赔处理等方面协议条款要力求明确，不能含糊。

课堂练习

洽谈方案制订

1. 分组，每个小组 8 ~ 10 人，由组长负责。
2. 小组内选择同一品牌产品。
3. 个人制定推销方案。

（1）推销方案的资料准备。

通过网络、实地调查等方式掌握洽谈产品的特点、定位、该产品的市场地位及其主要竞争者的相关信息。

(2) 撰写洽谈方案。

确定推销洽谈的目标；洽谈时的准备工具；洽谈的具体内容；最重要的是要根据产品的特点与顾客的情况选择推销洽谈的方法，且洽谈方案中至少要准备三种方法。

4. 组内评出最优方案，小组按最优方案实施洽谈。

(1) 小组长负责组织评选过程。

(2) 小组成员轮流陈述洽谈方案。

(3) 个人陈述完毕后，其他人负责打分，取平均分为个人方案成绩。

(4) 评选分值最高的方案，作为小组推销洽谈的方案。

第二节　报价与还价策略

价格是影响交易成败的重要因素之一。在商品价格磋商中，顾客处于明显优势，他的一句“价格太高”足以使推销人员的辛苦付之东流。

推销人员要在价格商谈中扭转劣势，让顾客乐于接受你的价格，较好的方法是借助语言表达的多种方式，在顾客心理上造成“这个商品值这个价”的效果。

一、灵活运用报价方式

“请把您的报价单发一份到我的邮箱里。”当您收到这样的询盘时，自然会很高兴，很可能就能成交一笔生意。可是，有的人在把报价单发过去之后，却迟迟收不到对方的答复。怎样报价才最有效？

案例资料 5－1

有效报价

美国著名的汽车销售代表汉森，以前是个数学老师，没有去过超市。有一次，他的妻子病了，汉森自己去超市买菜。在他去超市的路上，看到一个卖马铃薯的菜农，汉森走过去，问菜农马铃薯一磅多少钱，菜农说：“仍是老价钱，一美金一磅。”于是汉森买了20磅回家，回家后一问妻子才知道，自己买的马铃薯比超市贵得多。

汉森自己分析道：“在那时，我朦胧意识到，仍是老价钱，就即是廉价！但二者其实没有关系，但稀奇的是自己与菜农成交的时候，自己一点也不觉得贵。其实，这就是有效的报价方式，用最为平实，让人习以为常的报价词语来形容价格，而不是用理性的数字，这种方式报价客户容易接受得多！”

这种方式，我们也经常有所体会，这是有效报价的一种方式！

（资料来源：百度文库，http：//wenku. baidu. com/，经本书作者整理）

案例点评：

有效报价就是让客户感觉物有所值，甚至感觉物超所值！尽量避免让客户觉得产品太贵而产生抵触。

(一)"三明治"报价方式

这种报价是在价格的前后施以保护措施，以减缓价格对顾客的强烈刺激，即像三明治一样，把价格夹在中间。

例如，"这个商品卖300元钱"——价格直接刺激顾客。"这是上海产的优质产品，值300元钱，用起来很方便"——价格在中间，减缓刺激。

直接报价让顾客接受的是价格信息，而"三明治"式报价，顾客接受的则是"优质"、"300元"、"方便"等多种信息，在记忆刺激上，前后两头的"优质"、"方便"更快、更深地留在了顾客头脑中，在考虑价格时"优质"、"方便"等顾客喜爱的特点自然左右顾客的思想，使他们产生"值"这个价格的印象，从而改变顾客对价格的看法。

价格前后的内容，可由商品本身的质量和顾客购买后的好处和利益组成。

表现商品质量的词有：正品、优质、金奖产品、进口产品、畅销产品及代表商品信誉的厂名、产地、品牌和产品本身的名称、内容等。如"正品、值200元"、"国家金奖产品，300元"、"这是原装进口香奈儿5号香水，1500元"等。

表现购买好处和利益的词有：安全、舒适、方便、优惠价、送货上门等附加利益。如"使用简单、安全，560元一个"、"这是季节性让利，仅300元"等。

"三明治"式报价的使用要因人而异，根据顾客的年龄、性别和喜爱的不同，使用不同保护措施的语言，避免千篇一律，要有针对性。

(二)"化整为零"报价方式

"化整为零"报价方式就是将自己的报价折合成小单位、小数目的报价方式。为了减轻"昂贵"的心理压力，在报价时，化整为零，化大为小，尽量用较小的计量单位报价，把价格分解为单位时间内的使用价格、小包装价格等，让客户第一感觉能够接受。例如，我天天消费香烟一包，如用"月"为单位计算就是三十包，以"年"计算就是360多包，不同的方式会引起不同的效果或心理反应！例如"贵是贵点，但至少要使用三年，每天实际花费不到0.1元，每天花费0.1元，买个健康，何乐而不为呢?"

化整为零的报价方式，使顾客认为花少量的代价即可获得某种好处值得，从而从心理上减轻了商品昂贵的不利影响。

计量减少的方法有：将"吨"改为"公斤"，将"公斤"改为"两"，"年"改为"月"，"天"改为"小时"等。

案例资料5-2

价格分离

有一个销售员正在对想买计算机的顾客推销苹果笔记本电脑，他说："你花1万元买一台苹果笔记本计算机，同样配备的国产品牌只要5千元，贵吗？No! No! No! 这1万元你还买到国际知名品牌（面子和身份），全球通用三年保固（服务），原厂计算机包、微软Wndows7 + Office正版软件、鼠标、内存升级、知名品牌的音箱等（外围配件），这些加起来（不含计算机本身）价值就超过5千元，所以贵不贵?"顾客听了很开心，决定购买。

案例点评：

“价格分离”是化整为零报价方式的一种变形运用，消费者购买的不是单一商品，而是这个商品本身+外围配件+售后服务等整体，所以把外围（不含主商品）有形跟无形的东西加起来去量化它们各值多少钱，然后加在一起得出一个总数后告诉客户，你现在买到的价位反而很超值。

（三）“反问推迟回答”报价方式

价格是个敏感的问题，在顾客还未对商品产生购买欲望之前，一般不要提及价格。推销活动中，以让顾客了解商品质量、认识商品功能和带来的好处为主。顾客不问价，推销人员就不要主动介绍。如果在条件不成熟时顾客问价，就采用推迟回答的方法，用反问法将顾客注意力重新纳入对商品带给顾客的好处和利益的讨论上。如：“您是问价格多少？这要看您对质量的要求、购买数量的多少和付款方式如何”。通过反问，将问题还给对方，让顾客对商品质量、要求作出考虑，于是重新回到了商品本身的介绍上。

在反问中，还可多问“为什么”，使顾客回答出对商品质量的看法，然后回到质量的讨论上。

案例资料5-3

为什么

推销员：“您的意思是这个价格太贵？为什么？”

顾客：“这种商品质量一般，卖不到这个价钱。”

推销员：“您是说质地不好？为什么？”

顾客：“好像不透气。”

推销员：“我刚接到这个货时，也像您这样认为，哪知穿上身很舒适，您可以试试，不买没关系。”

案例点评：

通过几个“为什么”的提问，把顾客引导到商品质量的介绍上，让顾客进一步认识这个商品，并喜爱这个商品。

（四）“整合资源”报价方式

这种方式，在我们身边经常感受到，好比，我们在商场里，看到的搭配促销，或者是邮局推行的套餐优惠等，就是资源整合销售法。其就是将产品的价值，功能重新整合，报价不变，更新产品外的一些功能，或一些产品，让顾客感觉与其他的商家或同类产品比较起来，更便利，更实惠。

总之，在报价时，避免直接提出标价，需要讲究一定的技巧，要在价格的前后说上点什么，冲淡价格的刺激作用，以影响顾客的主观认识。但不管如何，客户最终讲究的是产品效果与质量，这是第一位的！

二、顾客还价的主要策略

（一）吹毛求疵策略

这种方法是讨价还价的主要战术之一。所谓吹毛求疵，是指顾客在推销洽谈中，为了实现自己的利益而对推销品挑剔个没完，提出一大堆意见和要求，这些意见和要求有的是真实的，有的只是出于策略需要的吹毛求疵，目的是借以压价。这种还价策略是有经验的顾客经常采用的。

案例资料5-4

美国著名谈判学家罗伯斯买冰箱

一次，罗伯斯去买冰箱。推销员指着罗伯斯要的那种冰箱说："259.5美元一台。"但罗伯斯没有表态十分想要，而是来了一段讨价还价的博弈。

罗伯斯：这种型号的冰箱一共有多少种颜色？

推销员：共有32种颜色。

罗伯斯：能看看样品本吗？

推销员：当然可以！（说着立即拿来了样品本。）

罗伯斯（边看边问）：你们店里的现货中有多少种颜色？

推销员：现有22种。请问您要哪一种？

罗伯斯（指着样品本上有但店里没有的颜色）：这种颜色同我厨房墙壁颜色相配！

推销员：很抱歉，这种颜色现在没有。

罗伯斯：其他颜色与我厨房的颜色都不协调。颜色不好，价钱还这么高，要不便宜一点，不然我就要去其他的商店了，我想别的商店会有我要的颜色。

推销员：好吧，便宜一点就是了。

罗伯斯：可这台冰箱有些小毛病！你看这里。

推销员：我看不出什么。

罗伯斯：什么？这点毛病尽管小，可是冰箱外表有毛病通常不都要打点折扣吗？

推销员：……

罗伯斯（又打开冰箱门，看了一会儿）：这冰箱带有制冰器吗？

推销员：有！这个制冰器每天24小时为您制冰块，一小时才3美分电费。（他认为罗伯斯伯斯对这制冰器感兴趣）

罗伯斯：这可太糟糕了！我的孩子有轻微哮喘病，医生说他绝对不可以吃冰块。你能帮我把它拆下来吗？

推销员：制冰器没办法拆下来，它和整个制冷系统连在一起。

罗伯斯：可是这个制冰器对我根本没用！现在我要花钱把它买下来，将来还要为它付电费，这太不合理了！……当然，假如价格可以再降低一点的话……

结果，罗伯斯以相当低的价格——不到200美元买下了他十分中意的冰箱。

（资料来源：世界IT网，http：//edu. ch. gongchang. com/，经本书作者整理）

案例点评：

罗伯斯非常熟练地使用了吹毛求疵策略，一步一步使推销员退让，价格也一步一步降了下来，那么面对罗伯斯这样的顾客，推销员是否可以自如应对呢？

面对这种吹毛求疵策略，推销人员不能不承认顾客所指出的推销品的某些缺点是客观存在的，往往感到很为难，甚至自己也觉得推销品质次价高，从而降低价格。那么，推销人员如何尽快改变这种被动局面，如何对付这种策略呢？

（1）要有足够的耐心，并注意寻找顾客的漏洞和不实之词，实事求是加以解释，对方那些吹毛求疵的问题和要求会渐渐地露出马脚，失去影响力。

（2）提出抗议，对对方的无理要求、无端的挑剔以及无端的浪费时间、节外生枝的行为必须及时地理智地回击。

（3）提出建议，遇到实际问题，要开门见山地和对方私下商谈，并建议对方实施一个具体而可行的办法；对于那些无关紧要的问题或不去讨论，或避重就轻，大事化小，小事化了。

（4）不能轻易让步，对对方那些虚张声势的要求要尽量给予削弱，不能让其得逞。

针对罗伯斯的案例，见招拆招不妨可以这样对付："您要的那种颜色是畅销货，价格要贵得多！"至于针对罗伯斯说冰箱有小毛病的挑剔，就可以说："正因为有所谓的小毛病，现在才卖这个价，否则要高得多。"罗伯斯要拆掉制冰器的要求更是在故意找碴儿，可以这么对付他："你也知道，制冰器和整个制冷系统连在一起是无法拆下来的。而且你要的这种冰箱都有制冰器，看来你只能到冰箱厂去订做一个了。"试想，一旦罗伯斯连碰几个这样的软钉子，他还能挑剔什么呢？

知识链接

顾客还价的心理动机

据有关调查结果表明，顾客还价的心理动机主要有以下几种：

（1）顾客总是想买到更便宜的推销品，这是一种常理；

（2）顾客想在还价中击败推销人员，以此来显示自己的谈判能力；

（3）顾客怕吃亏，因而作价格的试探；

（4）顾客不了解推销品真正价格，但知道与推销人员还价总有好处；

（5）顾客想向周围的人露一手，证明自己有才能；

（6）顾客想把推销人员在价格上的让步看作是提高自己的身份；

（7）顾客想利用还价达到其他的目的。

作为一名优秀的推销人员，就应该善于洞悉每一位顾客还价的真正动机，从而在讨价还价中获胜。

（二）反问提问策略

这种还价策略是指在推销洽谈进行到一定程度后，当推销人员首先提出要价时，顾客不是直截了当地还价，而是向推销人员提出种种在假设条件下的问题，再从推销人员的回答中寻找可能出现的机会与推销人员还价，争取主动。顾客在采用反向提问策略中，提出的问题往往很多，例如：

（1）如果我们增加或减少订货量呢？

（2）如果我们以现金支付、预先付款或分期付款呢？

（3）如果我们自己去提货呢？

（4）如果我们在淡季或商品的衰退期接下你方订单呢？

（5）如果我们给你方提供技术力量呢？

（6）如果我们提供你方急需的原材料、工具或其他机器设备呢？

（7）如果我们同时购买好几种商品呢？

上述问题看起来都是些无利害冲突的问题，却都可能使推销人员暴露自己的底线或留下某些口实。

面对顾客一连串的提问，推销人员应该慎重对待顾客提出的每一个问题，不能随便回答，以免被顾客抓住破绽而使自己陷入被动地位。推销人员的通常做法是：

首先，不要对顾客的提问马上作出直接的估价，要仔细考虑后再给予答复；

其次，要以顾客承诺的一些提议作为条件，才给予回答；

最后，以其人之道还治其人之身，提出种种附加条件请顾客考虑。

（三）声东击西策略

在推销洽谈中，由于推销人员向顾客进行了认真详细的推销介绍，顾客对所推销的商品有了很好的了解。顾客本来很想购买该商品，只是觉得价格偏高，但又不好直截了当地提出价格问题，于是采取迂回手法，从另外一种与该商品有某种联系的商品开刀，大谈特谈另一种商品的优缺点，大讲特讲另一种商品的价格与价值背离太远等，以此来影射推销人员的推销品价格偏高，影响推销人员对自己商品的看法，要求推销人员以较低的价格成交。

声东击西策略大多数是老练与资深的顾客所使用的手法，往往使推销人员一时间还难以辨别。对于这种情况，推销人员应该保持清醒的头脑，注意不要被顾客声东击西的手法所迷惑。一方面要坚持听顾客大谈连顾客自己都不关心的商品与价格，另一方面要引导顾客把注意力重新放在自己的推销品能给顾客带来的好处上，继续进行价格洽谈。

案例资料 5－5

推销员与顾客的双赢才是完美的结局

王女士是一家公司的老总，2010 年元旦，王女士到上海出差，买了不少衣服。首先，请看王女士购买服装的标牌原价：

1. 品牌：珊珊　　　　　　　　统一零售价：498 元
2. 品牌：LO ENG　　　　　　　统一零售价：588 元
3. 品牌：LANGBOW（朗博）　　统一零售价：625 元
4. 品牌：LANGBOW（朗博）　　统一零售价：698 元

合计：1911 元

然后，请看讨价还价的整个过程（分为 5 个回合）。看看标价近 2000 元的衣服，最后如何以平均每件衣服 200 元购得，获得一种超值享受。要知道，这可是一家品牌专卖店哦。

第一回合：

王女士细心发现，第一件“珊珊”品牌的服装由于是真丝面料，有较明显的抽丝瑕疵，当即表示放弃不买。推销员见状，说如果真心想要可以降价至 150 元。

第二回合：

王女士试穿过其他服装后很满意，言谈中露出了较强的购买意向。看到此，推销员很高兴，表示可优惠到 6.8 折，并计算出后三件的总价为：1911 × 0.68 = 1299.48（元）。

第三回合：

王女士说：“如果后面的三件一起买，可否 3 折？”

推销员说："绝对不可能。但如果5折的话，可把第一件送给您。"

王女士又坚持到4折，于是，营业员打电话请示。

第四回合：

经过讨价还价，推销员最后同意4折售出，即：1911×0.40=764.40（元），推销员还表示，愿意去掉零头，按照760元售出。然而，这时的王女士却要求更高，希望继续享受那5折的优惠，即赠送第一件服装，但遭到推销员严词拒绝，双方因此不欢而散。

第五回合：

大约晚上9点，王女士单独一人再去那家服装店，提出了一个折衷方案，即同意在三件服装4折的基础上，再加一点钱，4件服装一起买。

最后，他们终于以800元成交，买回四件。也就是说，另外一件有瑕疵的服装，仅仅花了40元。皆大欢喜。

（资料来源：慧聪网，http：//info. service. hl360. com/，经本书作者整理）

案例点评：

别把商家不当上帝！正如有人说得好："顾客和供应商都是上帝，所以，我们替上帝考虑了，上帝就会眷顾我们。"商家和顾客都不容易，适当地留有余地，让大家都活得不累才是最开心的。正是这样的处理，经常出差来上海的王女士因此决定，以后将永远先来这家专卖店买衣服，除非找到更满意的。君子求财，取之有道。合适永远是最好。

作为商家，我们要站在顾客的立场上，多为顾客着想，这样，顾客心里才会给商家腾地方，让商家生根发芽；反之，作为顾客，也要站在商家的立场上，为商家着想，这样，商家的合理利润得到保证了，才愿意和顾客长期合作。如果顾客心里老想着自己，只想着如何让自己的利益最大化，商家也会毫不客气地把顾客赶出市场。唯有合作共赢，才是利益最大化的保障。

第三节　推销洽谈技巧

推销洽谈是一项艺术性与技巧性均较强的工作，要求推销人员能有机地将两者结合起来。由于推销对象不同，推销环境不同，推销洽谈也不同，因而推销洽谈没有固定的模式可循。推销人员应该根据具体情况作具体的分析，灵活机动地进行推销洽谈。但同时，也要注意推销洽谈的方法与技巧。

一、FABE 销售法则

1. 主要内容

FABE 销售法则，简单来说它是种销售模式，通过四个关键环节，解答消费者诉求，极为巧妙地处理好了顾客关心的问题，从而可顺利实现产品的销售诉求。

F：（Features）指的是本项产品的特质、特性等方面的功能。产品名称、产地、材料、工艺、定位、特性等，深刻去挖掘这个产品的内在属性，找到差异点。

A：（Advantages）优势。列出这个产品独特的地方来，可以直接、间接去称述。例如：更管用、更高档、更温馨、更保险、更……

B：（Benefits）能给消费者带来什么好处。这个实际上是销售时候特别强调的，用众多的形象词语来帮助消费者虚拟体验这个产品。

E：（Evidence）佐证。通过现场演示，相关证明文件，品牌效应来印证刚才的一系列介绍。所有材料应该具有足够的客观性、权威性、可靠性、可证实性。

2. 如何更好的运用 FABE

从顾客分类和顾客心理入手，恰当使用“一个中心，两个基本法”。“一个中心”是以顾客的利益为中心，并提供足够的证据。“两个基本法”是灵活运用观察法和分析法。

3 +3 +3 原则

① 3 个提问（开放式与封闭式相结合）：“请问您购买该产品主要用来做什么?”、“请问还有什么具体要求?”和“请问您大体预算投资多少”。

② 3 个注意事项：把握时间观念（时间成本）、投其所好（喜好什么）以及给顾客一份意外的惊喜（赠品、一次性送电话费等）。

③ 3 个掷地有声的推销点：质量、款式、价格和售后附加价值等方面挖掘。

案例资料 5 -6

以冰箱的省电作为卖点，按照 FABE 的销售技巧介绍

（特点）你好，这款冰箱最大的特点是省电，它每天的用电才 0. 35 度，也就是说 3 天才用一度电。

（优势）以前的冰箱每天用电都在 1 度以上，质量差一点可能每天耗电达到 2 度。现在的冰箱耗电设计一般是 1 度左右。你一比较就知道一天可以为你省多少的钱。

（利益）假如 0. 8 元一度电，一天可以省 0. 5 元，一个月省 15 元。就相当于省你的手机月租费了。

（证据）这款冰箱为什么那么省电呢?

（利用说明书）你看它的输入功率是 70 瓦，就相当于一个电灯的功率。这款冰箱用了最好的压缩机、最好的制冷剂、最优化的省电设计，所以它的输入功率小，所以它省电。

（利用销售记录）这款冰箱销量非常好，你可以看看我们的销售记录。假如合适的话，我就帮你试一台机。

案例点评

特点回答了“它是什么”？是有形的，可以被看到、尝到、摸到和闻到的；功能回答了“它能做到什么…”？功能是无形的，不能被看到、尝到、摸到和闻到；好处回答了“它能为顾客带来什么”？是将功能翻译成一个或几个的购买动机，即告诉顾客将如何满足他们的需求；证据，是向顾客证实你所讲的好处。

（资料来源：MBA 智库百科，http：//wiki. mbalib. com/. ）

>>>>> **知识链接**

FABE 标准句式推销

标准句式是："因为（特点）……，从而有（功能）……，对您而言（好处）……，你看（证据）……"

例1："因为预付费电话业务，月租费优惠，存200元送50元话费、存300元送80元话费，从而节省你的电话费，对您而言公司成本得到了降低，你看张三、李四都使用了铁通预付费业务，这是他们的电话号码。"

例2："因为'宝宝在线'可以在互联网上看见幼儿园的小朋友的活动情况，从而解决了幼儿园和家长对幼儿学习和生活的了解问题，对管理者而言可以监控教师和保育员的工作质量，改进工作。小太阳幼儿园率先使用了'宝宝在线'业务，你看这是小太阳幼儿园'宝宝在线'的照片。"

（资料来源：MBA 智库百科，经作者整理）

二、介绍产品的方法与技巧

推销洽谈中介绍产品的方法很多，主要分为提示洽谈法和演示洽谈法两类。提示法又可细分为直接提示法、间接提示法、明星提示法、鼓动提示法、积极提示法、联想提示法、逻辑提示法等；而演示法可细分为产品演示法、文字图片演示法、证明演示法、影视演示法等。合理选择不同的洽谈方法会促使洽谈达到预定目标。

（一）提示洽谈法

所谓提示洽谈法，是指推销人员在推销洽谈中利用语言的形式启发，诱导顾客购买推销品的方法。提示法根据提示的方式不同还可分为以下几种方法：

1. 直接提示法

直接提示法，是指推销人员直接向顾客呈现推销品的利益，劝说顾客购买推销品的洽谈方法。它是一种被广泛运用的推销洽谈提示方法。

案例资料 5-7

直接提示法推销试剂

一位推销员在推销一种试剂时对顾客的提示："听说你们在寻找一种反应速度更快的试剂。我们公司新近开发了一种新的试剂产品，它能将反应的速度提高5~6倍，这是这种试剂的实验报告。您看看，一定会达到您们的要求。如果您们满意，请快点订货。不然的话，因为订货太多，就难以保证交货期。"

案例点评

这种方法的特征是，推销人员接近顾客后立即向顾客介绍产品，陈述产品的优点与特征，然后建议顾客购买。因而这种方法简单明快，能节省时间，加快洽谈速度，符合现代人的生活节奏，所以很具优越性。

2. 间接提示法

间接提示法，是指推销人员间接地劝说顾客购买推销品的洽谈方法。这种方法可以有效地排除面谈压力，避重就轻，制造有利的面谈气氛。应用间接提示法可以虚构一个顾客，可以一般化的泛指。

案例资料 5 - 8

间接提示法推销成套设备

一位推销成套设备的推销员指着某报上的一篇关于一些企业进行设备更新的新闻报道对顾客说："你听说了吗？一个企业购买了这种产品之后，取得了很好的效益，其他一些企业都在考虑购买呢！连报纸都刊登了，看来不买是有点赶不上形势了。"推销人员既陈述了推销主题，又以关怀的口吻间接提示顾客购买推销品，使顾客没有了来自推销本身的压力，却有了来自满足自己需求的迫切感。

（资料来源：百库百科，http：//baike. baidu. com/，经本书作者整理）

案例点评：

使用间接提示法的好处在于可以避免一些不太好直接提出的动机与原因，因而可以使顾客感到轻松、合理，从而容易接受推销人员的购买建议。

3. 明星提示法

明星提示法，也叫名人提示法或威望提示法，是指推销人员利用顾客对名人的崇拜心理，借助名人的声望来说服顾客购买推销品的洽谈方法。明星提示法迎合了人们的求名的情感购买动机，另外由于明星提示法充分利用了一些名人、名家、名厂等的声望，可以消除顾客的疑虑，使推销人员和推销产品在顾客的心目中产生明星效应，有力地影响了顾客的态度。因此，推销效果比较理想。但使用这一方法时应该注意提示中的明星应该是顾客普遍喜欢的对象，明星本身确实使用了企业的产品并且效果不错，这样才有说服力。

4. 鼓动提示法

鼓动提示法是指推销人员通过传递推销信心、刺激顾客购买欲望的方式迫使顾客立即采取购买行为的洽谈方法。例如："今天是优惠期的最后一天"、"只剩这最后一批产品了"等。使用这种提示方法时要注意以下几点：

（1）要有针对性地采取这种提示策略，避免大范围使用，否则会给顾客留下虚伪的印象。

（2）所鼓动的信息必须是真实准确的，一旦有意欺骗顾客，会带来非常恶劣的影响。

（3）采用这种策略时应考虑顾客的个性，一般情况下对那些个性较强、偏内向、沉稳的顾客不宜采用。

5. 积极提示法

积极提示法是推销人员用积极的语言或其他积极方式劝说顾客购买所推销产品的方法。所谓积极的语言与积极的方式可以理解为肯定的正面的提示、热情的语言、赞美的语言等会产生正向效应的语言。例如："欢迎参加我们社的旅游团，又安全又实惠，所看景点又多又好"；"你看，这是摩托车手参加比赛的照片，小伙子们多神气！他们戴的是我们公司生产的头盔。"在运用此种方法的同时，可先与顾客一起讨论，再给予正面的、肯定的答复，从而克服正面语言过于平坦的缺陷。此外，所用的语言与词句都应是实事求是的，是可以证实的。

案例资料 5－9

积极提示法推销游览巴士服务

一家专门提供游览巴士和个人接送的服务公司的推销员 A 与××夫人——一位准新娘的母亲在洽谈生意，她考虑请 A 去送参加婚礼的外地宾客去参加婚宴，最后再送回旅馆。

A 的前期工作做得很好，可她还是拿不定主意，总是能想出这样那样的反对意见来。

夫人："我不知道怎么回事，就是下不了决心。"

A："这的确很难做决定。让我来帮你吧。"

这时 A 从公事包内拿出一张纸来一面写上"正面"的考虑，另一面写上"反面"的考虑。

A："我们把赞成和反对的理由写下来，应该有助于做决定吧"

夫人（点头）："嗯，很好。"

A："好，就这样。合约上规定，我们为你接送参加婚礼的客人。在这种欢乐的场合，多喝几杯很正常，不过你不希望有人酒醉驾车吧？"

夫人："对。"

A："很好。"

A 将这个安全的考虑及其他相关事项，全部写在"正面"的那一面。

A："我们也谈到，整个婚礼过程的圆满，由于我们的接送，不至于在婚礼结束之后，还有人要赶着离开。最后，你也不希望所有的亲友都乘出租车前往，增加喜宴的麻烦。这些就是你投资我们服务的好处，对不对？"

夫人："没错。"

A："好极了，你看，上面我们谈到有关正面的考虑（这时你将纸递过去给她看）包括安全性、便利性以及对婚礼掌控性强等。现在你可以告诉我，反对的理由是什么？"

到此，A 已经帮客户找出这项产品的优点。不过 A 没有节外生枝，帮对方思考反对的理由。

当然。A 的客户也可能会说："我实在找不出什么反对的理由。"此时你就不应该再犹豫，准备成交吧！

但假如客户看了那张对照表，发觉不对劲，又有其他意见呢？至少她已经花工夫再仔细思考了一遍，接下来所提的理由都是比较具体实在的。推销员也比较好理解。

（资料来源：豆丁网，http：//www. docin. com/，经本书作者整理）

案例点评：

与顾客一起讨论，对顾客的提问再给予正面的、肯定的答复，从而克服正面语言过于平淡的缺陷。这样，可以最终促使交易的成功。

6. 联想提示法

联想提示法，是指推销人员通过提示事实，描述某些情景，使顾客产生某种联想，刺激顾客购买欲望的推销洽谈的方法。

案例资料 5-10

联想提示法推销瓷砖和灯光设备

一位推销瓷砖的推销员的一句话打动了顾客："你把这种天蓝色的瓷砖铺在淋浴室里，每当你洗澡的时候，就有种置身大海的感觉。"这一方法中，推销人员向顾客勾画出梦幻般的情景，让顾客去想象，使产品更具有吸引人的魅力，从而达到强化顾客购买欲望的良好效果。

一位推销灯光设备的推销员对顾客说："这些光彩夺目的灯光设备，在白天您可能感觉不到它的好处，但是夜幕降临时，可以使所有的行人都看到贵店的橱窗。如果不安装这些灯光设备，即使人们从你的橱窗外面经过，也注意不到橱窗里的展品；反之，安装了这些灯光设备之后，会使贵店的外观比对面的商店显得更舒适、温馨。耀眼的灯光照射在橱窗内的展品上，行人都会清楚地看到。您想一想，要是这些灯光设备能为您吸引成千上万的顾客，那会多做多少生意啊！"

（资料来源：张晓青，高红梅. 推销实务. 大连：大连理工大学出版社，2007.）

案例点评：

联想提示法要求推销人员善于运用语言的艺术去表达、描绘，避免刻板、教条的语言，也不能采用过分夸张、华丽的词藻。这样，提示的语言方能打动顾客，感染顾客，让顾客觉得贴切可信。

7. 逻辑提示法

所谓逻辑提示法，是指推销人员使用逻辑推理来劝说顾客购买推销品的一种洽谈方法。它通过逻辑的力量，促使顾客进行理智思考，从而明确购买的利益与好处，并最终做出理智的购买抉择。逻辑提示法符合购买者的理智购买动机。例如："所有企业都希望降低成本，我公司生产的这种产品可以降低生产成本，提高经济效益。所以，贵厂可以考虑使用这种产品。"在运用逻辑提示法时应注意以下几点：

（1）逻辑提示法适合有较强的理智购买动机的顾客。按照个性可以将顾客的购买动机分为理智型、情感型、惠顾型。通常情况下那些文化层次较高、财力较薄弱、意志力较强的顾客才可能具有理智性动机，因而可以对他们运用逻辑推理提示法。而倾向情感型购买动机与惠顾型购买动机的顾客，则不适用这种方法。

（2）要以理服人。推销人员首先自身要了解产品的科学原理，然后在运用严密的逻辑推理，做到以理服人，避免强词夺理，让对方找到你的种种漏洞，贻笑大方。

（3）应做到情理并重。人都是有情有义有欲望的，因此，推销人员应该把科学的却显得有点干巴巴的逻辑推理与说服艺术结合起来，对顾客既晓之以理，又动之以情，促使顾客的购买行为合理化，从而使顾客较快地采取购买行为。例如，下面两段逻辑提示就很有说服力：

"现在市场竞争激烈，各企业都希望降低生产成本，我们这种材料能降低生产成本，提高贵厂产品的市场竞争力，贵厂应该采用这种新型材料。"

"目前市场不景气，各企业都在努力开拓市场，找一家有实力、有水平的广告公司协助策划宣传是应该的、有利的。"

（二）演示法

演示法又称直观示范法，是推销人员运用非语言的形式，通过实际操作推销品或辅助物品，让顾客通过视觉、听觉、味觉、嗅觉和触觉直接感受推销品信息，最终促使顾客购买推销品的洽谈方法。演示法主要有以下几种：

1. 产品演示法

产品演示法，是指推销人员通过直接演示推销品本身来劝说顾客购买推销品的洽谈方法。推销员通过对产品的现场展示、操作表演等方式，把产品的性能、特色、优点表现出来，使顾客对产品有直观的了解。从现代推销学原理上讲，推销品本身就是一个沉默的推销员，是一个最准确、最可靠的产品信息来源，再生动的描述与说明，都不能比产品自身留给消费者的印象更深刻，可谓百闻不如一见。

产品演示法的作用有两个方面：一是形象地介绍产品，因为现代推销品众多，推销人员无法完全利用口头语言来传递全部推销信息，千言万语不如让顾客通过感官直接与推销品见面；二是起证实作用。产品演示法可以制造一个真实可信的推销情景，直观了解，胜于雄辩。运用产品演示法时应注意：应根据产品的特点选择演示的内容、方法、时间、地点等，比方说：对与一些过大、过长、过重的产品可以采用产品模型或样本演示的方式；应根据推销洽谈进展的需要，选择适当的时机进行演示；应注意演示的步骤与艺术，最好是边演示边讲解，并注意演示的气氛与情景效应；应鼓动顾客一块参与，使顾客亲身体验产品的优点，从而产生认同感与占有欲望。

案例资料 5－11

产品演示法推销柴油机

郑州柴油机厂为打开该厂“金牛”牌柴油机在内蒙古的市场，举行了一场别开生面的“拔河赛”。一台装有“金牛”牌柴油机的拖拉机，与十几台装有相同马力、不同牌号柴油机的拖拉机轮番较量，无不取胜。该厂通过这种方式向顾客展示了“金牛”牌柴油机马力大的特点。

（资料来源：万德企业管理顾问网，http：//www. szwonder. net/，经本书作者整理）

案例点评：

让产品“说话”更能说服顾客。

2. 文字、图片演示法

文字、图片演示法是指推销人员通过展示有关推销品的文字、图片资料来劝说顾客购买的洽谈方法。在不能或不便直接展示或用语言难以说明的产品的情况下，推销人员通过向顾客展示推销品的文字、图片、图表、音像等资料，能更加生动、形象、真实可靠地向顾客介绍产品。比如一些商品工作原理、数据、价目表等，通过文字、图片可以做到动静结合，图文并茂，收到良好的推销效果。

案例资料 5－12

文字、图片演示法推销家庭装饰

小李是一家家庭装饰公司的推销员，在接待顾客时，小李总是首先询问顾客对房间装饰的总体想法，了解各房间尺寸，然后通过电脑软件将装饰后的效果显示在电脑屏幕上让顾客看。由于顾客能够在房屋未完成装饰前就看到装饰后的效果，因此顾客很容易接受小张的建议，往往在与小张的洽谈中就签订了装饰协议。

（资料来源：豆丁网，http：//www. docin. com/，经本书作者整理）

案例点评：

通过文字、图片可以做到动静结合，图文并茂，收到良好的推销效果。

3. 音像、影视演示法

音像、影视演示法是指推销人员利用录音、录像、光盘等现代工具进行演示，来劝说顾客购买推销品的洽谈方法。这种方法具有很强的说服力和感染力，是一种非常有效的演示方法，可以使顾客有身临其境的感觉。例如，某旅行社推出的旅游线路电视介绍短片、产品生产流程片等。

4. 证明演示法

证明演示法是指推销人员通过演示有关的证明资料或进行破坏性的表演，来劝说顾客购买推销品的洽谈方法。这是现代推销洽谈经常用到的方法。比如生产许可证、产品质量鉴定书等。推销人员在运用中应注意以下几点：

（1）准备很充分的证明资料；

（2）演示的推销证明资料必须真实可靠；

（3）选择恰当的时机和方法进行证明演示，令人信服。

三、推销洽谈的倾听技巧

所谓的倾听技巧就是在推销洽谈的过程中，推销人员不要一味地口若悬河、滔滔不绝地给顾客表达自己思想，要善于倾听。善于倾听是一种策略。在推销谈判中，倾听能发掘事实真相，探索顾客的真实想法，并且通过倾听能够赢得顾客的好感，容易判断顾客的意图，减少或避免推销中的失误。所以，听往往比说还重要。推销人员在倾听顾客谈话时要做到以下几点：

1. 听时要专注

心理学家统计证明，一般人说话的速度为每分钟 120～180 个字，而听话及思维的速度比说话速度大约要快 4 倍。因此，推销人员应该充分利用这个时速差在听的时候思考顾客的问题，找到顾客的需求，从而寻找洽谈的方法策略。

2. 听时要鉴别

推销人员要善于听出顾客言语中所蕴涵的观念和用意，要摸清顾客的真正意图，如果只听顾客话语的表面意思是远远不够的，若顾客故意含糊其辞，则可以要求对方解释清楚。倾听顾客谈话时，要能控制自己的感情，不要总想占主导地位，一个总想表现自己的推销人员，是不会很好地倾听顾客的谈话的。

3. 听时要耐心

要容忍听进一些可能触犯你的讲话，让对方讲完，不要中途打断或驳斥。因为耐心地倾听是推销人员对顾客尊重的很好表示，有利于密切推销人员和顾客的相互关系。要善于体察顾客的感觉，设身处地地替顾客想一想，不要忙于作结论。

4. 听时要回应

在听的同时，推销人员要做出积极的回应，可以表示推销人员正在倾听对方的谈话，推销人员也可以通过倾听反应了解对方的意图，并可以把谈话引到自己所想的话题上去。倾听反应应该选择适当的时机，恰当地表现出来。对方说话暂停的时候，是表示倾听反应的最佳时机，推销员此时不需要长篇大论、喧宾夺主。

知识链接

怎样作出倾听回应

作出倾听问题一般有以下五种方法：

第一，轻轻地点头作出反应。推销人员用这种方法表示自己正在听顾客的谈话，有时轻轻地点头表示赞同或默许。

第二，推销人员的目光要注视正在说话的顾客，不要做其他任何动作，也不要说话。

第三，推销人员偶尔发出声音，用尽量少的言词表示自己的意思。

第四，推销人员重复顾客刚才所说的一句话的最后几个字，表示对顾客意思的肯定。

第五，在顾客询问或说话有错误时，推销人员应该作出真实反应，把自己了解的真实情况告诉顾客。

四、推销洽谈的语言技巧

推销洽谈是推销人员与顾客双方在洽谈中不断磋商、互相妥协、解决分歧，以求最终达成双方均可接受，彼此获益的协议的过程。为此，推销人员应当熟练掌握一定的语言技巧，以保证推销洽谈的顺利进行。这种语言技巧具体可以分为阐述技巧、提问技巧、回答技巧、僵局技巧等。

1. 阐述的技巧

在洽谈中，阐述是说明自己一方的观点。但有时为了争取主动，切不可过早地表明己方的立场、观点、目标。因此往往先请对方先做阐述，通过倾听了解对方的意图后己方再根据对方的立场有针对性地阐明观点。此时需要注意阐述时可以有针对性地叙述说明对方关心的问题，力求做到言语准确、翔实，不可用“好像”、“大概”、“差不多”等含混词语。有时涉及一些机密问题，即便对方问到也要做到滴水不漏。比如：该公司产品的成本价是多少？据说贵公司产品是从××地区进货的等。

2. 提问的技巧

推销人员在洽谈中，为了摸清对方意图，表达己方的意愿，往往需要向顾客提出问题。在提问时，要做到：

（1）提出的问题最好是范围界限比较清楚的，使顾客的回答能有具体内容。

（2）提问是能促进洽谈成功的关键性问题。

（3）提问时切忌提出令人难堪和不快，甚至有敌意的问题，以免伤害顾客感情，使洽谈陷入僵局。

（4）提问态度要谦和友好，用词要恰当、婉转，注意提问的时间性，不要随便打断顾客的讲话，要耐心听完对方的讲话再提问。

案例资料 5－13

暗示式提问的技巧

某顾客已经购买了某品牌的手纸，若推销人员直接指出顾客是因判断错误才会购买这种手纸，必然使顾客不快因而不愿采纳你的意见。你若如此提问，效果就可能不一样。

“＊＊先生，您是否想节省每天所浪费的经费?”

通常，顾客会同意节省不必要的开销。

“您是否在洗手间看到您的客人拿着两三张手纸甚至四五张手纸在擦手?”

“是的，看到过。”

这位推销人员本来就知道该饭店发生了这种现象，但为了让顾客亲口说出来，而采用了暗示式提问。这时推销人员拿出了自己所推销的产品纸巾，进而提问下去：“您看得出我的纸巾与其他品牌有何不同吗?”

“看不出，两者一样。”

“用我的纸巾擦手，您感觉一下?”

“好!”（一次只需要一张就够了）

案例点评：

从以上对话中可知，推销人员并没有直接攻击竞争对手的产品质量，而是凭借提问来开拓自己的市场。

3. 回答的技巧

在推销洽谈中，对于顾客的提问，推销人员首先要坚持诚实的原则，给予客观真实的回答，赢得顾客的好感和信任。但是，有时顾客为了自己的利益，提出一些难题或者是涉及企业秘密的问题，推销人员就应该使用一些技巧来回答。

回答顾客提问时有以下技巧：

（1）回答时要有条有理，言简意赅，通俗易懂。

（2）对于一些不便回答的问题，应使用模糊语言，向对方透露一些不太确切的信息或者回避问话中的关键问题，转移话题，偷换主题，也可采取反攻法，要求对方先回答自己的问题，或者找借口，找些客观理由表示无法或暂时无法回答对方问题。

（3）倘若对方明确反对己方的观点，甚至言辞过于激动、情绪激昂，为避免直接的冲突，推销人员要用幽默的语言，委婉含蓄地表达，避免出现僵局迫使洽谈破裂。

案例资料 5－14

巧妙回答成功推销四吨卡车

小王在公司负责推销最难卖的四吨货车，一天他碰到一位客户，看他是如何推销的。

顾客：“几吨?”

小王：“四吨。”

顾客：“我们要两吨的。”

小王：“两吨有什么好的? 万一货物太多，四吨不是很实用吗?”

顾客：“我们也得算经济账呀! 这样吧，以后我们需要的时候再谈。”

小王："你们运的货物每次平均重量一般是多少？"

顾客："很难说，大约两吨吧。"

小王："是不是有时候多，有时候少呢？"

顾客："是这样。"

小王："究竟需要什么型号的车，一方面看货物的多少，另一方面看在什么路上行驶。"

顾客："对。"

小王："你们那个地区是山区吧，而且据我所知，你们那里的路况并不好，那么汽车的发动机、车身、轮胎承受的压力是不是要更大一些呢？"

顾客："是的。"

小王："你们主要利用冬季营运吧？那么，对汽车的承受力是不是要求更高呢？"

顾客："对。"

小王："货物有时会超重，又是冬天里在山区行驶，汽车负荷已经够大的了，你们在决定购车型号时，连一点余地都不留吗？"

顾客："那你的意思是……"

小王："您难道不想延长车的寿命吗？一辆车满负荷甚至超负荷，另一辆车从不超载，您觉得哪一辆车寿命更长呢？"

顾客："嗯，我们决定选用你们的四吨车了。"

（资料来源：李王一．商务谈判口才．北京：蓝天出版社，2001.）

案例点评：

回答的技巧不完全在于对与错，而是掌握什么该说，什么不该说。回答既不言过其实，也不弄虚作假。只有得体、巧妙的回答，才能赢得顾客的好感和信任。

4. 处理僵局的技巧

在推销洽谈中，经常会出现推销人员与顾客双方的利益相互不肯退步，会出现各抒己见，互不相让的僵持局面，使洽谈无法进行下去，甚至导致洽谈不欢而散，无法取得交易的成功。形成僵局的原因很多，在洽谈中，僵局随时都可能发生。只要我们掌握一些处理僵局的技巧，问题就会迎刃而解。

（1）尽量避免僵局出现。推销人员是卖家，在目前市场经济环境中，卖家更应积极主动设法避免僵局出现，有时需要暂时放下既定目标，在原则允许的范围内，小范围的妥协退让，这也是一种高姿态的表现，这样做可以避免僵局的出现；此外，一旦推销人员发现气氛不对或者对方略有不满时，应该尽量寻找轻松和谐的话语，对于实在不能让步的条件可以先肯定顾客的部分意见，在大量引用事实证据的基础上谦虚、客气地列出问题的客观性来反驳对方，使其知难而退。

（2）设法绕过僵局。在洽谈中，若僵局已形成，一时无法解决，可采用下列方法绕过僵局：暂时放下此问题，避而不谈，待时机成熟之后再商定；在发生分歧，出现僵局时，推心置腹交换意见，化解冲突；邀请有影响力的第三者作为公立方调解。

（3）打破僵局。在僵局形成之后，绕过僵局只是权宜之策，最终要想办法打破僵局。打破僵局的方法有：其一，扩展洽谈领域。单一的交易条件不能达成协议，把洽谈的领域扩展，如价格上出现僵局时，可在交货期、付款方式方面适当让步。其二，更换洽谈人员。在洽谈陷入僵局时，人们为了顾全自己的面子和尊严，谁也不愿先让步，这时，聪明的推销团队会暂时停止洽谈，更换另外的推销人员再次进行洽谈。其三，让步。在不过分损害己方利益时，可以考虑以高姿态首先做一些小的让步。

课堂练习

模拟推销洽谈

1. 将学生分成6组，两两对应，分角色扮演推销员和顾客，实施模拟推销。

2. 项目准备阶段。

（1）将组内最佳方案再次完善与优化。

（2）根据产品与顾客特点，选择恰当的推销洽谈的方法。

（3）推销洽谈时，关注个人形象设计及拜访等礼节。

（4）准备录像机，对各小组的推销洽谈的过程进行录像

3. 项目执行。

（1）各小组由组长抽签，选出项目实施的顺序。

（2）第一组布置项目实施场景。

（3）第一组实施洽谈。要注意结合实际情况，选择最佳的产品介绍方案和最恰当的方法。

（4）第一组结束，其他小组与教师，根据评分表进行评价和打分。第二组布置该组的项目实施场景。

（5）第二组实施洽谈。

（6）依此类推，洽谈演示全部结束。

4. 项目评价。

（1）教师评价学生各组洽谈方案。

（2）教师组成评价小组，对学生的模拟洽谈进行评价。

（3）评价主要从礼仪、语言、方法和技巧等方面打分。

本章内容小结

推销洽谈是买卖双方达成交易，以维护各自利益，满足各自的需要，就共同关注的问题进行沟通与磋商的活动。推销洽谈涉及面很广，内容丰富，主要围绕商品品质、数量、价格、销售服务和保证条款等。

推销洽谈主要有制订计划、工具准备、摸底、报价、总结、实质磋商和达成交易这几个步骤。

价格是影响交易成败的重要因素之一。推销人员要灵活运用报价方式，要探究顾客还价的心理动机，针对顾客不同的还价策略采取不同的应对方法。

在现代推销环境里，推销洽谈的方法和技巧也在不断变化，推销人员要运用FABE法则，运用多种手段，向顾客介绍商品。还要根据不同的顾客对象，熟练掌握推销的倾听技巧和语言技巧，高效地完成推销工作。

本章内容模块

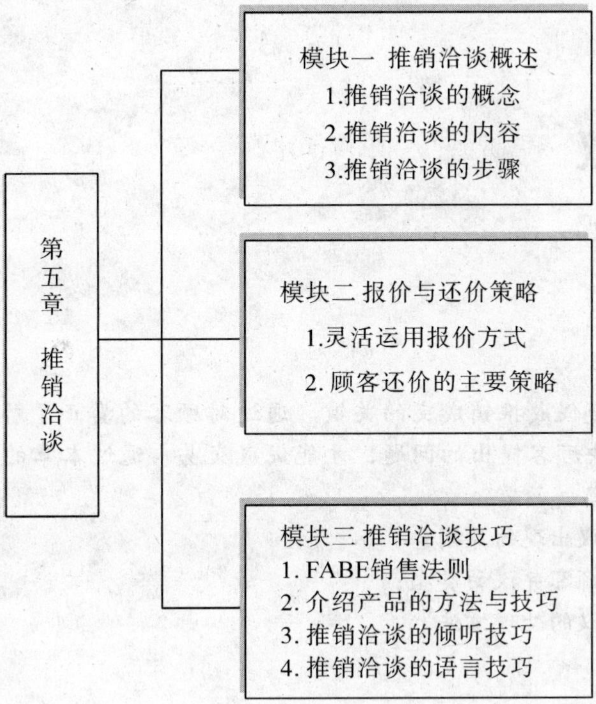

本章思考题

1. 推销洽谈的主要内容和步骤有哪些？
2. 如何根据不同顾客的还价采取不同的应对策略？
3. 推销洽谈的技巧涉及哪些方面？

第六章 顾客异议

◆ **学习目的和要求**

处理顾客异议是促成推销成交的关键。通过对顾客的真正了解，并想方设法地满足顾客的需要，解决顾客提出的问题，才能促成交易。通过本章的教学应使学生掌握如下几个方面的内容：

1. 辨析顾客异议出现的原因；
2. 分析和掌握顾客异议的类型；
3. 熟悉顾客异议的处理方法。

走进推销

如何面对顾客异议

赵宇飞是一名从业不久的热水器推销人员。有一天，他到一个高档别墅小区去介绍产品，对方听了他的介绍后，嘲笑道："这个牌子的热水器我不买，听说它的质量差。你重新去拿一些质量、性能都很好，有名气、有品牌的热水器来卖！小伙子，如果你向我推荐××知名品牌的热水器，我一定会买你的，但如果是这种，那我劝你不要再到这儿来推销。"

他无言以对，灰溜溜地退了出来。接下来的几天，他又好几次碰到类似的情况。他泄气了，对自己说："看来我走错了公司，卖错了牌子。"

没多久，他真的离开了这家公司。但他做了其他品牌热水器的销售工作后，推销业绩还是没有多大的提高，因为他又遇到了同样的顾客异议，还有很多他过去没有遇到过的顾客异议，他不知道该如何处理这些在他看来很棘手的问题。

问题讨论：

1. 赵宇飞的问题出在哪里？
2. 面对顾客的这种异议，你该如何处理？

第一节　顾客异议的概述

对于一名刚进入销售行业的人来讲，在推销过程中，遇到顾客的各种异议，可能会认为顾客太挑剔，难侍候。但对一个成熟的推销人员来，如果遇到顾客的反驳，他的内心会暗自庆幸，因为他们深知如果遇不到顾客的抱怨，眼前的这位顾客可能对自己销售的产品不感兴趣，不是真正想买商品的顾客。在获得推销成交之前，推销人员必须化解顾客的多种异议，若不妥善处理，会使推销工作前功尽弃或彻底失去顾客。

一、顾客异议的概念与原则

（一）什么是顾客异议

顾客异议是顾客对推销人员或其推销的产品、推销活动所做出的一种形式上表现为怀疑、否定或反面意见的反应。实际上，它是顾客用来作为拒绝购买理由的意见、问题和看法。顾客在购买活动中有各种动机和想法，总是会提出各种异议的。

常见的顾客异议有："这件衣服的款式有些过时了"；"不知道我儿子喜不喜欢，我得先问问他"；"过一段时间，我想等价格降下来再买"；"我根本就不需要这种产品"；等等。

据统计，美国百科全书中的推销人员每达成一笔生意，因顾客的异议，要受到179次拒绝。推销人员推销的产品被顾客拒绝购买的原因，多数是由于推销人员未能有效消除顾客异议所引起的。

不能排除顾客异议可能出现的后果有：

（1）会让顾客对推销人员、推销品和公司失去信任和兴趣；

（2）顾客的异议会对其他顾客起到一种传导作用；

（3）不能促成交易，影响销售业绩。

因此，推销人员应树立正确地对待顾客异议的观念，不要认为顾客的异议是顾客在有意给自己找茬。面对顾客抱怨、异议，推销人员要以一种平和的心境去积极应对，顾客有异议远比顾客对公司产品漠不关心要好得多。

（二）正确处理顾客异议的原则

1. 真诚倾听，尊重顾客异议

即便顾客的异议是多么的无理或无根据，或顾客的看法和观点是那样的不正确，但推销人员也要认真倾听，温和对待。

让顾客感到他们的异议得到了尊重，推销人员可以采取如下的办法：①表现出乐于听取顾客异议的表情和态度；②推销人员要不断对顾客讲"接下来，你还有什么想法"，让顾客感到他们的异议正被推销人员真诚倾听；③推销人员还可以对顾客说，"你说的问题，也给了我一些启发"等诸如此类的语言。

推销人员对顾客的异议千万不要只是保持缄默，或答非所问。只有这样，顾客才会感到自己受到了尊重，顾客在心理上才会有满足感，反过来才会采取比较合作的态度。

推销人员的正确做法是：先倾听，后辨析，再寻求较委婉的方法向顾客讲明道理，顾客才能接受推销人员的建议和观点。

认真倾听还有这样的好处：它可以帮助推销人员分析顾客是否是一位有购买自主权、有购买力和需要，并且愿意购买产品的人。这正如著名心理学家威尔逊·米兹纳说："一位好听众，不仅到处受别人欢迎，而其比别人知道得更多。"

2. 得理也要让顾客三分，永不争辩

犹太商人常说："不要赢了嘴巴，输掉了金钱。"与顾客争辩，失败的永远是推销人员，这正如著名企业家戴尔·卡内基对"辩论"的理解一样，"每一场辩论的结果十有八九都是双方比以前更加坚信自己有百分之百的理由"。尽管推销人员在嘴巴上战胜了顾客，但顾客心中一定会不快，最后，就是推销人员失去了很多的销售机会。因此，推销人员千万不能与顾客强词夺理，因为每个人都会坚持自己的看法，不要企图说服顾客改变他的错误。

所以，推销人员要牢记：①不要与顾客发生争论，争辩是推销失败的主要原因；②提出异议的顾客是合作伙伴，而不是敌人；③树立"顾客总是有道理"的观念。

3. 维护顾客的自尊，正视顾客异议

如果推销人员让顾客感觉"不给面子"，甚至羞辱他，无论你所推销的商品价值有多高，不管你推销的商品有多么的价廉物美，也难以成交。

推销人员抬高自己，贬低顾客，挫伤了顾客自尊心的语言有：①"连这你都不懂"、"你没明白我说的意思……"这样的表达方式；②在听到顾客提出商品价格太高时，如果在语言上暗含顾客"没有钱，买不起"的语气，这些都会让顾客感到自己没面子。

推销人员一定不能对顾客的异议表现出的神情有：讥笑、不耐烦、轻蔑、走神、东张西望、绷着脸、耷拉着头等。

推销人员维护顾客自尊的正确做法有：①讲话时面带微笑、正视顾客；②对方讲话时要全神贯注，回答顾客问话时语气不能生硬。

总之，顾客的异议无论是理性的还是非理性的，无论是深刻的还是幼稚的，推销人员如果明白了自己哪些该做，哪些不该做，就不会伤害顾客的自尊心。

4. 给顾客提供真正的价值和利益，消除异议

在处理顾客异议时，推销人员要真正做到从顾客的立场出发，了解顾客的问题，在立足于满足顾客的需求和利益的前提下，去说服顾客。推销人员应着重说明顾客通过购买推销品所能获得的价值和利益，并通过各种可能的方法，向顾客证明购买这些推销品确实能得到这种利益，让顾客眼见为实。

消除异议，给顾客提供真正的价值和利益的做法有：①对企业用户要从"降低成本"、"增加效益"的角度说服；②对中间商要用"进货价格低"、"商品质量优"进行说服；③对消费者则以"便利"、"使用效果好"进行说服等，要注意克服顾客的风险顾虑，在比较利益的促进下完成推销任务。

推销人员要消除顾客异议必须设身处地地为顾客着想，与顾客做角色互换，了解对方的感情及顾客的所想、所虑，利于正确处理顾客的异议。

终上所述，顾客异议是客观存在的，推销人员不要试图去压制顾客的意见，更不能贬低顾客的看法，而应该换位思考，理解顾客的想法和看法。在解答问题时，"态度胜过真理"。尤其是对待主观上的问题，处理更需谨慎。

二、顾客异议产生的根源

分析顾客异议产生的根源，是为了找到处理顾客异议的规律和技巧。顾客异议产生的原因既有必然因素，又有偶然因素；既有可控因素，又有不可控因素；既有主观因素，又有客观因素；既有顾客愿意说出来的原因，又有顾客不愿意让他人知道的原因；还有连顾客本人也说不清、道不明的原因。本教材从以下四个方面去分析顾客异议产生的根源。

（一）由顾客方面的原因所引起的

顾客主观方面的原因所引起的顾客异议的根源是来自于顾客心理上所产生的障碍。如顾客的偏见、习惯、经验、知识面的宽窄等都可能导致顾客异议，形成推销障碍。

1. 顾客没有真正认识到自己的需要

由于顾客没有真正认识到自己的需要或发现自己存在的问题，没有意识到需要去改变现状，而维持原来的消费方式，缺乏对新产品、新服务、新供应商的需求动机。例如，过去有些顾客认为买汽车是一种浪费，没有意识到买车对自己事业、家庭生活带来的积极影响。如果推销人员向这类顾客推销无疑会遭到顾客的拒绝。顾客通常会说："我不需要汽车，我不开车"，最后形成需求方面的异议，这是由于顾客认知方面的原因引起的。

推销人员对于这类缺乏认识而产生需求异议的顾客，应通过深入了解后确认顾客的需要，并从关心与服务顾客的角度出发，利用各种提示和演示技术，帮助顾客了解自己的需要和问题，刺激顾客的购买欲望，提供更多的推销信息，使其接受新的生活方式和消费方式。

2. 顾客的自我表现

有的顾客由于个人性格方面的原因，经常在推销人员对产品作介绍后，提出异议，有时甚至会提出很尖锐的异议。但是，异议的内容却似是而非。这可能是因为顾客性格上有"表现"的心理冲动，借以表明自己的特长，求得心理平衡。这些顾客乐意在亲朋好友面前显示自己，显示自己的见多识广、消息灵通、聪明机敏、反应快和成熟老练等。当购买现场有人的时候，反驳推销人员的介绍，成为他们显示自己的最好机会。对此，推销人员要予以理解，注意采取谦虚的态度耐心倾听，对某些有道理的意见表示赞同，使顾客的自尊心和虚荣心得到满足，这无疑会赢得顾客的好感，促进交易。

3. 顾客的偏见与习惯

偏见即顾客所提异议带有强烈的感情色彩，有些问题可能客观上存在，但远没有顾客描述得那样严重。偏见是顾客认知中不全面的认识，也可以说是一个错误的认识。如果顾客的偏见不消除，推销人员的介绍必然会受到质疑。例如，有些顾客认为只要是名牌产品，它的质量就一定没有问题，不是名牌产品，他就不买。即便有些推销人员向这类顾客推销性价比较高的产品，这些顾客也会拒绝购买，原因是在于这些产品不是名牌。

还有就是顾客在购买活动中积累了一些经验，往往习惯以自己的经验作为购买的标准。推销人员要想一下子改变顾客的购买习惯是很不容易的。在不影响推销的前提下，推销人员应尽量避免讨论偏见和习惯的问题。在处理这类顾客异议时，推销人员首先要鼓励顾客敢于去尝试和接受一些新鲜事物，再逐步引导顾客改变过去的购买习惯。

4. 顾客的过时信息

通常，顾客总是倾向于购买他们习惯购买的产品和向熟悉的推销人员购买。如果顾客没有掌握新的信息或者掌握的是过时的信息，顾客就会表现出对新产品的抗拒。随着现代科技的发展，产品的生命周期日趋缩短，而新产品层出不穷。有些新产品，尤其是高科技产品的特点与优势并不能一目了然。由于顾客的认识水平有限，从而导致了顾客异议的产生。对此，推销人员应能够以各种有效的展示与演示，深入浅出地向顾客推荐产品，进行启蒙和普及工作，消除顾客异议。

5. 顾客心理不平衡

由于各种原因，顾客的家庭失和、人际关系紧张、情感失落、晋升受挫、身体欠佳等因素，造成顾客心情不好。推销人员要用委婉的语言让顾客的心情平静下来，冷静倾听顾客异议，让顾客发泄心中的不满。

6. 顾客的能力

顾客因自己的知识水平、判断力、决断能力、性格缺陷等，造成他们购买行为的犹豫和彷徨；或因需向上级机构申请，才能行使购买决策权及缺乏必要的影响力等造成签约的困难。

例如，有些顾客的购买行为受到上级有关机构、产品原料供应商、产品的销售等其他关系单位的影响与约束，又不便明讲，只好采取提出顾客异议的方式来拒绝购买；有些顾客是由于内部组织结构和人事的变动，使顾客失去购买能力，或顾客暂时无货币支付能力，在客观上形成对推销产品没有需求。

这些都是由顾客能力方面的因素造成的顾客异议，但是顾客在表达异议时不会直截了当地说清楚，一般情况下，顾客会以虚假异议的形式进行表示，因此推销人员必须加以鉴别。

7. 顾客个人态度

有的顾客受了一些不良风气的影响，在个人私利的驱动下，对推销人员提出各种各样的异议，以便从中达到满足个人愿望的目的。如果他们个人的要求达不到，他们的异议就可能永远也没有解决的可能。

9. 顾客的借口

在洽谈过程中，顾客可能由于资金不足而不能购买；或是由于个人不能做主，不能做出购买决定；或是想比较一下，再做购买决定。但碍于面子，顾客往往不好意思说出来，而是提出一些反对意见作为借口，以达到根本不想买的目的。

借口不是真正的反对意见，所以推销人员没有必要回答，因为就是消除了顾客的借口也不会达成交易。如果推销人员认真地加以辩驳，顾客更会感到他有必要为自己的借口作辩护，从而使借口真正变为反对意见，甚至会激怒顾客。所以，推销人员如果辨别出顾客的异议属于借口，就当作没听见，也可告诉顾客回头再谈。

10. 顾客是一位善于挑刺的买主

有些顾客虽然心里想买，但为了争取对自己有利的交易条件，往往会在鸡蛋里挑骨头，肆意夸大商品的某些微不足道的缺点，甚至无中生有，把商品说得一无是处，这是顾客试图想讨价还价前的一种策略。对付这类顾客，推销人员要有耐心，并沉着冷静，不要被对方的虚张声势吓住，而要坚定对自己产品的信心，巧妙地进行反驳。

11. 顾客受到其他因素的影响

例如，顾客有固定的采购关系，绝大多数顾客在长期的生产经营活动中，已经与其他的供应商建立了比较固定的供销关系，顾客在接受新的供应商时必然要考虑企业和个人关系的协调问题而提出货源异议等。

（二）由推销品方面的原因所引起的

1. 产品价格

价格是形成推销障碍最常见最重要的原因之一。顾客常认为推销品的价格太贵，总是想压价，在取得能够接受的价格后才答应交易。顾客认为价格太贵的原因是多方面的，如顾客经济状况、支付能力的原因；顾客基于对同类产品或对替代产品价格的比较；顾客对推销品的误解等。通常，如果顾客认为价格太高，这就可能会导致顾客的价格异议和财力异议等。

但是，在一定的条件下，顾客认为价格过低，也可能导致顾客的需求异议。如有些顾客自以为购买便宜货是一件有失身份的事。因此，推销人员要认真研究和掌握顾客在购买过程中对价格的心理活动，有针对性地采取价格策略，以消除顾客的价格异议。

2. 产品质量

产品质量是赢得顾客好感的直接原因。顾客在决定购买产品时最主要的因素是产品的质量。常言道："买到一个没有价值的东西，即使是非常便宜，也是一种浪费。"因此，顾客购买产品，首先关心的是推销品的实用性。在推销过程中，推销人员应该把推销品能够满足顾客某种需要的实用性放在首位。顾客希望购买到高品质的商品，而且最终能给顾客带来好处，那么，顾客无论在物质上还是心理上都有一种满足感。尤其对于那些已经用过该商品或经他人介绍已购买商品的顾客，他们已经对商品的质量和效用有了相当程度的了解，推销人员必须十分重视该商品在质量上的特色和创新程度。

顾客对产品质量提出反对意见，常有以下几种情况：①推销品确实存在着不能满足顾客需求的缺陷与不足；②顾客缺乏经验或出于主观上的考虑，以质量为理由，拒绝购买；③顾客所了解的关于质量的有关信息与标准已经陈旧或作废；④顾客由于担心购买不当就以质量为借口拒绝购买；⑤顾客以质量为筹码进行压价；⑥由于推销人员推销不当，引起顾客对推销品的质量产生误会。

当然，推销人员不能推销质量有问题的或不能满足顾客质量需求的商品。另一方面，当顾客提出质量异议时，应认真找出并确定引起顾客异议的深层原因，使顾客正确认识产品质量因素。此外，高度重视和正确处理顾客在购买与使用推销品后提出的质量异议，对这种异议如果处理不及时，将会成为顾客不满的导火线，影响推销效果和企业的声誉。

3. 推销服务

推销服务是维系老顾客的一种办法，良好的服务可以提高企业的竞争力，很多顾客购买某种商品就是看重了它的服务。推销人员是企业的销售代表，服务水平的高低，直接会影响到企业的形象。因为，服务是推销整体概念的重要组成部分，服务能够为顾客带来有形和无形的利益。顾客购买推销品，有时不是购买产品本身，而是购买推销品的效用和利益。

如果顾客对服务产生异议，表明顾客对服务水平很看重。如果推销人员不能提供比竞争对手更好的服务，给顾客带来更多的附加利益，或因推销人员的态度不好，令顾客感到缺乏诚意和服务精神，就会提出异议。

（三）由推销人员方面的原因所引起的

推销人员不注意推销礼仪，不讲究推销语言艺术，缺乏必要的服务意识和气质，也会引起顾客异议。推销人员的某些表现无法取信于顾客，甚至使顾客厌恶和反感，自然会遭到顾客的冷遇和拒绝。在某些情况下，推销人员的性别、推销人员只顾自己说话而没有给顾客表达思想的机会等，也会引起顾客的反对意见。

1. 推销人员的形象不好，对顾客不热情

推销人员的素质不高，外表形象不佳，会给顾客一个不好的感觉。例如，推销人员衣冠不整、举止不当、出言不逊等，顾客会从推销人员的素质及形象，联想到产品的形象，甚至影响到企业的素质和形象。顾客会提出异议并且希望尽快结束这种推销。

推销人员缺乏对顾客应该有的热情，对顾客的困难不闻不问，对顾客的需求不进行深入的了解，对顾客提出的特殊问题表现出不耐烦，与顾客进行交流的过程中言辞不当、语气生硬，缺乏真诚与爱心等，都会出问题。属于冷淡型的、厌恶型性格的推销人员很可能会引起顾客的异议。

2. 推销人员缺乏对推销工作的热爱

推销人员在从事推销工作时，不能集中注意力，没有高涨的工作干劲，只是“做一天和尚，撞一天钟”地应付推销，甚至厌恶推销工作，表现出对推销工作的不耐烦，这些自然会引起顾客多方面的不愉快和异议。

特别是推销人员在介绍产品时，语调刻板平淡、有气无力，表情无精打采、毫无热情、内容上能简就简、能省则省，没有表现出对所推销产品的满腔热爱，推销人员这般的态度必然会影响顾客和整个推销活动。

3. 对顾客轻易承诺，影响了推销信誉

在与顾客的交往中，如果推销人员曾经有过信用不好的记录，或者顾客从一些生活细节中，认为推销人员是一个不重视信誉、缺乏信用的人，也会影响推销信誉。推销人员对顾客轻易承诺，影响了推销信誉的常见表现有：

（1）推销人员没有很好地履行合同在交货时间上，或者在货物的数量、质量、品种、规格等方面的要求，顾客就会认为推销人员不讲信用，进而产生各种异议。如果有关这方面的消息传播出去，对推销人员有致命的影响。

（2）推销人员的有些讲话自相矛盾，推销人员在推销活动中虎头蛇尾，在平时的交往中使顾客认为推销人员是一个不踏实、不够严谨的人等，都破坏推销人员的商业信誉。

（3）在实际推销工作中，由于有些推销人员及其所在企业采取过不负责任的态度，如欺骗或坑害顾客，吃过亏的顾客会对这种受坑害的教训牢记在心，从而形成对某个推销人员及其企业的成见，并且在顾客之间互相传达，造成不良的连锁反应。

推销信誉不佳是导致顾客不签单的直接原因。顾客会本能地对推销人员及其企业怀有戒心并提出各种异议。对于这种情况，推销人员除了耐心地解释外，更重要的是以实际行动取得顾客的信任，重新建立起良好的推销信誉。

4. 推销信息不足，易造成顾客的对抗心理

在推销过程中，信息是推销人员制胜的法宝，推销人员要向顾客发出大量的推销信息。但是，由于顾客的接受能力和理解能力的不同，也可能由于推销人员传递信息的方法不妥，表达不佳，使顾客觉得进行购买决策的推销信息还不够充足而提出异议。特别是顾客认为信息失实时，更容易引起各种反对意见，甚至造成顾客的对抗心理。因此，推销人员必须掌握大量推销信息，并以顾客可以理解与接受的方式向顾客表达，推销人员可采取以下措施：

（1）提供适宜的信息量

在推销过程中，推销人员在向顾客作产品介绍之前，要为顾客提供足够数量的信息情报，如不同类型产品的报价、产品的型号大小、质量等级等，顾客可以根据目前掌握的资料，在推销人员的引导下，下定购买商品的决心，因而消除异议。

（2）提供优质信息

推销人员已经向顾客提供了足够的信息，但是，由于信息的质量不好，不能令顾客相信，顾客仍然会提出异议。例如，顾客认为信息来源不可靠、信息的证据不足、证据缺乏说服力、甚至因为信息量过大而令顾客无从选择等。在实际推销活动中，介绍产品性能的证据要有说服力，作为样本的产品应该没有明显的质量缺欠，作为介绍推销内容的照片、图纸应该是精美的，这些都可能消除顾客的各种异议。

（3）表达信息的方法要正确

任何信息传递都有一个载体与形式相伴随，有的产品及促销的信息需要特定的形式与手段才能表达清楚。如果推销人员忽视了信息载体的选择和传递方法问题，推销介绍的方法与顾客收集信息的习惯不符，顾客异议便可能随之产生。

（四）由于推销环境不良的原因引起

推销环境不良是指顾客所处的周围环境和条件不利于推销。顾客的消费需求与自然环境和社会环境有密切关系，并受到这些环境的影响与制约。在不同的推销环境里，顾客有着不同的购买能力和购买习惯，有着不同的消费水平和消费结构，这要求推销人员的推销活动必须符合推销环境的要求；否则，顾客必然会提出反对意见。

因此，推销人员要注意搜集不同环境下的政治、经济、文化、市场竞争等多方面的资料来帮助自己推销。

综上所说，顾客在购买推销品时，因受到顾客本身的心理因素、推销品的价格、质量、售后服务、推销环境条件、推销人员的素质等多方面因素的影响，而提出一系列反对意见。辨析顾客异议产生的根源，有助于推销人员掌握处理顾客异议的规律和技巧，只有正确地处理好顾客异议，才能提高推销人员的销售业绩。

知识链接

置换推销

置换推销就是站在顾客的立场去做推销。将顾客的需要放在第一位，这是每个推销人员都明白的道理，但未必每个推销员都能实实在在做到。如果你能让顾客或潜在顾客感觉到，你真是喜欢他们，并为他们的利益着想，那么你的推销生涯将会前程似锦。

置换推销的好处是，它能更深层次地让顾客信任你，消除顾客心中的疑虑，让你

得到更多的潜在信息和好处。

三、把握好处理顾客异议的时机

顾客异议既是一种积极的信号，但也会构成推销障碍，推销人员的推销活动就像是障碍赛跑，必须有效地排除各种异议，才能到达成交的终点。顾客异议在绝大多数情况下反映了顾客的心理活动状况，推销人员可以通过顾客异议，及时地了解和判断顾客的真实态度和心理活动，从而明确下一步推销活动的目标和方向。辨析了顾客异议产生的根源后，推销人员在遇到顾客异议后，应把握好处理顾客异议的时机。

（一）在顾客提出异议之前提前回答

顾客异议涉及整个推销过程。一般来说，顾客在接受推销的过程中，不提任何反对意见就着手购买产品的情况是不多见的，不提丝毫反对意见的顾客往往是没有购买欲望的顾客。我国有一句经商格言——“褒贬是买主、喝彩是闲人”说的就是这个道理。如果推销人员通过对产品的分析，认为顾客最容易提出某种反对意见，而这种反对意见，又会影响到推销成交，最好是抢在顾客之前把问题首先提出来，这样做的好处有：

（1）推销员可以争取主动，先发制人，避免去纠正顾客的看法；

（2）避免反驳顾客的反对意见，也避免与顾客发生争论，甚至可以大事化小，小事化了；

（3）可以按照自己的思路与擅长的手法去进行处理，也会使顾客感到你诚恳直率，有利于赢得顾客的信任，还可以节约时间，提高推销的效率。

（二）对顾客的异议立即给予答复

一般情况下，推销员对顾客提出的异议都应立即给予回答，这样做，既表示对顾客意见的重视与尊重，也避免意见越积越多，使局面难以扭转。

比如，经推销人员的介绍，顾客对产品已经感到很满意了，但在最后付款的时候，因为顾客要求推销人员把一个小小的尾数款优惠下来，否则顾客就不买，顾客甚至还会说“你不要因为一个小小的尾数款就失去了一个顾客”之类的语言。这时，机敏的推销人员就会在这个时候告诉顾客，他要打电话给老板，请示老板后立即做出回答。

（三）对顾客异议延迟回答

美国的一项调查表明：和气的、好说话的、几乎完全不拒绝的顾客只占上门推销成功率的15%。日本一位推销专家说：“从事推销活动的人可以说是与拒绝打交道的人，只有战胜拒绝的人，才是推销成功的人。”对待顾客异议有时要延迟回答，才不会遭到顾客的反对。

推销人员在遇到下列几种情况时，延迟回答是正确的：①推销人员不能当即给顾客一个满意的回答，或者马上答复会对推销要点产生不利影响；②顾客提出反对意见有可能随着业务洽谈的进行而逐渐减少或消失；③缺乏回答问题的专业知识，立即回答有可能出错，可以不马上回答。

（四）推销员可以不予回答

对于顾客的一些借口，有意发难，对竞争对手的看法，企业的商业机密，或是与洽谈毫不相关的话题，推销员可以不予回答。顾客的异议离题太远或者无关紧要，也可以不予回答。

第二节　顾客异议的类型与分析

一、顾客异议的基本分类

据统计，只有4%的顾客会把自己对产品和公司的异议说出来，而96%的顾客会默默离开；如果对产品和公司的不满没有得到消除，90%的顾客会永远不买这个品牌或关注这家商场，这些不满的顾客会把这种不满传递给8~12个顾客。这8~12个顾客还会把这个信息传递给另外20个人；商场每吸引一个新顾客的难度是留住一位老顾客的6倍。由此可见，处理好顾客的抱怨或异议，管理好客户关系是每一个推销人员的必备素质。

知识链接

赞美可以消除顾客异议

布莱恩·崔西是美国最著名的销售讲师或顾问之一。有一次，崔西到某家公司推销图书，办公室里的员工选了很多书，正要准备付钱，忽然进来一个人，大声道："这些跟垃圾似的书到处都有，要它干什么？"

崔西正想向他微笑，他怒气冲冲地说："你不要向我推销，我敢保证我肯定不会要你的书。"

"你说得很对，你怎么会要这些书呢？谁都能看得出来，你是一位读了很多书，有涵养、有气质、有文化的这类人，要是你有弟妹的话，他们一定会尊重你，并以你为荣。"崔西微笑着，不慌不忙地说。

"你怎么知道我有弟妹？"那位先生有点兴趣了。

崔西说："我觉得你有一种大哥风范，谁有你这样的哥哥，谁是上帝最青睐的人。"

接下来，那人以大哥教导小弟的语气对崔西说话，崔西像对大哥那样对他尊敬地赞美着，两人聊了十几分钟。最后，那位先生以支持崔西这位兄弟的工作为由，为自己的弟弟选购了五套书。

正确认识顾客异议，有利于提高推销人员处理顾客异议的能力和效果。顾客异议的基本分类可以从以下几个角度来划分：

（一）按异议的影响性质划分，可划分为有关异议与无关异议

所谓有关异议，就是与推销活动直接相关，并对推销成交可能产生各种影响的顾客异议。比如，顾客对产品质量、价格的异议，是属于有关异议。有关异议会直接影响到顾客是买还是不买商品的问题，推销人员要认真对待，并有效化解；否则就有可能会影响推销活动的进展和结果。

所谓无关异议，就是与推销活动没有关联的各种异议，它不会对推销活动的进行产生影响。比如，顾客对推销企业广告代言人的长相品头论足等。对于这种异议，不处理一般不会影响推销活动，推销人员可以采用忽略、沉默或一笑而过的方法加以处理。

（二）按异议的真实性划分，可划分为真实异议与虚假异议

所谓真实异议，就是顾客出于真实意图而提出的顾客异议。比如，顾客是出于真

实情况，客观地认为商品质量有问题，而不是故意以商品的质量不好为借口来向推销人员杀价的异议，就属于真实异议。真实异议表现了顾客对推销有关方面的真实意见、态度和看法，它是推销人员了解和认识顾客的直接依据，推销人员必须加以认真对待，并及时加以有效化解。

所谓虚假异议，就是顾客所提的并不代表自己的真实意见和看法的各种顾客异议。比如，顾客实际上不喜欢而口头上说“回去考虑考虑再说”等，就属于虚假异议。形象地说，这些异议就是顾客某种真实意图和意见的幌子，这种意见最典型的表现形式就是借口。没有经验的推销人员经常被顾客的虚假异议所蒙蔽，导致他对顾客做出错误的判断。因此，对付顾客的虚假异议，推销人员最重要的一件事情就是辨别其真假，进而判断顾客虚假异议背后的动机、根源和真实看法。

（三）按异议的显露程度划分，可以划分为公开异议和隐藏异议

所谓公开异议，就是推销人员通过顾客外在的语言或行为可以直接作出判断的各种顾客异议。换个角度说，公开异议就是顾客口头上直接说出来或行为上直接表现出来的推销人员能听得出或看得到的各种意见。公开异议既有可能是真实异议和虚假异议，也有可能是有关异议和无关异议。

所谓隐藏异议，就是隐藏在顾客内心，没有直接表露出来的各种顾客异议。最典型的隐藏异议就是没说出来或不愿说出来的异议。在推销中，对于有些意见或看法，顾客出于多种原因和目的，往往不愿意直接表现出来，甚至不愿意被推销人员所觉察。隐藏异议通常都是顾客的真实异议。因此，这种异议是影响推销是否成功的关键异议。对于推销人员来说，推销洽谈的一个重要任务就是发现顾客的隐藏异议。

（四）按异议产生的根源性质划分，可以划分为客观异议与主观异议

所谓客观异议，就是出于客观事实或原因而引起的异议，比如产品质量确实太差等。对于客观异议，推销人员要以客观事实为依据加以处理。顾客提出客观异议时，推销人员要对顾客耐心地加以解释，要让顾客理解。

所谓主观异议，就是顾客基于个人的主观认识而提出的各种异议。比如，顾客认为汽车的外形不好看；没有必要买手机等。主观异议，往往是由于顾客的认识障碍、情绪障碍等引起的，所以，处理时要特别小心谨慎，一般情况下不加以直接反驳，但在有时还是需要去引导顾客，改变顾客的一些观念。

顾客异议还可以用其他的标准加以划分，这里就不再详细介绍。值得注意的是，顾客异议分类的重大现实意义是：不同类型的异议，处理的方法和策略是不同的。推销人员应该仔细分辩顾客异议的类型，以便能富有针对性地、高效地化解顾客的各种不同意见。

二、顾客异议的具体类型

（一）需求异议

1. 需求异议的概念

需求异议是顾客自己提出不需要或拒绝购买推销人员所推销的商品的一种异议。

2. 参考例句

顾客表示：“我们已经有了”，“这个东西没有什么用”等。顾客在不想购买的情况下，最常用的借口就是“我考虑考虑再说”、“再去逛一逛”。因为在顾客看来，这

种说法比较温和，又留有余地，既可以避免推销人员的难堪或因不买遭推销人员的白眼，又可以给自己预留一个机会。在这种情况下，推销人员最重要的任务是要判断顾客这种说法是“真”还是“假”。

3. 辨析

顾客提出这类异议有以下几种可能：一是顾客可能对推销品还缺乏认识，或顾客确实不需要推销品；二是顾客恐与推销员交谈，避免面谈带来的麻烦，动摇其不愿购买的一种预防托辞；三是顾客产生了去购买其他产品的念头。推销人员对此要作具体分析，搞清楚顾客异议究竟属于哪一种，然后才能正确处理。

（二）产品异议

1. 产品异议的概念

产品异议是指顾客针对推销品的质量、性能、规格、品种、花色、包装等方面提出的反对意见，认为推销品不能满足自己需要方面的异议。

2. 参考例句

例如：“我不喜欢这个颜色”、“这个产品造型太古板”、“新产品质量都不太稳定”、“这种电脑的运行速度太慢”、“这个手提包的款式已经过时了”、“这个品牌的汽车性能不好”等。

3. 辨析

产品异议是比较常见的顾客异议，它是推销人员面临的一个重大障碍，且一旦形成就不易说服，影响推销成交。推销人员要仔细分析：

（1）由于产品自身客观存在的不足引起的，推销人员要从产品的价格等方面去为顾客考虑，或从产品的其他方面来说明。

（2）源于顾客自身因素引起的，如顾客的文化素质、知识水平、消费习惯等，推销员要有耐心给顾客讲解，逐步让顾客认识到改变一下消费习惯或观念能给自己带来利益和好处。

（3）可能是顾客的一种主观或虚假的看法，如偏见、借口等。推销人员面对这种情况要用询问或反问的语气来挖掘出顾客的真实想法。

（三）价格异议

1. 价格异议的概念

价格异议是顾客认为价格过高或价格与价值不符而提出的反对意见。

2. 参考例句

比如：“这东西怎么这么贵呀！”“太贵了！便宜一点吧。”“同样的东西，你们怎么卖得比别人贵！”等。

在推销过程中，推销人员最常碰到价格异议。因为价格与顾客的切身利益密切相关，顾客对产品的价格最为敏感，一般首先会提出价格异议。即使推销人员的报价比较合理，顾客仍会抱怨：“你这价格太高了。”“你们竞争对手的价格比你们低很多，而质量却不差多。”在他们看来，讨价还价是天经地义的事。

又比如顾客提出：“这个商品价格太高了，别人的比你便宜。”这是顾客受自身的购买习惯、购买经验、认识水平以及外界因素影响而产生的一种自认为推销品价格过高的异议。

3. 辨析

在很多情况下，价格异议往往是顾客其他方面异议的借口，顾客可能由于贪图便宜，由于经验与习惯总结出讨价还价是有好处的，或者是顾客为收集信息、炫耀、缺钱等找的借口，推销人员要注意认真辨析，巧妙应对。

其实，顾客最爱在价格上挑剔，对于任何类型的顾客来说，总是希望买到最便宜的东西。因此，推销人员在日常的交易中都有可能会碰到价格异议。为了有效处理顾客的价格异议，推销人员必须正确认识价格异议产生的根源和顾客讨价还价的动机。引起顾客价格异议的根源与动机是错综复杂的，但从总的来看它是由两个方面因素引起的。

（1）产生价格异议的客观根源

①顾客之外的客观因素所致。包括企业的价格政策有问题，产品价格制定得确实高；产品与竞争品的价格比较显高；政策、市场环境等引起的价格波动；质量或品质严重偏离价格，即性价比低等，这些原因都会引起价格异议。

②由顾客自身的客观因素所致。主要包括顾客的购买力不足；顾客对购买推销品的预算太紧等。

（2）产生价格异议的主观根源

戈德曼说："价格对于顾客来说带有强烈的主观色彩。"这句话指出了顾客觉得产品价格贵和讨价还价主要是由主观根源引起的。产生价格异议的主观根源包括：

①顾客不了解产品的价值；顾客不了解市场行情；顾客没有购买欲望；顾客想向第三方施加压力；顾客想知道产品真正的价格；顾客不想购买等。

②顾客认为讨价还价肯定有好处或没有讨价还价会吃亏；顾客不想让推销人员轻易达到目的；顾客把推销人员对价格的让步看作是提高自己身份的象征；顾客想向第三方炫耀他的谈判能力；顾客的最后反对，即在购买决定之前的无理要求等。

如果推销人员能确切知道顾客价格异议的上述某种具体原因，处理价格异议最有效的对策就是对症下药。因为顾客购买力不足而觉得产品太贵，那就要提供一个适合顾客购买力的购买方案，如分期付款或银行按揭。目前房地产、汽车行业的销售就是用这种办法来解决价格的问题；顾客认为讨价还必有好处，那么推销人员最简单的解决方法就是告诉顾客产品的价格是公司的统一价，价格不能再谈，顾客自然就放弃了讨价还价了；如果顾客是出于不了解产品的价值而提出价格太贵，推销人员解决的办法就是向他解释产品的价值，解释贵的原因；顾客决定购买之前提出来的价格异议，他会说："再便宜一点吧，这么贵！"如果推销人员知道这是顾客的最后的应对，一般只需告诉他："这产品已经够便宜了，再降价的话，我们要赔本了！"不需要答应顾客的请求，照样可以达成交易。

最后，推销人员在处理价格异议时应坚持的几个方面：①正确认识公司产品价格，不害怕顾客提出价格异议；②先价值，后价格，不要过早向顾客提及价格问题；③坚持价格，不轻易让步，即使让价，也是有条件的；④找出顾客还价的真正原因；⑤牢记顾客的需求，把营销重点始终放在解决满足顾客的最大需求上；⑥牢牢记住自己的最低价格界线；⑦提示顾客比较标准，对比产品的价值，让顾客觉得物有所值。

（四）权力异议

1. 权力异议的概念

权力异议是指顾客以缺乏购买决策权力为理由而提出的反对意见。

2. 参考例句

例如："领导不在"、"这件事我做不了主，需要跟厂长商量再决定"、"订货的事我无权决定"、"要我先生看了再说"等。在业务洽谈中，有时顾客还会说："我做不了主，还需要请示上级"、"我们的主管不在"。权力异议有真实和虚假之分。真实的权力异议是推销活动的直接障碍，推销人员应对顾客的购买权力进行认真分析，找准目标顾客；虚假的权力异议，应看作顾客拒绝推销人员的一种借口，要采取适当的转化技巧进行化解。

3. 辨析

权力异议既然有真有假，那么一般而言，推销人员在寻找目标顾客时，就已经对顾客的各方面情况作了较为充分的了解，也应该了解到谁是具有购买权力的人。面对没有购买权力的顾客极力推销商品是推销工作的严重失误，是无效推销，如果真的如此，说明推销人员找错了对象，应予以及时纠正；如果只是顾客的一种托辞，还需采取适当的方法进行化解，面对此类异议而放弃推销在大多数情况下更是推销工作的严重失误，属于无力推销。

（五）财力异议

1. 财力异议的概念

财力异议是指顾客出于多种原因提出自己无力支付的各种反对意见。

2. 参考例句

比如："对不起，这东西太贵了，我买不起!""近来，我们各方面的开支比较多，没钱买这东西""我们收入不高，买不起这东西了"等。

3. 辨析

顾客的财力异议也有真假两种情况。一般来说，顾客不愿意让别人知道他们财力有限。所以，如果顾客真正无力支付，往往并不直接地表现出来，而是间接地表现为质量方面的异议或进货渠道方面的异议等。而真正具有购买力的顾客则喜欢用这种异议来掩盖其真实的异议。比如，顾客早已决定购买其他品牌的产品或者顾客不想动用存款，也可能因为推销人员说明不够，顾客没有意识到产品的真正价值，以"价格太贵"为借口，推销人员应善于识别。一旦觉察顾客确实存在缺乏支付能力的情况，通常的做法是停止推销，但态度要和蔼，以免失去未来的潜在顾客。推销人员也可根据具体情况，或协助对方解决支付能力问题，如答应赊销、延期付款等，通过说服使顾客觉得购买机会难得而决定购买。

（六）购买时间的异议

1. 购买时间异议的概念

购买时间异议是指顾客认为在不是最佳的购买时间或对推销人员提出的交货时间表示反对意见，有时甚至是顾客有意拖延购买时间。

2. 参考例句

推销人员经常听到顾客说："让我再想一想，过几天答复"、"你先让我考虑考虑"、"我需要一些时间再做购买决定"。又比如，顾客说："让我再想一想，过几天再答复你"、"我们需要研究研究，有消息再通知你"、"把材料留下，以后答复你"、"现在生意不好做，过一段时间再说吧"等。这些都是顾客购买时间异议的具体口头表现。

3. 辨析

事实上，许多顾客都用拖延时间来代替说“不”。这些拒绝明显意味着顾客还没有完全下决心，拖延购买的真正原因可能是因为价格、产品或其他方面不合适。有些顾客还利用购买时间异议来拒绝推销人员的接近和洽谈。不过，在现实中，推销人员也应该给顾客做出购买决定的时间，让顾客在自由宽松的环境下理智决策。针对顾客的购买时间异议，推销人员要认真分析，有的放矢，正确处理。

顾客购买时间异议的提出也可能会有两种情况：一是时间确实欠佳，二是拖延或推脱购买的借口。对此推销人员要作具体分析。

（七）进货渠道的异议

1. 进货渠道异议的概念

进货渠道异议是在推销中顾客已有供货商或者希望从别的渠道购买产品，而不希望从推销人员手中购买商品的一种异议。

2. 参考例句

在实际的推销过程中，顾客经常会这样说：“你们的产品质量不行，我宁愿去买另一家企业的产品”、“我用的是某公司的产品”、“对不起，我们有供应商了”、“我们这类产品已经不需要进新品”、“我不想从推销人员手中买东西，那不可靠”、“我有熟悉的渠道”、“我们对现在的供货商很满意”等。顾客还常常会提出：“我们一直用某某厂的产品，从来没有买过你们厂的产品”、“没听说过你们这个企业”等。

3. 辨析

进货渠道异议是顾客对推销品的来源提出的异议。顾客提出这类异议，表明顾客愿意购买推销品，只是不愿向眼下这位推销人员及其所代表的公司购买。当然，有些顾客是利用进货渠道异议与推销人员讨价还价，甚至利用进货渠道异议来拒绝推销人员的接近。如顾客认为推销人员所代表的企业知名度不高、运输不便或分销渠道层次太多等。因此，推销人员应认真分析进货渠道异议的真正原因。

要改变顾客原有的购买习惯，让它重新选择供货商，难度是很大的，特别是双方有着长期稳定的关系或互惠关系时，但这并不意味着没有任何机会。首先，推销人员推销的产品必须要比原有产品更具有优越性或吸引力；其次，推销人员必须向对方提供一个完整翔实的购买执行方案，要有足够的说服力让对方相信，改变供货商不会引起购买程序的混乱，不会增加顾客的工作量，甚至比原来更省心、更可靠；最后，要有打“持久战”的心理准备，因为要让顾客改变他已习惯的购货渠道，不是在短时间内就可以完成的，推销人员要有耐心。

（八）推销人员异议

1. 推销人员异议的概念

推销人员异议是指顾客对推销人员的行为提出的反对意见，这种异议往往是由推销人员自身所造成的。

这是顾客针对个别推销人员，表示对他们的不信任而提出的异议。顾客对推销人员的异议，表现在顾客拒绝接待某一特定的推销人员和拒绝购买他所推销的产品。

2. 参考例句

推销人员说：“我推销的这种保健药品，保证百分之百的无副作用。”顾客说：“你别想指望我再在你手中购买你的产品了。”

3. 辨析

推销人员态度不好，或不负责任地吹嘘推销品的好处，或礼貌用语欠佳等都会引起顾客的反感，从而使顾客拒绝购买推销品。因此，推销人员一定要注意保持良好的仪容仪表，举止得体，并注意自身素质的培训，以诚相待，给顾客留下良好的印象，从而顺利地开展推销工作。在推销人员异议中有的是真实的，有的是不真实的。

一是真实的意见。即顾客提出的异议是客观存在的，推销人员曾向顾客推销过劣质产品或令顾客不满意的产品。

二是偏见。即顾客所提异议带有强烈的感情色彩，有些问题可能客观上存在，但永远没有顾客描述得那样严重。如推销人员曾向顾客做出承诺，但由于客观原因，确实没有兑现或兑现速度较低等所致。

三是借口。即顾客所提异议没有客观存在的依据，纯属主观想象。

解决这类异议，推销人员要从自身做起，不断完善自己的工作。作为推销人员，千万要记住“功夫在事外，推销产品之前推销自己”的警示。

（九）服务异议

1. 服务异议的概念

服务异议是指顾客对推销人员或所代表的企业在推销洽谈过程中对服务不满意，而不购买推销品的一种异议。

在推销品差异日益缩小的情况下，顾客选择哪个品牌的产品，很大程度上取决于该企业是否能提供优质的服务。良好的服务能够消除顾客的后顾之忧，增强他们的购买决心。对待顾客的服务异议，推销人员首先要态度诚恳，应主动向顾客道歉，然后问明原因，尽量耐心地解释，稳定顾客的情绪，再找出双方都能接受的处理办法。

2. 参考例句

服务异议是顾客对购买推销品过程中对服务工作所提出的异议。顾客可能对所提供的服务不满意而提出异议。如对服务项目的设置、服务的方式方法、服务的延续时间、服务的保证程度等多方面提出的意见。此外，由于生产运输条件的限制，交货时间和交货地点不能完全达到顾客的要求，顾客也会提出异议。

服务异议常会用以下几种语言表现出来，如：“你们这里的环境太差了！”“你们服务柜台太少了，这么拥挤！”“你们往往现在说得好听，等我们把产品买了以后，你们的态度就变了”、“人家都保修三年，终生维修，你们怎么没有啊？”等都是顾客的服务异议。

3. 辨析

在竞争日益激烈的市场中，顾客对企业销售服务质量和水平的要求越来越高，从某种角度来讲，顾客对服务的要求总是没有止境。因此，要消除或减缓此类顾客异议的基本前提是提高企业的服务水平和质量，除此之外，推销人员要认真倾听，向企业反映顾客的要求，并联系有关部门加以改进；同时，非常重要的一件事情就是要解释不能完全满足顾客对服务要求的具体原因。

总之，顾客异议有很多，导致顾客异议的原因也错综复杂。在推销中，顾客还可能会提出其他异议，如借口、恶意反对、出于自我表现的各种异议、出于了解情况的顾客异议等。这些异议形式多样，动机和原因复杂，推销人员要善于深入分析，巧妙应对。

推销人员不仅要准确判断顾客异议类型，而且还要善于分析顾客的异议，找出顾客异议的真正原因，针对不同的顾客异议，采用不同的处理措施。推销人员只有消除了顾客异议，才能促使顾客购买商品，所以处理顾客异议是推销是否成功的关键所在。

第三节　顾客异议的处理方法

一、处理顾客异议的方法

(一) 直接否定法

1. 直接否定法的概念

它又称为反驳处理法，是指推销人员针对顾客所提的意见予以直接否定的处理方法。

2. 基本特点

(1) 给顾客直接、明确、不容置疑的否定回答；

(2) 传送与顾客异议不一致的信息，可以加大说服力度；

(3) 推销人员与顾客之间的信息反馈速度快，可缩短推销时间、达到提高推销效率的目的。

但这种方法也有其缺点，因为直接反驳对方容易使气氛僵化不友好，使顾客产生敌对心理，不利于顾客接纳推销人员的意见。

3. 适用范围

尽管推销人员在具体使用直接否定法时，既有优点，也有缺点，但在以下这些条件同时具备的情况下还是可以使用这种方法：①与推销直接相关的顾客异议；②顾客意见属于客观异议；③顾客有原则性或实质性的错误看法，如果不处理，会引起顾客对推销品及有关情况的误解；④推销人员手头有足够的事实依据，可以纠正顾客的看法。在这种情况下推销人员不妨直言指出，但要注意态度一定要友好而温和，最好是引经据典，这样才最有说服力，同时又可以让顾客信任你。

4. 参考范例

(1) 顾客说："你的商品不行，你们那个地方的假冒伪劣商品在全国都很出名。"

推销人员说："本公司的产品绝对是真货。这是国家质量鉴定书、产品许可证和营业执照，我们公司不经营假冒伪劣商品。"

(2) 顾客提出："你们的产品比别人的贵。"推销人员回答："不会吧，我这里有同类商品的报价单，我们的产品价格是最低的。"

(3) 顾客说："你们公司的售后服务不好，给公司打电话，服务人员好半天才来。"

推销人员说："我相信你说的是个别情况。我们公司的经营宗旨就是服务第一。我们公司在全国都设有维修中心，随叫随到，并且承诺在两小时之内一定到现场为顾客排忧解难，用最快的速度，为顾客提供最满意的服务。"

5. 应用建议

直接否定法是一种紧促的短兵相接方法，是直接驳回顾客的异议，这很容易引起顾客的反感，一旦把握不好，容易触犯顾客的自尊心，使顾客产生心理压力和抵触情绪，造成紧张气氛，不利于顺利达成交易。因此，应该注意：

（1）推销人员要始终保持友好的态度、温和的语气和婉转的表述。切不可因为顾客有误解而表现出气愤、不耐烦等表情。

（2）应依靠事实和逻辑的力量说服顾客，不能强词夺理，与顾客争辩。

（3）注重信息沟通，以正确答案否定偏见异议、以新的信息去反驳过时的信息、以真实的信息去反驳虚假的信息，向顾客传递最新的、正确的推销信息。把对方驳得体无完肤并不是最好的反驳，用事实说话方能有效地为自己立论。

（二）但是处理法

1. 但是处理法的概念

但是处理法也叫“转折”处理法或称“迂回”处理法。对顾客的不同意见，如果推销人员直接反驳，会引起顾客不快。

采用这种方法时，推销人员首先应该承认顾客异议的合理成分，然后用“但是”、“不过”、“然而”等转折词将话锋一转，对顾客异议予以婉转否定。

2. 基本特点

它是推销人员先肯定顾客的意见，然后换一个角度再作解释的一种方法。其优点是：①顾客比较愿意接受；②能保持良好的推销洽谈氛围；③推销人员有较大的活动余地；④成功的可能性较大。但这种方法的不足之处是：①仍然是热处理，因为它要求推销人员在顾客表示有购买异议后立即给予否定，这样顾客与推销人员的回旋余地其实都不大；②给顾客的异议增加了分量；③顾客感到推销人员是在玩弄文字和技巧，是在回避矛盾，进而会令顾客认为推销人员不可靠。

3. 适用范围

这是推销人员常使用的方法，它特别适合于真实的主观顾客异议。这种方法常用来处理顾客因为有效信息不足而产生的片面经验、成见、主观意见，而且顾客不能自圆其说的情况。

4. 参考范例

（1）顾客提出：“你推销的服装颜色过时了。”推销人员可以这样回答：“小姐，您的记忆力的确很好，这种颜色几年前已经流行过了。我想您是知道的，服装的潮流是轮回的，如今又有了这种颜色回暖的迹象。”这样就轻松地反驳了顾客的意见。

（2）一位沙发推销人员向顾客推销皮制沙发时，顾客提出：“我对皮沙发没兴趣，使用久了以后，它们不容易擦干净。”这位推销人员马上解释道：“你说的有一定的道理，但是我们公司专门为解决这一问题，为顾客提供专门用于洗涤沙发的洗涤剂。洗净沙发比过去省事多了，不麻烦。”这样，不仅给顾客留住了“面子”，而且也可以幽默的方式消除了顾客的疑虑。

5. 应用建议

（1）推销人员首先要承认顾客的看法有一定道理，即向顾客做出一定让步，然后才讲出自己的看法。但是如果处理不当，可能会让顾客提出更多的意见。

（2）尽量淡化转折的意思。在使用过程中要尽量少地使用“但是”一词，而实际谈话中却包含着“但是”的意思，这样效果会更好。只要推销人员灵活掌握了这种方法就会保持良好的洽谈气氛，为自己的谈话留足余地。

（3）不能滥用，否则容易引起顾客的反感。

（4）运用“但是法”处理顾客异议时，推销人员也可以表示出对顾客异议的同情、理解，以使顾客心理获得暂时的平衡。然后转移话题，对顾客的异议进行反驳处理。这样一般不会冒犯顾客，能保持较为良好的推销气氛。

（三）补偿处理法

1. 补偿处理法的概念

补偿处理法是指推销人员先同意和接受顾客所提的意见，并用有关优点或其他利益来抵补的一种顾客异议处理方法。补偿法是推销人员在坦率地承认顾客异议所提出问题的确存在的同时，指出顾客可以从推销品及其购买条件中得到另外的实惠，使异议所提问题造成的损失得到充分补偿，从而使顾客得到心理平衡，增强购买的信心。

2. 基本特点

它是推销人员给顾客其他方面的利益来解决顾客异议达到成交的一种处理办法。这种方法的优点是：①比较辨证，因为任何商品都有其优点和缺点，推销人员用商品的优点或其他利益来弥补商品的缺点，比较容易让顾客接受；②能使顾客心理平衡，顾客可以从推销品及其购买条件中得到另外的实惠，使顾客异议所提问题造成的损失得到充分补偿，增强顾客购买的信心。缺点是：①可能产生负面效应，让顾客得寸进尺；②也可能会增加顾客新的异议产生因素；③也有可能影响企业的形象与商品的市场定位。

3. 适用范围

这种方法适用于顾客所提的反对意见属于推销企业、推销产品等方面某些客观存在的缺陷。顾客对产品的瑕疵是很敏感的，如果顾客提出的异议有道理，推销人员采取否认或转移话题等策略是不明智的。这时，应先承认顾客的意见有道理，肯定产品的有关缺点，然后利用产品的优点来补偿和抵消这些缺点。

4. 参考范例

（1）顾客说："我不打算购买这种空调，因为购买这种空调没有赠送品，而购买品牌空调，公司还要赠送旅行方便椅。"

推销人员说："其实，我们公司的空调技术更加成熟，这样吧，你购买我们的空调，我们赠送你一对腰枕，怎么样?"

（2）顾客说："上次，我在你们商店买了一件衣服，后来我在其他商店也看到了一模一样的衣服，我才知道你们卖得并不便宜。"

推销人员说："上次，我们商店的衣服由于进价高了一些，如果你再在我们这里买衣服，我给你七五折，作为补偿。"

5. 应用建议

（1）使用这一方法的关键在于推销人员应尽快承认顾客的异议有道理，然后提出自己产品的好处作为补救，抵消顾客不买推销品的理由。记住，你越是纠缠对方那些站得住脚的理由，你做成这笔买卖的可能性就越小。

（2）注意所用推销方面的优点能够抵消甚至超过顾客所提的不足，如果一个优点不够，可以同时用数个优点来抵消缺点。

（四）转化处理法

1. 转化处理法的概念

转化处理法是推销人员将顾客异议正确的一面转化为顾客购买的理由，从而说服顾客完成购买行为的一种异议处理方法。转化处理法是一种有效的"以子之矛攻己之盾”的顾客异议处理方法。

2. 基本特点

转化处理法的优点是：①用积极的顾客异议来转化顾客对促成交易不利的异议，使之在最关键的问题上转换看法，进而转换态度，让顾客无法再提出新的异议，促使销售进入成交阶段；②具有很强的说服力，从而使推销人员变被动为主动，从“防守”转入“进攻”；③化顾客异议中的消极因素为积极因素，化销售障碍为销售动力，取得较好的销售功效；④它不仅使推销人员正视顾客异议，不回避异议，还有利于良好的合作关系的建立。其缺点是有时转化不当，弄巧成拙。

3. 适用范围

这种方法适用于顾客异议本身可能隐藏着可以转化的信息或矛盾。任何看法或意见都可以从不同的角度进行认识，如果顾客的意见正好是可以转化为有利的推销理由，推销人员可以巧妙地加以转化。

4. 参考范例

（1）顾客说：“价格又涨了。”推销人员就可以说：“是的，价格是涨了，而且以后还得涨，现在不进货机会就丢掉了。”

（2）一位推销管家婆软件的推销人员敲开顾客财务办公室的门时，这位顾客对推销人员说：“对不起，我很忙，没有时间和你谈话。”这时推销员不妨说：“正因为你忙，你一定想过要设法节省时间吧，我们的财务软件一定会帮助你节省记账、算账和报账的时间，我正是为帮助你们在工作上节省时间来的。”

（3）例如，顾客提出：“我的小孩，连学校的课本都没兴趣，怎么可能会看课外读本?”

推销人员可以说：“我们这套读本就是为激发小朋友的学习兴趣而特别编写的。”

5. 应用建议

要特别注意语气，不要太尖刻，不要给顾客听起来你在转化他的话来反驳。

（1）推销人员在肯定、赞美顾客异议的积极因素时，应做到诚恳热情，方式得当，以保持良好的销售气氛。

（2）推销人员必须认真分析与区别对待顾客的异议。在转化法中，顾客的正面异议是转化的基础，推销人员肯定与赞美的是顾客异议的实际性、合理性与积极性，其目的在于转化异议中正确的部分和积极的因素。因此，推销人员不能盲目地对顾客异议的内容一概加以肯定与赞美，而应在分析与判断的基础上，只肯定与赞美顾客异议中的正确部分与积极因素，转化顾客异议本身的矛盾去处理异议。

（3）向顾客传递正确的信息。推销人员在运用转化法时，应该正确分析影响销售的各种环境因素，分析影响顾客购买的各种因素，向顾客传达客观的、真实的、预测正确的信息，不能为了销售商品，不负责任地向顾客传递虚假信息，误导顾客，蒙骗顾客。

（五）询问处理法

1. 询问处理法的概念

询问处理法是指推销人员在未完全理解顾客异议的具体内容时，推销人员对顾客问题提出反问（询问）来了解顾客提出异议的原因，再对顾客真正异议加以处理的一种方法。

2. 基本特点

其优点是：①通过询问，推销人员可以了解到顾客的真正异议，获得更多的顾客信息，为进一步销售奠定基础；②如果询问得当，并带有请教之意，既可以为顾客提供有关的信息，又可以使销售保持良好的气氛与人际关系；③推销人员有较多的时间进行思考，并为制定下一步的销售策略提供机会；④推销人员从被动听顾客申诉异议转为主动地提出问题，与顾客共同探讨。缺点是：①推销人员询问过多，或询问不当，会引起顾客的反感，甚至产生抵触情绪；②由于顾客本来就有不少异议，在推销人员的进一步追问下又会引发新的异议，会造成对销售更为不利的局面；③推销人员对顾客的异议追问过猛，会破坏销售气氛并导致最终无法成交。

3. 适用范围

这种方法主要用于推销人员不能确定背景、动机的各种异议，它可以使推销人员处在主动的位置。在实际推销过程中，顾客异议的类型、性质与根源往往错综复杂，很难辨别，有的顾客异议只是顾客用来拒绝购买的一个借口，有的异议与顾客的真实想法完全不同，甚至有时顾客本人也无法说清楚有关购买异议的真实原因。这时，采用询问处理法就是最安全、也是最有效的方法。

4. 参考范例

（1）例如，顾客提出："报纸上说你们公司生产的药品有问题。"

推销人员可以说："您能谈谈报纸上对这种药品提出了哪些意见吗？或许我可以帮您弄清楚些事实。"

（2）推销人员说："目前你有哪一家银行的银行卡呢？"或者说："我很好奇，你之前拥有什么样的银行卡，你原来的银行卡已经用了多久？"

顾客通常会说："我用××银行的卡已经很久了，用起来也很方便，不打算另外办卡，银行卡办多了，管理起来很麻烦。"

推销人员说："是的，没错。但当时，你们办了这些银行的卡，是否让你们感到了方便和得到了好处呢？"

顾客常会说："是的。"

推销人员说："如果你们原来没有办银行卡，后来因为办了银行卡得到了方便和好处，你们不认为应该再探讨一下现在重新办理一张新型银行卡，会给你带来意想不到的好处吗？"

（3）顾客说："太贵了！"或者说："这种产品不适合我。"也有可能说："我只用××公司生产的洗发水。"

推销人员可以回答说："为什么你会觉得贵呢？"或者说："它为什么不适合您呢？你觉得它在什么地方让你感到不满意。"推销人员也可以回答说："宝洁公司生产的洗发水到底好在哪里？"

5. 应用建议

（1）推销人员应讲究销售礼仪，注意询问的语气要温和，要体现关切的心情。推销人员应研究询问的姿态、手势、语气，避免使顾客产生心理压力，在顾客面前不要居高临下，不要用严厉的语气追问顾客等，要让顾客在感到受尊重和被请教的情况下说出异议根源。推销人员在顾客回答询问后，应适时、灵活地运用各种面谈技术消除顾客异议，促使顾客购买。

（2）不要过多地追问，否则会引起顾客的反感。推销人员追问顾客的有关异议，只是为了弄清楚顾客拒绝购买的原因，因此，应从尊重顾客角度考虑，对于那些不会形成购买障碍的、顾客不愿意讲的，或者根本说不清的异议，就不要追问。在询问过程中，要观察顾客的心理活动表现，适可而止，不要把顾客逼到山穷水尽的地步。

（3）具体分析，有针对性地提出问题。对于那些对销售成交无关的、次要的或者是无效的顾客异议，则不应该进行询问。只对顾客的有关异议进行询问及了解，才能提高销售效率。

（4）注意在恰当的时间追问顾客，千万不可自以为是，无端冒犯顾客。只有及时询问顾客，才能了解顾客的真实想法，才能引导顾客把产生购买障碍的真正根源讲出来。

（六）沉默处理法

1. 沉默处理法的概念

它是指推销人员对于顾客所提的无关异议意见装作没听见、不予理睬或忽略放过的一种处理方法。当顾客提出的一些异议并非真的想要获得解决或讨论时，或者说顾客是随意说说而已的时候，推销人员可以采用一带而过，甚至不予答复的处理方法。

2. 基本特点

沉默处理法的优点是：①避免可能发生的不愉快，始终保持良好的洽谈气氛。②可以节省时间，回到推销产品的主题上。但这种方法也有其缺点：①如果运用不当，会伤害顾客的自尊心。如告诉顾客说："这种问题，也值得来问我吗?"等，诸如此类的说法。②如果推销人员判断失误，可能会失去真正的推销机会。

3. 适用范围

这种方法主要适用于这样的顾客异议：与推销毫无关系的、极其无聊的、恶意干扰的、容易引起激烈争执的、会破坏洽谈布局的、不处理也不会影响推销的顾客异议。

4. 参考范例

（1）例如，顾客说："你们厂怎么建在这个地方，真不方便。"尽管事实并非如此，你也不要争辩，你可以说："先生，请您看看产品……"。

（2）顾客说："喂，推销人员，你们公司的化妆品，为何不请张柏芝来拍广告?"。

推销人员："你问的这个问题，只有公司才能回答你，我们这些推销人员不清楚这些事情。请问先生，你要购买哪一种化妆品呢……"。

5. 应用建议

对于顾客的一些不影响成交的反对意见最好不要反驳，采用不理睬的方法是最佳的。推销人员千万不要与顾客争个输赢。顾客一有反对意见，你就反驳或以其他方法处理，那样就会给顾客造成你总在挑他毛病的印象。

（七）回音处理法

1. 回音处理法的概念

它是指推销人员先用相对温和的语气，就如同回音一样复述顾客异议，将对方说过的话完全重复一次，将顾客的问题重新抛给顾客的一种处理方法。

2. 基本特点

这种方法的优点是：推销人员可以先用婉转的语气和合适的说法复述顾客的意见，从而把它转化成正常的顾客异议，这样推销人员就可以按正常的方式处理。缺点是：一般难以直接加以解答，或者解答反而会惹怒顾客。

3. 适用范围

这种方法主要适用于带有强烈的情绪或明显的夸张成分的顾客异议。

4. 参考范例

顾客说："有小道消息说你们公司的产品质量最近出了问题？"

推销人员可以这样说："喂，你听谁说的，你讲的小道消息说的是什么呢？说出来，不妨让我听一听是否属实。"

5. 应用建议

推销人员只能减弱而不能改变顾客的说法，否则顾客会认为推销人员歪曲他的意思而对你产生不满。你可以复述之后问一下："您认为这种说法确切吗？"然后再说下文，以求得顾客的认可。

（八）使用证据处理法

1. 使用证据处理法的概念

使用证据处理法是推销人员使用各种证据来解答顾客各种反对意见的方法。

2. 基本特点

使用证据处理法的优点有：①推销人员拿出有力的证据，很容易让顾客产生一种信任感；②可以减少顾客所担心的问题，促进推销成功。但这种方法的缺点是：如果推销人员向顾客提供了不能让顾客产生信任感的证据，可能会导致推销失败。

3. 适用范围

这种方法主要适用于顾客真实而又有关的异议，特别是在新产品推销宣传推广中，经常会遇到出自不信任推销人员推销谈话的各种异议，这时推销人员可以使用各种证据。比如在进场谈判中，推销人员可以使用该产品在其他地区的销售状况来化解顾客的许多怀疑。

4. 参考范例

（1）黄鹂是洗发水推销员，一天她到某小区去推销。她敲开了一位女士家的门。黄鹂说："小姐，你好！我是某公司的小黄，我们公司最近生产出一种专业去屑洗发水，你看看。"

女士看了看说："到底这种洗发水能不能真正把头皮屑去掉呢？"

黄鹂说："就是因为它能真正去掉头皮屑，所以这种专业去屑洗发水就不太便宜。隔壁的两位年轻女士当初在购买时也觉得贵，同时也很担心这种洗发水不能洗掉头皮屑，但前几天她们都向我买了，而且她们还跟我说很好用呢！"

女士听了后说："喔，是这样，让我考虑考虑……"。

（2）顾客说："你卖的木地板甲醛含量有多高？"

推销人员说："我这里推销的木地板都是通过了国家质量标准的，你看这里还有绿色环保标志呢。"

5. 应用建议

（1）注意积累来自于第三方的有力证据。如来自于权威机构的证明、著名专家的认可证书、顾客的感谢信等。特别是目标顾客认识的人或企业的证明或评价对产品的宣传非常有效。

（2）使用的证据和理由必须实事求是，切忌凭空臆造，任意杜撰早晚有被识破的时候，其后果谁都清楚，推销人员及其公司都要为此付出惨重的代价。

（九）预防处理法

1. 预防处理法的概念

预防处理法是指推销人员在顾客尚未提出某些预知的异议时，抢先就顾客可能提出的异议内容进行主动处理的方法。

2. 基本特点

这种方法的优点是：①使推销人员争取主动，先发制人，提前纠正顾客的错误看法；②推销人员可以在事前针对顾客可能提出的异议，作好充分的准备。其缺点是：①预先处理顾客异议，如果用词或语气不当会给顾客造成心理压力；②预先处理顾客异议，还会形成异议的传染与扩散，使顾客失去购买的信心。

3. 适用范围

这种方法适合于顾客普遍要问，但推销人员可以很容易解决的异议。

4. 参考范例

（1）推销人员："你们很可能担心这种割草机会把你们的手割断？"

顾客会说："是的。这正是我们所担心的。"推销人员回答说："那好了，除非你们把自己的手放在割草机里；否则，割草机是不会把你们的手割断的。"

（2）推销人员："你们可能很担心，我们是否能准时交货。"顾客会说："是的。你提出的这个问题正是我们所担心的。"

推销人员可以这样回答："公司要求我们在 24 小时之内，准时把货物送到顾客手中；否则，我们会被公司扣发工资或奖金来补偿顾客损失的。"

5. 应用建议

（1）推销人员必须广泛收集资料，做好准备，敏锐观察顾客的心理与行为变化；

（2）看准时机，将说服与产品信息顺理成章地结合在一起；

（3）推销人员要淡化自己提出的异议，防止顾客提出新的异议。

二、顾客异议处理方法的应用

推销过程实际上就是一个顾客提出异议，推销人员不断消除顾客异议并促成交易的过程。顾客异议是不可避免的，顾客异议也并非都是消极的，关键是推销人员要运用正确的方法加以处理。如果推销人员能把顾客异议的处理方法融会贯通，并用来处理我们在上一节中所讲解的各种各样的顾客异议，那么推销成交就触手可及了。

（一）价格异议的处理方法

案例资料 6－1

这位推销人员对价格异议的处理正确吗？

推销人员说："你看，这是从意大利服装公司进口回来的，价格要稍贵一些，但做工更好一些。这条裤子不错，挺合您身的，穿上会显得更潇洒。"

顾客说："嗯……啊，还行吧，大概要多少钱一条？"

推销人员说："这条裤子卖 280 块钱一条！"

顾客说："哦，不过，这裤子的颜色我不怎么喜欢，我喜欢那种浅灰色的。"

推销人员说："我们这里裤子的款式多着呢。你再试试这条浅灰色的裤子吧！"

顾客说："这条浅灰色的裤子多少钱一条呢？"

推销人员说："120 元一条。"

顾客说："价格有一点贵。"

推销人员说："贵吗？像这样物美价廉的外来货还真不多。你到那边去看看外来货就知道了，价格会吓你一跳。更便宜的裤子穿起来就没有这么挺了，现在稍微好一点的也就是这么一个价格。"

顾客说："好吧，那就这一条吧。"

1. 情景分析

这位推销人员先遇到顾客提出产品异议，但通过这个案例的情景分析可以看出顾客提出的产品异议是假，他真正的异议是价格异议。顾客可能因为购买力的原因总希望价格再低些。这就意味着推销人员或者降低价格，或者增添商品。这位推销人员先采用比较法巧妙地把自己推销的产品与其他外来货进行比较，让顾客感到不贵。然后，这位推销人员又采用了回音处理法来强调自己推销的产品价格不贵，削弱顾客认为商品价高的认识。由于很多时候推销人员都无权降低价格，更不能轻易赠送商品，这就使得推销人员要运用一定的谈话技巧，让顾客看重商品价值，看轻商品价格，让顾客充分认识到商品的价值，得到心理上的平衡，得出商品便宜、购买值得的结论。这位推销人员一开始就以对比的方法稳住顾客，再抓住顾客恐惧的心理，使得顾客再没有理由讨价还价了。

2. 分析启示

推销人员除了可以采用比较法和回音处理法来处理顾客的价格异议外，还可以采用以下几种方法来解决顾客提出的价格异议问题。

（1）信誉差价法：在讨价还价的过程中，可以采用顶住价格强调信誉的办法，如提出及时发货、包退包换、公司的知名度高等条件打动顾客。

（2）价值差价法：强调商品的价格及顾客购进这批商品后将得到的利益，以降低顾客对价格的专注力。

（3）最低价格法：在推销洽谈进行到适当的时候，推销人员可以以摊牌的方式表明这是最低价了。运用这种方式，推销人员要注意留有余地，防止僵局的出现。

（4）预先处理法：在业务洽谈之前，我们可以向对方言明，我方的供货价格已经"定死"，并且因为公司的规定不能下调。

（5）补偿法：表明销售这一产品自己同样没有赚钱，完全是为了实现公司规定的销售额，希望这次顾客也能帮帮忙，并向顾客表明一定会在以后其他产品的合作上加以弥补。

（二）产品异议的处理方法

案例资料 6－2

推销员向顾客推销旅游鞋的技巧对吗？

推销人员说："这种旅游鞋是专门针对中学生的特点而设计的，现在的年轻人都喜欢时尚，这款旅游鞋设计很到位，穿起来也舒适。"

顾客说："我很喜欢这种款式的旅游鞋，可惜鞋料不太好，现在的中学生，特别是男生都很淘气，又喜欢打篮球之类的运动，这种质地的旅游鞋恐怕穿不到两天就会破，好看是好看，就是不耐穿。"

推销人员说："顾客都担心它不经穿。但是你看，这鞋底做得多结实，买鞋关键是看它的鞋底，还有就是穿起不湿脚，耐磨、抗拉等，顾客刚开始的时候，都认为这种鞋不耐穿，其实你们不知道这是一种新型材料做的，你孩子穿上后就知道它的优点了。"

1. 情景分析

这位推销人员较好地利用了但是法化解了顾客的异议。推销人员面对顾客提出的商品异议，不是先否定或反驳，而是在不同程度上肯定了顾客的看法，这种实事求是的销售态度易赢得顾客的好感与信赖，然后用事实与理由委婉、自然地指出顾客的观点并不全面，进而在尊重顾客，不冒犯顾客的前提下，较好地消除了顾客的异议。

2. 分析启示

（1）从但是法的基本思想来看，它不适用于那些敏感的、固执的、个性强且具有理智性购买动机的顾客，也不适用于研究性、疑问类型的顾客异议，而适用于那些因顾客的成见、偏见及信息不通而产生的异议，适用于武断性的、陈述性的顾客异议。简而言之，但是法适宜在"以柔克刚"的情况下应用。

（2）推销人员应注意选择好重新销售的角度。但是法成功的关键在于利用"但是"一词避开顾客异议之后，再从顾客可能会接受的新的角度、新的思维方法、新的内容，重新开展销售说服。推销人员应该充分利用顾客异议的正面根源，针对顾客的特点、异议的具体情况与商品的主要特色与优势，开展重点销售。

（3）推销人员应围绕新重点提供大量信息。推销人员在转换销售角度之后，应该围绕新的重点，针对顾客的心理特征与思维活动，重新开始向顾客提供足够的信息，进行有针对性的新的重点介绍，使顾客在新的信息介绍中获得新知。推销人员重新提供新的信息内容是但是法取得成效的关键。

（4）注意转换词的选择。在但是法中，可以使用的转折词有很多，比如"虽然"、"不过"、"然而"、"除非"、"诚然"、"但是"等。由于"但是"一词听起来显得生硬，让人觉得不太舒服，所以，在实际销售活动中，推销人员应针对不同的顾客选用不同的转换词，尽量做到语气委婉，转折自然，更好地消除顾客的不满情绪。

（三）服务异议的处理方法

案例资料 6－3

这位推销人员是如何处理顾客的服务异议？

推销人员说："现在好多家庭都装这种分体式空调机，噪音小、功能多。"

顾客说："这种分体式空调机只负责上门安装，又没有说上门维修，坏了不知道怎么办？"

推销人员说："您只是害怕这一点吗？那么您尽可放心，生产这种空调机的企业，在我市有特约维修服务部，随时可以上门维修、保养。您看商品说明书上都说明了维修服务部的地址和电话号码。"

1. 情景分析

这位推销人员比较好地运用了直接否定法排除了顾客的异议。在实际销售活动中，正确、灵活地应用直接否定法来处理顾客异议，不仅可以增强销售的说服力，还可以给顾客一个简单明了、不容置疑的解答，可以有效地节省时间，提高销售效率。由于直接否定法是推销人员直接反驳顾客意见，如果运用不当，极易使顾客自尊心受到伤害，甚至会激怒顾客，易使销售陷于困境，甚至导致销售失败。因此，直接否定法可能会使销售活动在顾客原有异议的基础上，又增加来自推销人员一方新的异议，增加新的销售障碍，使用时要小心。

2. 分析启示

(1) 直接否定法只适用于处理因顾客的无知、误解、成见、信息不足等原因而引起的有效顾客异议，不适用于处理无关顾客异议，不适用于处理因情感因素或个性问题引起的顾客异议，亦不适用于有自我表现欲望与较为敏感的顾客提出来的异议。

(2) 反驳顾客必须有理有据。运用直接否定法化解顾客的异议时，用以反驳顾客异议的根据必须是合理的、科学的，而且是有据可查、可见的。推销人员可以用摆事实、讲道理的方法对顾客的异议进行澄清和解释，注意销售说服的逻辑性，运用事实与逻辑的关系来说服顾客，化解顾客的异议。

(3) 应当始终维持良好的销售气氛。在运用直接否定法处理顾客异议时，推销人员应该明白反驳的只是顾客的看法、意见，而绝不是顾客的人格，更不是顾客的全部。所以，在反驳顾客异议的过程中，不仅要关心销售的结果，更要关心顾客的情绪与心理，做到态度友好真挚，用词委婉，语气诚恳，既有效地反驳顾客的异议，又不冒犯顾客，使顾客感到既消除了心中的疑虑，又增加了新的知识，从而创造出良好的交易氛围。

(4) 向顾客提供充分的销售信息。在运用直接否定法处理顾客异议的过程中，推销人员应始终坚持以销售信息的传递与提供为基础，以引导为手段，向顾客提供丰富的信息，以新的信息去反驳顾客的过时信息，以真实的信息去反驳顾客的虚假信息，以科学知识去反驳顾客的误解与成见等，解除顾客的误会，增加知识，增强顾客的购买信心。

(四) 需求异议的处理方法

案例资料 6-4

顾客的需求异议得到了解决吗?

一位中年女士走在街上，路过一家房地产公司的销售部。一位售楼小姐走上前来说："请进来看看我们公司新近推出的一批房源吧。"

顾客说："我不买房子，我已经买了一套房子，我进来只是想了解目前地产市场上房子的行情而已。"

售楼小姐说："早就买了一套房子了，明眼人一看，就知道你是一位善于理财的人。现在，你的房子已经翻倍了吧。"

顾客说："是的，早就已经翻倍了。我是买的××地段的房子。"

售楼小姐说："你真有眼力。你可以趁现在房子价格处于低谷的时候，再买一套用于投资，全球金融危机过了，国家经济复苏后，这个价格，你是买不到这个路段的房子了。"

顾客说："反正，我还有公积金，让我考虑考虑。"

1. 情景分析

这位顾客异议的类型属于需求异议，售楼小姐较好地应用了转化法处理了顾客的异议。肯定了顾客异议中正确的部分与积极因素，直接引证顾客的话，将顾客的异议变成说服顾客的理由，具有很强的说服力，从而使推销人员变被动为主动，从“防守”转入“进攻”，有利于销售工作的进一步开展。

2. 分析启示

转化法是一种有效的顾客异议处理方法。它不仅使推销人员正视顾客异议，不回避异议，有利于良好的合作关系的建立，而且还可以调动顾客的积极性，化顾客异议中的消极因素为积极因素，化销售障碍为销售动力，取得较好的销售功效。另外，转化处理法是用顾客之矛攻顾客之盾，使顾客在最关键的问题上转换看法，进而转换对销售介绍的态度，并且可以使顾客无法再提出新的异议，促使销售进入成交阶段。

（四）权力异议的处理方法

案例资料 6－5

推销人员是怎样来刺探顾客的权力异议的?

推销人员说：“您想看一下我们公司新进的豪华办公桌吗？您看一下这个品牌，这是最新推出的，油漆好，耐磨，不掉色，把它们摆放在你们公司，会彰显你们公司老板的身份和实力。”

顾客说：“这种办公桌确实不错，不过我们和××厂已有十几年的协作关系，现在要换这么豪华的办公桌我可做不了主。”

推销人员说：“总务处长，您真会说话，您做不了主谁能做主?”

1. 情景分析

这位推销人员巧妙地运用询问法来应对顾客的购买权力异议，采用询问法，推销人员可进行一步了解顾客，获得更多的顾客信息，为进一步销售奠定基础。如果询问法运用得当，必然带有请教之意，既可以为顾客提供有关的信息，又可以使销售保持良好的气氛与人际关系，推销人员还有较多的时间进行思考，为制定下一步的销售策略提供机会。另外，推销人员也能从被动听顾客申诉异议转为主动地提出问题，与顾客共同探讨。

2. 分析启示

推销人员在采用询问法来处理顾客异议的时候，要注意提问的技巧。推销人员可采用的提问方法有：

（1）封闭式提问法。在一定范围内引出顾客肯定或否定答复的问句，再挖掘出谁是具有真正购买力的人。例如，推销人员说：“你签了字就作数了吧，不必再找其他人了吗?”，实际上，这句话是要让对方作是或否的回答。

（2）开放式提问法。即在广泛的领域内引出广泛答复的问句，这种问句无法以“是”或“否”等简单字句答复。例如，推销人员说：“公司要购买复印机，一般由谁来负责。”

（3）引导性提问。即对答案具有强烈的暗示性的问句。推销人员操纵顾客按自己所设计的答案作答，有不可否认的引导性。例如，推销人员说：“如果你不拍板，谁还敢拍板呢?”

（4）证实性提问。即针对对方的答复重新措词，使其得以证实或加以补充的一种问句。

例如，推销人员说："我就知道你有权力签字。"

（5）探索性提问。即对对方的意见或回答进行引申、试探的一种问句，这种提问不仅可以发掘更多的信息，而且可以起到探测的作用。例如，推销人员说："你不是那种婆婆妈妈的女人，你买东西不会回家与老公商量吧？"

推销人员在处理顾客异议可以时综合应用各种处理顾客异议的方法，在处理顾客异议时应该注意以下几个方面：

（1）不要让顾客感到推销人员在强迫他购买。这样，顾客会感到反感，在诱导顾客购买推销品的时候，不要向顾客发布命令。

（2）要有目的地向顾客提问题。在销售商品的过程中，要有目的地向对方提问题，盲目地提问是毫无意义的。

（3）要用温和肯定的语气提问。提问的语气不同，对方的反应就不同，得到的回答也不同。用肯定的语气与人交谈，会给人以可信可亲的感觉；反之，用否定的语气与人交谈，则给人以疏远疑惑的感觉。

本章内容小结

顾客异议是顾客对推销人员或其推销产品、推销活动所做出的一种形式上表现为怀疑、否定或反面意见的反应。它既是成交的障碍，也是成交的信号。

顾客异议是企业的信息源。顾客的异议有时是推销成交的信号，推销人员可以从中获得三类信息：①确认进一步劝导顾客的最好时机；②了解顾客的新需求；③发现企业产品及工作中存在的问题。

推销人员在推销洽谈过程中，倾听了顾客的异议后，应认真分析并及时总结顾客异议。应该立即处理的，就不要拖延，以免影响推销成交；须请示上级主管的，要在请示后，再行处理；该延迟处理的，就要采用冷处理方法来处理；无须处理的，就可以保持沉默。

只有掌握了顾客异议以及处理的方法，从中得出关于顾客异议的发展变化情况及其处理方法的心得体会，才有利于推销工作的开展。

本章内容模块

第六章　顾客异议的处理

模块一 顾客异议的概述
1.顾客异议的概念
2.顾客异议的根源
3.顾客异议的原则

模块二 顾客异议的类型与分析
1. 顾客异议的基本类型
2. 顾客异议的具体类型

模块三 顾客异议的处理方法
1.处理顾客异议的方法
2.顾客异议处理方法的应用

本章思考题

1. 如何辨别顾客异议的类型？
2. 你感到顾客异议难以处理时，可采取什么样的处理方法？
3. 顾客异议的根源是什么？处理时应遵循哪些原则？

第七章 推销成交策略

◆ **学习目的和要求**

推销成交策略中的方法有很多，但是不管采用什么推销成交的方法，都必须在推销的开始，而不是在结束时，将好的建议种子植入客户的脑子。这些种子会留在客户头脑中，生根发芽。在推销结束时，客户就会感到这些建议或思想是他自己固有的。

通过本章的教学应使学生掌握以下几个方面的内容：

1. 推销成交概述；
2. 推销成交方法；
3. 推销成交业绩。

走进推销

如何和顾客达成交易？

约翰是一位口才不错的推销人员，但是他的销售业绩却很差。有一天，他的主管布朗陪他去销售自动售货机，他们来到顾客的办公室，顾客说："两分钟后我还有一个重要的会议，因此你们要快一点。"约翰开始苦干起来。他按下按钮，不断向顾客展示如何操作自动售货机，弄得自动售货机嗡嗡作响。然后，他又告诉顾客说："这种自动售货机可以配出17种不同口味的饮料，靠的就是超高温的沸水和流动的水蒸气，自动售货机在使用时，会有些危险。"

话音未落，顾客就吼叫起来："滚出去！滚！滚！滚！"后来他的主管布朗告诉他："实际上，顾客在我们到达后的半小时，就答应买下自动售货机了。而你倒是花上一个小时，让他发现自动售货机的缺点，结果还被轰了出来。"

其实，约翰只需简单地说一句："我们不会耽误你开会的，先生，你最喜欢喝什么咖啡？"然后，从自动售货机中倒出来不就行了吗？

问题讨论：

1. 约翰的问题出在哪里？
2. 面对这样的顾客，你该采用怎样的成交策略？

（资料来源：宁一．犹太商人的交谈策略．1版．北京：中央编译出版社，2004.）

案例分析：

因推销过程太长而未能实现成交。顾客是各种各样的，许多顾客并不都需要一个完整的推销展示过程，所以当顾客已经表示“买”时，若还在按部就班地进行推销“演示”就是画蛇添足了。

第一节 推销成交概述

推销人员在前面所做的寻找顾客、对顾客的资格进行审查、约见顾客、与顾客洽谈和处理顾客异议，都是想要达到推销成交的最终目的。因为没有推销成交，就意味着所有的推销工作都是白干。聪明的推销人员会动脑筋去思考如何促使顾客购买商品，实现推销成交。

一、什么是推销成交

推销成交是推销人员通过自己的说服等一系列推销活动的开展，促使顾客购买商品或接受服务实现交换的过程。

推销人员要帮助顾客做出使双方都受益的购买决策。我们可以从以下几个方面来理解推销成交：

（1）推销成交是推销前期工作做得好坏的积极反应；

（2）推销成交是顾客接受推销人员建议的渐进过程与结果；

（3）推销成交是顾客接受推销人员建议并立即购买推销品的行为；

（4）推销成交不是推销的结束，而是下一次推销的开始。

美国汽车销售大王乔·吉拉德曾经说过一句话：“推销产品之前，先推销你自己。”他解释说，人们愿意与自己喜欢的人做生意。因此，推销人员在促成顾客交易的过程中要表现出诚恳、随和，并且在介绍自己的公司及其商品的时候要充满信心。只有顾客在信任推销人员和他所代表的公司时，才会认可推销人员销售的产品，才有可能获得推销成交。

事实上，推销人员的关键工作就是要挖掘商品的卖点，并把它简明扼要地介绍给顾客，让顾客接受推销人员的建议，做出购买的决定。推销人员在介绍商品时一定要对自己代言的商品了如指掌，才能做到从容不迫。如果推销人员对顾客的提问不知所措，或者不能给顾客做出一个满意的答复，推销成交是很难的。

二、识别顾客成交意愿的信号

顾客在成交阶段的心理活动会变化无常，当顾客有购买意图时，会在语言、行动等其他方面表现出来。顾客成交信号未必就会转化为现实的购买行为，但它是推销人员抓住推销成交的有利时机。顾客成交的信号可以归为以下几个方面：

1. 语言信号

（1）顾客有肯定语言。如“我就是打算买这种款式的商品”。

（2）询问有关产品的相关问题。顾客会对产品的运输、存管、拆装、使用与保养、质量保障等方面进行询问。如顾客有可能会说：

"什么时候能送货上门?"

"怎样存管、拆装，才能避免商品出现损坏?"

"商品在使用与保养的过程中，要注意哪些问题?"

"产品质量出现了问题，会履行'三包'吗?"

顾客在有成交意愿时，会在乎商品的很多细节问题，推销人员这时要有耐心地讲解并在适当时机，暗示顾客购买。

（3）用假设的口吻与语气来讨价还价。

"假如我们购买，你们有什么优惠？折扣可以降低吗?"

"假如我们马上购买，你们能否及时送货?"

（4）顾客向推销人员提出一些请求。

"你说你的产品好，你们敢让我们试用一段时间，再付款吗?"

"能到我们的公司去与我们的经理谈吗?"

2. 动作信号

（1）顾客动作放松，神情平静地耐心听推销人员的介绍或解释；

（2）在同一类商品不同品牌前徘徊不走，不时地停下来细看、触摸某一商品；

（3）直奔某类商品的陈列架，将商品拿下又放上；

（4）去看其他商品时，又回头看先前看过的商品；

（5）顾客主动靠近推销人员，询问产品的有关情况。

3. 表情信号

顾客的面部表情会因其购买心理活动的变化而变得丰富多彩。顾客刚开始与推销人员接触时，通常会严肃、冷漠，一旦顾客有购买意图时，会对推销人员表现出热情、兴奋、信任和友好。下例是顾客在成交过程中的常见面部表情：

（1）眉头舒展，原先做作的微笑归于自然；

（2）眼珠转动加快，好像在想什么问题；

（3）紧闭的嘴唇变得放松；

（4）视线随着推销人员示范的商品而移动。

当然，在实际的推销成交环节中，还有很多可以让推销人员识别和把握的顾客成交意图的信号，我们在这里就不再一一举例。推销人员面对顾客表现出来的购买意愿要善于辨别，因为顾客的成交意图信号有些是真实的，有些是虚假的。因此，推销人员要学会察言观色，积累经验才能准确判断顾客成交的正式意图。

三、推销人员在推销成交过程中常见的错误

推销人员不能获得推销成功的原因是多种多样的。有些可能是顾客对商品认识不够或购买力不足所致；有些可能是商品的功效、品牌、价格等方面所致。如果商品和顾客本身没有问题，问题出在推销人员的推销成交技巧方面，那就太不值得了。妨碍推销成交的低级错误很多，推销新手最容易犯的错误主要表现在：

（1）对商品的卖点挖掘不够准确，夸大用途和功效，节外生枝。通常，推销人员在顾客面前说明了商品在功能、用途、价格、质量、服务、存放和保养的优势后，并不等于顾客就完全认同推销人员的介绍。除此之外，在顾客眼中，商品的好处还包括：

省钱、赚钱、省时、方便、提高他人的认同感、安全、方便、满意、地位、健康等。

推销人员应向顾客说明商品的优势卖点，不要夸大商品的用途和功效，自相矛盾，在介绍商品的卖点时，不要画蛇添足、节外生枝。

（2）提问不当，自断财路。比如，捕捉到顾客成交信号时，问顾客“打不打算买”，这一问法给了顾客两个选择答案，顾客有时会犹豫不足。如果顾客回答“不买”，成交就意味着失败。

（3）过于急切，吓跑顾客。过于急切，让顾客觉得你心怀叵测，不是商品有问题，就是价格有问题，因为顾客总是怕吃亏。

（4）喜形于色，致顾客生疑。喜形于色会让顾客误认为推销人员占了便宜，如果顾客观察到这一点的话，顾客很可能改变主意，告诉推销人员“不买了”。因此，即便推销获得成功，推销人员也要控制自己的情绪，甚至要让顾客感到推销人员是在自己没有赚钱的情况下卖给他的。

（5）热情过分，让顾客产生压力。理智的顾客喜欢自己判断，过分热情，让顾客感到不买过意不去，买又怕买得不适当，于是，原本打算买又怕难为情，干脆走掉算了。

（6）卖弄口才，唱独角戏。目前，市场上的商品琳琅满目，推销人员都会说自己的商品很好，但顾客却不会那样认为。顾客反倒会认为推销人员在那里“王婆卖瓜，自卖自夸”。重要的是顾客如果认同商品，推销人员无需费口舌，他也会掏腰包；反之，顾客没有认同，推销人员说三天三夜也没用。推销人员在推销成交环节，语言要精练，恰到好处。

（7）死要面子，强行争辩。犹太商人有句名言：“不要赢了嘴巴，输掉了金钱”。推销人员在顾客面前得理也要让顾客三分，尽量顺着顾客，让顾客在口头上感到自己占了上风。这时，推销人员要巧妙地牵着顾客的鼻子走，提出交易，最后才能获得生意上的成功。

（8）不敢或不善于成交。有些推销人员害怕向顾客提出成交，其实推销人员要树立起推销成交对顾客有利的意识，千方百计使顾客自始自终顺着自己的思路走，直到达到推销成交目的为止。尽管推销人员不能有任何强迫的态度和做法要求顾客按自己的意志办事，但仍然应当积极引导、鼓励顾客发表观点和提出要求，观察其反应，抓住推销成交的主动权。

总之，推销人员在促成交易的过程中要尽量避免一些本不该犯的错误。

第二节　推销成交方法

一、推销成交的基本方法

推销人员除了用简单明确的语言，向顾客直截了当地提出购买建议外，还可以采用下列方法来做好推销成交工作。

（一）次要问题成交法

从心理学的角度看，顾客一般都比较重视一些重大的成交问题，轻易不作明确的表态；相反，对于一些细微问题，顾客往往容易忽略，决策时比较果断、明确。这种方法利用了顾客的这种心理，避免了直接提示重大的和顾客比较敏感的成交问题。在推销过程中，顾客有许多次要的问题，如发货日期、付款方法、购买量、价格等。当顾客觉得价格太贵或不好直接要求顾客购买大量的商品时，运用这种方法最有效。同其他方法一样，要想使这种方法生效，首先要让顾客热衷、渴望这种商品。

次要问题可分为两种情况：一种主要是指顾客对项目细节提出一些异议，而这些细节又无伤大雅，此类问题对签约实在不构成威胁，如“物品的包装材料的选用之类的问题”。第二种情况是指顾客很看重的成交问题，推销人员要尽量让顾客感到那是微不足道的。例如，当顾客认为商品价格太贵时，推销人员要使用这种成交方法的技巧就是要把价格降到微不足道的程度，向顾客表明，他肯定能买得起，而且钱对顾客来讲是一个次要的问题。事实上，任何人都能买得起。我们来看这种方法促成交易的语言技巧和动作技巧。

【参考范例】

“赵先生，这件服装才600元，每月50元（600元÷12个月）。这比一包烟或买一杯咖啡的价格贵不了多少。（稍停）把抽烟或喝咖啡的钱节约起来，这件衣服就归你了。赵先生，我知道你能买得起，人人都能买得起，怎么样，考虑一下？”（记住，要用计算器算出结果，并拿给顾客看。）

次要问题成交法的优点是：①成交氛围好，顾客压力不大；②可切换细微问题，直到达成交易。不足之处是如果推销人员时机、要点把握不好，采用“小点”或次要的方法来推进成交，容易失去大买卖。

（二）假定成交法

假定成交法是指推销人员假定顾客已经接受推销建议，只需对某一具体问题做出答复，从而要求顾客购买的一种成交方法。它回避了是否购买的问题，直接进入成交阶段，它可以把顾客的成交意向直接转化为购买行动。

推销人员对老顾客、依赖型顾客、已发出购买信号的顾客、重大异议已排除的顾客可以采用这种方法。通常使用的语言是：“这次准备开点什么货？明天发货你看可以吗？”

大胆用“如果”、“假设”，顾客会“以假当真”，成交的机率就会大大提高。

【参考范例】

(1)“先生！如果您想买保险的话，当然，我并不是要求您现在投保，而是说‘如果’而已，如果您要投保，您的受益人是谁呢？”

(2)“如果附有赠品的话，每件您愿支付的买价是多少呢？”

(3)推销人员说：“如果您要购买本公司的产品，您会选购那一种物品呢？我的意思是‘如果’罢了。”

“嗯！如果要我选择嘛，我可能会选购……吧？”

推销人员接着说：“谢谢，如果您能确定您所需物品数量的话，那我们必定会减价优待您，另外如果您真的想购买本公司的产品，需要量是不是差不多×××……呢？”

“别开玩笑了，我们顶多需要×××……。”

“既然如此，那何时交货较好呢？”

推销人员又继续说：“我们大概于两个月后的25日购进新的物品。”推销人员可用以上的言辞将整个商谈活动引进最后的成交阶段。

这是一种具有诱导作用的说话技巧。推销人员使用“假设”、“如果”这类言辞来询问对方，在引进最后的成交阶段后，有时还要做出直接或间接地拿出合同或订单试探顾客成交的意图，顾客将会轻松地说出自己的真心话，推销人员可据此继续推进成交。

(4)“如果你穿上这套服装，整个人都会变样，起码年轻10岁。”

利用以上的词语，让顾客运用自己的想象力，进而对产品留下美好的印象，如此言辞也将变得强而有力，销售活动当然进行得更为顺利。

假定成交法的优点是：减轻因决策而给顾客带来的心理压力；避免顾客拖延时间。缺点是顾客异议没有得到解决会导致顾客反感。注意看准顾客类型、成交信号。

（三）选择成交法

这是常用的、非常受欢迎的方法。“不是A，就是B”。记住！给顾客选择时一定不能超过两个，否则他会迷惑不解。可以这样问：“您是首付20%呢还是首付30%”。

选择成交法是推销人员直接向顾客提供一些购买决策选择方案，并且要求顾客立即购买推销品的一种成交方法。它是假定成交法的应用和发展。推销人员可以在假定成交的基础上，向顾客提供成交决策比较方案，先假定成交，后选择成交。推销人员给顾客的选择方案不要太多，因为太多了以后，顾客会不知所措，反而会对购买的商品犹豫不决，“二选一法”是应用选择成交法的最好技巧。

当推销人员发现时机已经成熟时，不必问顾客买不买，而是在假设他买的前提下，在两个备选方案中，问他一个选择性的问题。

【参考范例】

(1) 假设一位女士想买手机，你就问他：“您是喜欢白色的，还是红色的?”

(2) 如果推销人员卖汽车，可以问顾客：“在选用设备中，您比较喜欢手动档还是自动档呢?”

(3)“您觉得我们是今天下午送货，还是明天早上送货到您家比较好呢?”

推销人员提供在规格大小、色泽、数量、送货日期、收款方法等方面的两种方案让顾客任意选择。

心理学上有个名词叫做“沉锚”效应：人们在做决策时，第一信息对思维影响很大，初次信息会像沉入海底的锚一样，把你的思维固定在某处。推销人员给顾客提供不同的第一信息，会对顾客的购买决策施加不同的影响，推销人员要应用这种方法来促进成交。

知识链接

“沉锚”效应

有两家卖粥的小店，左边这个和右边那个每天的顾客相差不多。然而晚上结算的时候，左边这个总是比右边那个多出百十来元。天天如此。于是，有人走进了右边那个粥店，看看究竟是怎么回事儿。

服务员微笑着把那人迎进去，给他盛好一碗粥。问他：“加不加鸡蛋?”那人说加。于是她给那人加了一个鸡蛋。每进来一个顾客，服务员都要问一句：“加不加鸡蛋?”有的说加，有的说不加，大概各占一半。那人又走进左边的小店。

服务员同样微笑着把他迎进去，给他盛好一碗粥，问他：“加一个鸡蛋，还是加两个鸡蛋？”那人笑了，说：“加一个。”再进来一个顾客，服务员又问一句：“加一个鸡蛋还是加两个鸡蛋？”突然间，那人明白了这家店成功的秘诀。

（资料来源：杨华．金牌推销员直销话术．北京：中国民航出版社．）

选择成交法的优点是让顾客购买商品的心理负担小。缺点是可能使推销成交失去机会。在采用选择成交法时，要注意：①限制选择范围；②应向顾客提出可行性方案；③选择权与主动权合理使用；④推销人员在适当时要帮助顾客选择。

（四）富兰克林成交法

富兰克林成交法是指推销人员就产品所具有的优势或缺点，在成交中以一种积极的方式集中加以概括，让顾客认可产品的优势并最终促成交易的一种方法。

推销人员讲：“你看我们的产品，性能不错，价格又很低，外观很漂亮，买一台肯定不吃亏。”这是一种富兰克林成交法的语言技巧。有时又称为总结利益成交法，它是美国推销大师富兰克林惯用的成交方法。在美国，人们把富兰克林看成是最聪明的人。他遇到问题举棋不定时，会拿出一张纸，从中间划一道，将‘利好’和‘坏因素’全都列出来，分析得失……

其基本技巧是：

（1）把推销产品的利益优势和购买理由写在右边；

（2）把购买产品的反对理由写在左边；

（3）多记录购买理由，反对理由采用不理睬、不记录或少记录的方法；

（4）解决放弃购买的理由，总结肯定产品的利益优势，让顾客赞同购买。

【参考范例】

有一位推销人员向一位女士推销沙发座椅，这位女士觉得沙发不够柔软，正处于一种犹豫不决的状态之时，这位推销人员拿出了纸和笔，采用总结成交利益法来帮助这位女士做出购买决定。（见图 7－1）

同意购买的理由	反对购买的理由
沙发结实、不塌陷	沙发硬、重
可送货上门	价格较贵
款式新，花色大方	……
不喜欢可在 15 天内退货	
……………	

图 7－1　克结成交利益法

这位推销人员针对顾客认为“沙发硬和重、价格贵”的反对购买的理由做出解释。推销人员说：“沙发之所以硬是因为它里面的内物是海绵做的，不是用旧棉絮做的，故人们坐在上面觉得不够柔软，但旧棉絮做的沙发刚开始舒服，但时间长了以后，沙发容易塌陷，影响沙发的外观。沙发的支架是用钢材做的，而不是用木头做的，这是你感到沙发重的原因。要知道用钢材做的支架使用的时间可长呢！因而，沙发价格比普通沙发稍贵一点。”

这位女士说：“可能就是这两个原因，导致了沙发硬和重、价格贵的原因。既然如此价格贵一点也在情理之中，我打算买下来。”

富兰克林成交法的优点是：①有助于顾客认清产品或服务的优点和缺点；②给顾客好的建议，消除顾客心中的顾虑；③可采用书面或简单的口头方式。不利之处是：①有时顾客会不耐烦；②对顾客的顾虑处理不到位，会引起争论，不利于成交。

注意的问题：如果销售人员在最初使用“富兰克林”成交法时就遭到了顾客的拒绝，那么你根本就不会弄清顾客愿意购买或不愿意购买的真实原因，接下来你也无法继续开展相应的、有针对性的销售活动。而遭到顾客的断然拒绝，这种现象在实际的销售活动中时有发生。所以，对于销售人员来说，使用“富兰克林”成交法的前提也是关键就是要说服顾客愿意与你配合，然后才能在此基础上引导顾客逐步做出成交决定。

推销人员说服顾客与自己进行积极配合，针对顾客提出的种种拒绝理由引导顾客做出成交决定的技巧有：诚恳告知顾客你在帮助他们做出正确决定。在采用“富兰克林”成交法之前，推销人员应该通过自己积极的表现和诚恳的态度赢得顾客的信任，告诉顾客你只是在帮助他们分析做出成交决定对他们的实际利弊，分析的结果出来后顾客可以自己斟酌。如果顾客拒绝写出理由的原因是因为怕耽误时间或其他原因，销售人员则可以根据顾客提出的这些具体原因进行突破。

（五）紧迫成交法

紧迫成交法又称为压力成交法，是推销人员利用推销时机、推销政策来给顾客创造紧迫感的一种成交方法。这种成交法对那些已对产品动心的顾客，或者是那些准备买，但又有点彷徨失措的顾客最管用。紧迫成交法可利用机会和优惠演化为两种推销技巧。

第一种技巧方法，是推销人员向顾客提示最后优惠成交期。推销人员利用优惠期快到来给顾客无形施加购买的紧迫感，促使顾客尽快做出购买的决定。因为顾客害怕优惠期结束后，自己会丧失利益。

【参考范例】

“如果现在订货，价格可以优惠一些，等展销期一过，价格会恢复到原来的水平，到时我不能保证你还可以享受到优惠价。”

第二种技巧方法，是推销人员向顾客提示商品量有限。人们一般都有“机不可失，时不再来”的心理认识。顾客也是如此，总是对自己失去的东西才感到珍惜。有利机会一旦错过，将会追悔莫及。抓住顾客怕买不到商品的心理，让顾客自己给自己一种紧迫感来促成交易。

【参考范例】

推销人员说：“我刚才说过，黄先生，这种户型的房子只有两套了。刚才，有对年轻夫妇正在签单办手续，买走了一套，也就是说，现在只剩最后一套了。如果你再犹豫，你就会错过这次机会，错过送价值1500元/㎡的装修优惠。（停一秒钟）怎么样，考虑一下吧？”

推销人员还经常会对顾客说：“存货有限，欲购从速。”在这些例子中，顾客的恐惧来自怕失去产品，怕错过机会，怕吃亏。利用顾客求利的心理，以恐怕会失去优惠的语言来影响顾客的心理活动。这是一种用来创造紧迫感的压力成交法。这种成交法对那种心动而犹豫不决的顾客最管用。例如：

（1）“项目热销，不赶紧决定，就要失去这种权力。”

（2）“某一经典户型快销售完了。”

（3）“价格很快会上升或折扣期限已到期。”

紧迫成交法的优点是：利用顾客怕买不到商品，失去优惠的心理效应，增强成交可能性。缺点是有时顾客会认为这是推销人员的一种销售策略，不太相信。因此，推销人员要用巧妙的语言，不知不觉地给顾客制造紧张感，让顾客渴望买到商品。而且还要让顾客相信这些政策是真的能给他带来实际好处的。

（六）亲子成交法

亲子成交法是推销人员利用顾客热爱子女的心理，通过顾客的孩子向其施加成交压力的方法。推销人员在采用这种方法时，必须要了解顾客是否有年龄合适的孩子。初次访问有子女的家庭时，应该带小礼物，或能和小朋友玩的小宠物，以获得孩子的喜欢来达到推销目标。

【参考范例】

上周六在某公园我看到这样一幕：一位年轻的太太，推着一个大约不到一岁的孩子，正往前走着，从旁边走来一位老太太，和这位年轻的妈妈聊了起来，边聊边笑嘻嘻地抱起孩子说，“这孩子真胖，长的像你，多大了？”那位年轻的妈妈边笑边回答。接着老太太把孩子放到小车上，从她随身带的包中拿出两个小背心。“唉，我那儿媳妇下岗了，卖点小东西，这两件是断码的，全棉，你看这孩子穿上准好看。”老太太看到那位年轻妈妈不愿意买，又指着她的产品说，“这两件你要是都要了，每件便宜五毛钱，每件四元，你回去打听一下，要是买贵了，我以老太太这把年纪担保，我再赔你四件”。最后这位年轻的妈妈看了看，并不十分情愿地买了两件。（本文来自：温州科技职业学院市场营销课程组）

分析这位老太太的推销技巧共有三步：①采取夸奖孩子“真胖”，亲情沟通；②介绍产品，“断码”没有质量问题；③价格打折，“每件便宜五毛钱”等技巧。这位老太太就是使用了亲子成交法来获得推销成交的。

亲子成交法的优点是节省推销时间，让孩子说服顾客更容易。缺点是利用孩子，有时会让顾客处于“买”与“不买”的尴尬境地。推销人员在使用这种方法时，关键是亲近孩子，拉近与顾客的距离，让他们接受产品。

（七）直接请求成交法

它是在推销人员接到顾客的购买信号后，用明确的语言向顾客直接提出购买的建议，以求成交的方法。例如，“既然已没有什么问题，我看咱们现在就把合同订下来吧。”这种方法一般适用于老顾客。而且推销人员要对最后的成交有把握。

请求成交法主要适合拖时间，但有明显购买倾向的顾客；对异议已解决的顾客；购销双方对互利的结果充满自信的顾客。

【参考范例】

（1）“既然你对这件产品满意，就把它买下来吧”。

（2）“张总，你对我们的产品销售前景如此看好，那你购一批货回去卖，怎样？”。

（3）“不要再犹豫了，你再到别的地方去看，他们的产品还不如我的产品好，既然你想买这样的产品，就把它买下来吧”。

这种方法的优点是可以加快顾客购买决策的速度。缺点是提建议语言不当，会给没下决心购买的顾客带来压力。

（八）从众成交法

它是推销人员利用顾客从众心理促成购买的方法。顾客的购买行为除了受自身因素的影响外，还受社会购买环境因素的影响。顾客会把大多数人的购买行为作为自己购买行为实施的一个依据。推销人员利用这种心理，用暗语去影响顾客的心理，进而操纵顾客的购买行为。这种方法通常使用的语言有很多。

【参考范例】

（1）“这是今年最流行的款式，你穿上一定漂亮，我们刚进了十套。今天已经卖出了三套，你买一套吧，它很适合你。”

（2）“像你这种年龄和职业的人到我们这里来买房的人很多，我们的房子就是专门为你们这种阶层的人打造的。”

（3）“很多年轻人都选择这种价位和型号的汽车，我们今天已卖出去了 3 辆。”

（4）一位年轻的男士来到服装店前，我见他仔细地观看了挂在衣架上的几款“培罗门”牌羊毛衫。接着，我在他选羊毛衫的时候，恭维了他一句：“小兄弟真有眼力，很多人都喜欢这种款式。”这位顾客说：“请问这件多少钱?”“168 元”我回答。最后，顾客爽快地回答说：“好，我要了。”

从众成交法的优点是利用顾客的从众心理倾向来证明顾客购买产品的正确性。缺点是如果顾客不喜欢从众，而喜欢标新立异，就会弄巧成拙。推销人员在采用这种方法时要善于辨别顾客的类型，有时不妨用试探性的语言去处理，避免出现差错。

（九）保证成交法

它是指推销人员向顾客提供某种成交保证，消除顾客成交心理障碍来促成交易的方法。因为顾客购买商品时总是怕在价格、质量、维修等方面吃亏。推销人员说：“你放心好了，如果有问题，我们公司包退”。这就无疑像是给顾客吃了一颗定心丸一样。

【参考范例】

（1）“我们出售的轿车操控性好，你可以试驾感受一下，我们公司提供的保修期是 2 年。”

（2）“我们出售的包都是真皮的，假一赔十。”

（3）“我们的产品售价是最低的，如果你在其他地方发现更低售价的产品，我们包退。”

保证成交法的优点是直击顾客的成交心理障碍，消除疑虑，让顾客买得放心。缺点是推销人员在向顾客作保证时，切不可过度保证，以免出现意想不到的麻烦。

二、几种推销成交方法的运用以及需要注意的问题

（一）次要问题成交法

次要问题成交法是指推销人员利用成交次要问题来间接地促成大的交易的一种成交方法。次要问题，即较小的、次要的成交问题。推销人员通过小的成交问题和次要问题的解决，逐步过渡到大的交易。如推销人员对顾客说：“赵厂长，设备安装和修理的问题由我们负责，如果没有其他要求，我们就这样定下来了。”推销人员没有直接提示购买决策本身的问题，而是提示设备安装和修理等售后服务的小问题，先促成次要问题成交，再假定大点成交。在这种情况下，只要赵厂长接受了次要问题成交条件，

推销人员就可以假定顾客已经决定购买推销品，最终促使交易成功。次要问题成交法是以假定成交法为基础的，推销人员假定只要次要问题成交，就能大点成交。次要问题成交法具有十分广泛的用途。推销人员在运用次要问题成交法时应注意以下的问题：

（1）必须找准成交次要问题。次要问题成交法利用顾客的成交心理活动规律，避开了直接提示重大的成交决策问题以及顾客比较敏感的问题，直接提示成交的有关条件以及顾客不太敏感的购买决策问题，这样就可以把顾客的成交注意力集中在有关成交的一些次要问题上，减轻顾客的成交心理压力，造成有利的成交气氛。但是，如果推销人员滥用次要问题成交法，错误地提示成交次要问题，就会分散顾客的成交注意力，造成不利的成交气氛。成交次要问题即次要问题的选择与确定，就成了运用次要问题成交法成败的关键。推销人员在使用次要问题成交法时，应直接针对顾客的个性特征和购买动机，认真分析把握顾客的需求，找准次要问题，诱发顾客的购买欲望，创造良好的成交气氛。

（2）要充分利用各种成交信号。从推销学的理论上来讲，成交信号可以转化为成交次要问题，成交次要问题也可转化为成交信号。在使用次要问题成交法时，推销人员要充分利用各种成交信号，直接把成交信号转化为成交次要问题，看准成交信号，提示成交次要问题，促成次要问题成交，再把次要问题成交转化为大点成交的成交信号，假定大点成交，达成最后的交易。

（3）要认真处理顾客的异议。次要问题成交法要求推销人员直接促成次要问题成交，间接促成大点成交。在次要问题成交法中，推销人员对顾客提出的重大问题以及有关异议不能故意回避，应当仔细分析、妥善处理，并把顾客异议作为次要问题，来促成重大项目的推销成交。

（二）直接请求成交法

直接请求成交法是指推销人员直接要求顾客购买其推销品的一种成交方法。如推销人员对顾客说："赵经理，您刚才提出的问题都解决了，这次您打算购买多少？"直接请求成交法就是推销人员主动向顾客提出成交要求，促成交易。这是一种最简单、最基本的成交方法，也是在推销实践中运用得最为广泛的一种成交方法。推销人员在运用直接请求成交法时应注意以下三个问题：

（1）把握好请求成交的时机。从推销心理学的角度看，推销人员的成交要求对顾客而言是一种成交压力，是推销面谈的一道无形障碍。如果推销人员没有看准成交时机，过早地提出成交要求，就可能使顾客产生一种高度紧张的心理状态，使顾客有意或无意地自动抵制成交，破坏成交气氛。推销人员在推销实践中必须把握成交时机，及时提出成交要求。一般而言，三种情况可视为促成交易的好时机：一是重大的推销障碍（顾客购买异议）被有效处理后。一旦推销人员妥善处理了顾客所提出的有关购买异议，推销人员就应该立刻向顾客提出成交要求。二是重要的产品利益被顾客接受后。在推销面谈过程中，推销人员不断地向顾客传递各种推销信息，进行必要的推销提示和推销演示，充分展示推销品给顾客带来的利益。在顾客没有提出购买异议也没有做出购买反应时，说明顾客接受了推销品的利益，推销人员应该主动向顾客提出成交要求。三是顾客发出各种成交信号时。成交信号是顾客在推销面谈过程中所表现出来的各种成交意向。成交信号有语言信号、行为信号、表情信号、事态信号四种类型，即顾客的成交意向可以从顾客的语言、动作、表情等方面表现出来。在实际推销过程中，顾客为了保证自己所提出的交易条件取得心理上的优势，往往不愿主动提出成交，更不愿明确地提示成交。不过，顾客的成交意向总会有意无意地通过各种方式流露出来。推销人员必须善于观察顾客，捕捉各种成交信号，及时促成交易。

(2) 克服成交心理障碍，主动请求成交。成交心理障碍是指推销人员各种不利于成交的心理状态。怕顾客拒绝不敢提出成交，认为顾客会自动提出成交要求，是成交心理障碍的主要表现。许多推销失败的原因就是推销人员没有开口请求顾客成交。因此，推销人员要克服成交心理障碍，鼓起勇气，不怕失败，一旦看准成交时机，就及时主动地向顾客提出成交要求，并适当施加成交压力，积极促成交易。

(3) 保持正确的成交态度。主动向顾客提出成交要求不是央求，更不是乞求，推销人员应该准确把握主动的尺度，保持自然、不卑不亢、不慌不忙的成交态度。

(三) 假定成交法

假定成交法是指推销人员假定顾客已经接受推销建议而直接要求顾客购买推销品的一种成交法。如推销人员对顾客说："李厂长，我用一下您的电话，告诉公司立即给您发货。"如果李厂长允许推销人员借用电话，就意味着他已经决定购买推销品了。假定成交法就是直接假定顾客已经决定购买推销品，直接促成交易。这种方法如果使用得当，会是一种很有成效的成交方法。推销人员在运用假定成交法时应注意以下的问题：

(1) 要密切注意各种成交信号。在使用假定成交法时，如果推销人员没有看准成交时机，主观盲目地假定顾客已经决定购买推销品，这样，极有可能给顾客带来过高的成交压力，从而破坏成交气氛。推销人员必须准确判断顾客的成交信号，确信顾客必定购买推销品时才使用假定成交法。在整个推销过程中，顾客随时都会有意无意地流露出成交信号。成交信号是顾客成交意向的外在表现，是一种成交暗示，是促成交易的时机。推销人员要抓住成交的时机，选择恰当的假定方式，如言语假定和行动假定，将成交信号转化为成交行动，把成交暗示转化为成交明示，从而直接促成交易的达成。

(2) 必须具有很强的自信心。假定成交法是推销人员假定成交，而不是假定顾客主动要求成交，而成交实际上是推销人员和顾客的一致行为，即必须是双方自愿，双方同意，双方接受。正因为如此，很多推销人员因害怕顾客拒绝成交而不敢大胆地假定，从而导致推销工作的失败。所以，在使用假定成交法时，推销人员应该具有很强的自信心，在得到顾客成交信号时，相信自己的判断，大胆地进行假定，以利于交易的达成。而推销人员所表现出来的对于成交的信心，又会打动顾客，增强顾客的购买信心。

(3) 要善于创造融洽的成交气氛。为了使顾客达到一定程度上的心理平衡，减轻成交心理压力，有效地促成交易，推销人员应该保持自然的成交态度，善于创造融洽的成交气氛。推销人员在使用言语假定的假定方式时，尽量使用委婉、温和、商量的语气，切忌语气咄咄逼人，形成高压气氛，使顾客望而却步。

(四) 选择成交法

选择成交法是指推销人员直接向顾客提供一些可供他们选择的成交决策方案，并且要求顾客立即选择其中一种的成交方法。如推销人员对顾客说："唐经理，先要5吨、10吨还是20吨？"选择成交法的理论依据是假定成交理论，先假定成交，后选择成交，即推销人员假定顾客已经决定购买推销品，直接提供成交的选择方案。顾客不是在买与不买之间选择，而只是在推销品不同的数量、规格、颜色、包装、式样、交货日期等方面做出选择，使顾客无论做出何种选择，导致的结局都是成交。选择成交法是假定成交法的应用和发展。选择成交法用途广泛，具有明显的成交效果。推销人员在运用选择成交法时应注意以下的问题：

（1）必须看准成交时机。选择成交的前提条件是假定成交，即假定顾客已经决定购买推销品，直接要求顾客采取成交行动。推销人员的成交假定本身就是一种成交压力，适当的成交压力有利于促成交易，而过高的成交压力则是成交的障碍。如果推销人员看错了成交时机，盲目假定成交，盲目提供成交选择方案，这样，就会产生过高的成交压力，不利于进一步促成交易，甚至会失去成交机会。因此，推销人员必须看准成交时机才能使用选择成交法。

（2）要正确地限定成交选择方案的有效范围。选择成交法避开成交本身的问题，直接提供具体的成交选择方案，把选择权交给顾客，让顾客在一定的成交范围内做出自己的选择，主动参与成交活动。这样，既调动了顾客决策的积极性，又减轻了顾客的心理成交压力，创造了良好的成交气氛。但是，如果推销人员不能正确地限定成交选择方案的有效范围，即提出恰当的选择方案，就会造成以下后果：顾客失去购买信心，产生新的成交障碍；顾客分散和转移成交注意力，影响推销人员的重点推销和重点成交，降低推销效率等。因此，推销人员必须针对顾客的购买动机和购买意向，正确地分析和判断顾客的真正需要，提出恰当的选择方案。只要推销人员提出的选择方案与顾客的需要相符，就能有助于顾客购买，有利于顺利成交。

（3）应主动当好顾客的购买参谋，帮助顾客做出正确的成交选择。面对众多的成交方案，有时顾客就会感到无所适从，为了提高成交的效率，推销人员应主动向顾客介绍各种成交方案及其特点，帮助顾客做出适当的购买决策。

总之，推销成交的方法有很多。推销人员在应用这些方法来做推销时，可以把多种成交方法综合交叉使用，例如，推销人员可以先向顾客做出保证，然后再使用请求成交法，促使推销成交。当然，推销人员也可以使用其中一二种方法熟练地加以使用，以达到推销成交的目的。

三、其他推销成交的应对策略

（一）预付定金的策略

推销人员为保证推销成交工作的顺利进行，有时需要顾客交纳一定的定金。定金是指为了担保合同债权的受偿，由一方当事人向对方当事人预先交付的一定数额的金钱。根据《经济合同》中的定金法则，当缴纳定金者不履行协议时，无权请求返还定金，接受定金方不履行协议时，要双倍返还定金。

定金应当以书面形式约定，如果债务人按照合同约定的定金、适当地履行了合同规定的义务，定金既可以抵作价款，也可以返还给定金支付人。如果当事人在订立合同时即约定了违约金，又约定了定金，当有违约行为发生时，当事人可以选择其中的一种。

在销售中，尽量说服顾客交定金。这样，顾客反悔的机会就会减少。即便顾客想反悔，但想到自己会蒙受经济损失，可能也会打消不买的念头，这有利于推销成交。

【参考范例】

“吴小姐，你刚刚看中的窗帘、挂件以及饰物总共是1015元，你看是现在一次性付清还是上门安装好后再付?”推销人员问。“能便宜点吗，我手头上没带这么多钱?”吴小姐说道。“我们这里的商品质量好，价格和别家相比已经是最低的了，下次你要介绍些朋友过来买了。”“好的”。“那总价算你1000元，但你得先付定金500元。”“行”。

预付定金策略的优点是对推销成交的一种保证，顾客交了定金，就不敢轻易反悔。缺点是有些顾客不愿支付定金，有时顾客觉得有压力。

注意事项：对于购买动机不是很强烈的顾客，不要轻易的使用定金策略，避免引起顾客的反感。

（二）单刀直入的策略

当推销人员和顾客僵持一段时间，就价格、付款等方面的条款不能达成一致的情况下，推销人员可以选择将自己的底牌一下子抖给对方。“价格和档次是不一样的，一分钱一分货，你不可能花15元/月的低价得到ISO9002的物业管理服务，你别让我为难，我们经理也来了，最多8.6折。你实在不满意，咱们就交个朋友吧”。这是一种冒险的促成交易的方式，但有时这种方法又能使交易能继续下去，因为压力是双方的。

【参考范例】

推销人员说：“这款性能和配置的电脑的价格在我们这里是最优惠的了。”顾客说：“它是山寨机吗？还有别的颜色吗?”“有牌子的，是韩国的一个公司生产的。颜色就只有黑色的，黑色耐脏。”顾客又说：“还能打折吗?”推销员说：“这个是最低的价格了，即便你买10台，我也不能降价了。”顾客接着说：“那产品的保修期是多久?”“主板是两年，其他是一年，保修卡在资料袋里面。”“总体看还不错的，比我前面看到的都还划算，我买了。”顾客说道。

单刀直入策略的优点：①能尽快促使推销成交；②节约双方洽谈的时间。缺点是可能会让顾客觉得有压力，不好做决定。

注意事项：在给顾客施加压力的时候，要全方位地判断好顾客是否准备要买了，如果顾客在问过的问题上纠缠，可以当机立断的采用该策略了。

（三）决不退让的策略

推销人员在推销过程中要根据推销品的特点，该向顾客做出让步的就要让步，不该做出让步的就要坚持，决不退让一寸。如房地产行业，房子的定价，规则和内涵丰富，一般情况下，房子的价格都是由房地产开发公司来确定，没有听说过顾客上来就要求5折的。因此，有些推销品在价格上要一口价，决不退让，要退让，也得假装去请示，因为只有这样，顾客才觉得珍惜；否则，让价太容易，顾客反而觉得有水分，反而不易促成交易。

在推销中，价格总是被顾客最常提起的话题。不过挑剔价格本身并不重要，重要的是在挑剔价格背后真正的理由。因此，每当有人挑剔你的价格，不要和他争辩。相反，你应当感到欣喜才对。因为只有在顾客对推销人员的产品感兴趣的情况下才会关注价格，推销人员要做的，只是让顾客觉得价格符合产品的价值，这样才可以成交。

突破价格障碍并不是件困难的事情。因为顾客如果老是在价格上转圈，这是因为顾客太注重价格，而不愿意让推销人员把产品介绍注重在顾客所能得到哪些价值上。

【参考范例】

推销人员温和地问："某某先生，请问您是否曾经不花钱买到过东西？在他回答之后，再问："某某先生，您曾买过任何既便宜，品质又很好的东西吗？"要耐心地等待顾客的回答。推销人员再说："某某先生，您是否觉得一分钱一分货很有道理？"这是买卖之间最伟大的真理，当用到这种方式做展示说明时，顾客几乎都必须同意推销人员所说的很正确。

推销员最后说："某某先生，我们的产品在这高度竞争的市场中，价格是很公道的，我们可能没办法给您最低的价格，而且您也不见得想要这样，但是我们可以给您目前市场上这类产品中可能是最好的整体交易条件。"

"某某先生，有时以价格引导我们作购买决策，不完全是明智的。产品价格高，有时推销品也有问题存在"。"在世界上，很少有机会可以以最少的钱买到最高品质的商品，这就是经济的真理，也就是我们所谓的一分钱一分货的道理。"

策略的优点是价格上的不让步反而能衬托产品的价值，能保持商品价格的稳定性，让顾客感到物有所值，顾客也会了解到推销员是个绝对诚实和爽快的人。缺点是容易因为价格不让步失去销售的机会，会让对价格看得比较重的顾客在心理上感到不舒服。

注意事项：选对顾客，才能用这个策略，推销成交效果才好。对价格不是十分敏感、比较理智的顾客宜使用。

（四）故意出错的策略

故意出错的策略是指推销人员在和顾客推销的时候，故意说错某些信息，然后及时纠正错误，从而判断出顾客对商品购买动机的强烈程度。同时，出错的目的也是试探顾客是否真心购买，另外，价格出错是给顾客以压力。

【参考范例】

"A 户型的总价 28.4 万元，您算一下……""怎么会这么贵呢？""啊，是我弄错了，4000 元的价格下月才执行，我拿错价单了，现在的价格是 3750 元/平方米。"传达这种信息，顾客不仅不会生气，还会认为推销人员是个诚实的人。买了，搞定！

这种策略的优点是能较准确的判断出顾客的购买动机，有利于成交。缺点是信息用错后，会让顾客对推销员的语言有不确定的印象。

注意事项：这个策略对细心又理性的顾客最好谨慎使用。

（五）回敬的策略

回敬的策略是用问题来回答问题。好比推销人员站在镜子前你笑镜子里的你也笑一样，当顾客蛮不讲理或退缩时你就回敬他。这时推销人员可用一种疑惑不解的音调和略带吃惊的表情，顾客会明白你要表达什么。

【参考范例】

顾客说："房子在二环外，太远了"。

推销人员说："你觉得太偏僻了？"

顾客说："我是说离我家远了一些，我很难接受。"

推销人员说："你很难接受？"

顾客说："另外，价格太贵了。"

推销人员说："太贵了？"

顾客说："我付不了这么多现金。"

推销人员回敬："我理解，您为什么不做按揭呢？我出面帮您！"。

这个策略的优点是能顺着顾客的思路找到抗拒点，从而成交。缺点是推销人员的主动性表现不出来，产品的特性不会主动让顾客完全知道。

注意事项：应先判断顾客的类型，比较有主见的顾客适合采用这个策略。

（六）ABC 所有问题解决的策略

这种策略像 ABC 一样，它由三个步骤构成。当推销人员平稳结束了推销过程，没有听到过多的消极异议时，可以使用这种方法。

【参考范例】

推销人员说："关于房子的合同，您还有什么问题吗？"

顾客说："有，比如：……"

（推销人员解答和解决完毕所有问题后）

顾客说："基本没有了。"

推销人员说："这么说你都满意？"

顾客说："暂时没有问题。"

推销人员说："那我们就签订合同，你首付多少？"

策略的优点是能让顾客比较满意的接受产品和服务，对推销人员形成负责任的印象。缺点是会让顾客感到程序化的询问。

注意的问题：对新顾客采用这个策略比较能形成好印象，老顾客就不必太过于程序化的询问了。

（七）应对"我想考虑一下"的策略

推销人员在提议成交之后，一定会有顾客采取"我想考虑一下"的策略来拖延购买，因为所有的顾客都知道这些技巧。

推销人员在等到顾客看完产品后，在提议成交的时候，推销人员可以对顾客说："很明显，你不会说要考虑一下，因为看得出来你对我们的产品感兴趣，对吗？"说完这句话后，一定要记得给顾客留下时间作反应，因为他们作出的反应通常都会为你的下一句话起很大的辅助作用。顾客通常都会说："你说得对，我们确实有兴趣，我们会考虑一下的。"

接下来，推销人员应该确认顾客真的是否会去考虑。推销人员也可以对顾客说："我刚才到底是漏讲了什么或是哪里没有解释清楚，导致你说你要考虑一下呢？"引出顾客要考虑的真正原因，解决这些问题，最后促成交易。

策略的优点是能解除顾客的购买障碍，从而顺利成交。缺点是会造成顾客的心理压力。

注意事项：不要太过于纠缠顾客要考虑的原因，顾客真不想说原因的话，就要及时采用别的策略。

（八）以柔克刚的策略

推销人员在推销活动中对顾客采取温和的态度，反而在推销中会占据主动地位。因为态度好、诚恳可以让顾客有一种信任感。在推销中明显弱势方有时能占便宜也是这个道理，推销人员一定不要与顾客斗嘴，不要显示自己所谓的推销口才，向顾客作介绍要客观，要有意让顾客高高在上，在顾客面前有时要显示自己处于一种弱势状态中，最后还不是顾客把自己口袋中的钱转移到了推销人员的手中。

【参考范例】

推销人员推销商品给小店，小店老板看见商品不是非常需要的，就拒绝了推销人员。推销人员之前的推销业绩很不错，不甘心，于是继续想办法和老板谈，尽量说出商品的优点，能让老板接受。老板口气很硬，不同意。推销人员不想放弃，很真诚的说："我公司商品很好的，后续还有很多新的产品再开发，并且不少商品都直接送到大超市的。"老板被推销人员说烦了，骂他说："你这个人怎么一直纠缠，说过不要了，是不是听不懂人话?"推销人员被骂了也不放弃也不生气，始终坚持温和的态度，老板的态度更差了，后来推销人员含着泪，脸上还带着笑说着话。最后，老板被推销人员这么温和的态度打动了，把要走的推销人员拉回来，接受了推销人员的商品。

策略的优点是给顾客一个好的印象，同时有利于保持好的顾客关系，有利于推销成交；缺点是推销的难度变大了，因为会需要不断调整情绪到积极的状态。

注意事项：不是口气很硬的顾客，不要采用这种策略。

（九）坦白的策略

推销人员对顾客坦白的策略是将推销品的优缺点全盘托出"您看着办?"、"我就有这份自信"、"没有必要隐藏缺点"。这种推销方法适合于心眼小的顾客，他们一定惊讶而狂喜，为你的诚实而叫好。"不买，没道理呀!"

【参考范例】

"几天不见，生意还蛮好的呀!"推销人员客气地说道。

"还好吧，你最近忙什么?"小店老板问。

"忙工作呀！你做这个生意，手很容易弄脏，而且这个是要吃的。平时你们都怎样清洁的?"推销人员认真地问。

"用肥皂洗就好了。"小店老板笑着说。"这里要洗很麻烦，洗还会影响产品。我这里有一款洗手液，清洁程度很高，气味好，纯天然成分，使用非常方便，还能护手，价格实惠，缺点就是容量小了点。但很适合你们使用。你看看。"

"是吗？给我看看。"老板微笑着拿过来，用了用。"多少钱?"

"5 元。""那我买一瓶吧!""好的。"

策略的优点是坦诚的态度能让顾客十分放心，产生信任感，容易下次继续购买。缺点是对推销人员来说，主动权放到了顾客手上了，谈判的优势减少了。

注意事项：产品价值不是太大，针对小顾客，宜采用这个策略。

（十）感动的策略

推销人员推销的不只是产品和服务，也是一种生活方式，一份感情。推销人员在任何时候都应怀着"服务"的心态，一次次送资料，下班后还一次次等待迟到的顾客。推销人员必须站在顾客的角度分析问题，顾客才会感动，才会既能推销成交，又能赢得朋友。

推销人员要经常与顾客聊天，开始的时候要少聊产品，慢慢的和顾客成为朋友。推销人员在顾客主动问起，并需要产品之际，再抓住时机适当地介绍产品，这样才不会引起顾客的反感。平时，推销人员要先记下顾客的小细节，包括生日、喜好、家庭成员。适时地给顾客送礼，选他们想要的，比如说，给顾客送一些有用的资料，也给家中有小朋友的顾客送一些玩具，推荐吃饭地点。慢慢的，这些顾客会主动去找推销人员。

就这样，与顾客熟悉后，推销人员有时就可以随意问顾客："你那朋友还感兴趣吗？不如让她现在买呀，挺划算的！而且年底了，也对我的提成大有帮助！"于是，已建立起了良好关系的顾客就会把朋友带来，帮助推销人员销售。

策略的优点是能交到朋友，还能扩大业务。缺点是前期的人际关系要花较长时间。

注意事项：人际关系的投入要坚持，要真诚真心。

（十一）"太贵了，价格太高了"策略

推销人员经常会听到"啊，价格比我预期的高得太多啦"，"我没有想过会有这么高的价钱"等诸如此类的话。突破这道障碍的第一步就是确定推销人员的产品价格与推销人员的目标顾客的预期价格的差额。

【参考范例】

推销人员销售的产品是一种高速打印机，其价格10000元人民币，而推销人员的目标顾客的预期价是8000元。事实上，一旦确定了价格差额，金钱上的问题就不再是10000元，而是2000元了。推销人员对顾客说："照这样看来，我们双方之间的价格差距应该是2000元，对吧？"。

推销人员将微型计算机拿给顾客，说："我们这台打印机的使用年限是五年，这点你已经确定了，对吧？""很好，现在我们把2000元除以五年，那么一年贵公司的投资是400元，对吧？""很好，贵公司一年用到打印机的时间应该有50周，对吧？如果你把400元除以50周，那么每周贵公司的投资应该是八元，对吧？"

推销人员接着说："我知道贵公司的工作时间很长，你们经常加班，所以我假定这台打印机一星期要用六天应该是很合理的，对吧？麻烦你用八块钱除以六，那么答案是多少呢？""是一块三。"记住这个答案让顾客说出来，因为到最后，顾客觉得再跟推销人员争执每天一块三毛钱已经很可笑了。

推销人员微笑着对顾客说："某某先生，你觉得我们要让这每天一块三毛钱来阻碍你们公司获得利润，增加产量吗？来阻碍这种超速打印机为你们带来的扩张能力吗？"他回答说不知道。推销人员再问他："某某先生，我还要问你一个问题，这个高速打印机的功能齐全，而且还有省时的优点，我们已经谈过它的优点了，这部机器在一天之内为你们公司创造的利润，应该比一个最低工资人员在一小时里创造的利润多，对吧？"

推销人员的顾客会回答："对，我想是这样的。"因为如果不是昧着良心，顾客没有其他的回答选择，因为推销人员让顾客觉得买这个产品是如此的划算，反而还赚到了钱，钱肯定是顾客最喜欢的。最终结果就是产品推销成功。

策略的优点是能让顾客心服口服的接受产品，同时让顾客觉得钱花得划算。缺点是计算过程比较长，费时间较多。

注意事项：需要经常练习，才会练得很熟。还要让顾客这样花钱很划算，才合适用这个策略。

（十二）"不景气"的策略

许多顾客在作出购买决定时，总是犹豫不决。应对顾客提出的"不景气"的策略要灵活，要运用预先框式的技巧。

第一步，要肯定顾客是一位成功者，而一位成功者是不会因为经济不景气成为困扰自己或公司的因素。

第二步，要点出顾客作为成功者总是会作出明智的决策。

第三步，要鼓励顾客作出购买的决定才是正确的选择。事实上，只要预先框式运用得恰当、适宜，在许多销售场合都可以随心所欲地完成销售。

【参考范例】

推销员对顾客说道："您看下这个股票，为什么不购买这只股票了?"

顾客说："现在经济不景气，不是买股票的时候。"

推销员对顾客说道："成功者购买习惯是这样的，当别人卖出时买进，当别人买进时卖出。最近有很多人谈到市场不景气，而我们公司决定不让不景气来困扰我们，您知道为什么吗?"（留时间让顾客问你为什么）

然后回答："因为今天很有财富的人都是在不景气时代建立了他们成功的基础，他们看到了长期的机会而不是短期的挑战，因此他们作出购买决定而成功，当然他们愿意作出决定。今天你有相同的机会，你也愿意作出相同的决定，对吧?"

推销员又对顾客说道："刚刚出台的政策有利于这个公司的长远发展，目前公司快速发展，效果随着时间的推移一定会显现出来的。"

顾客说："那等到显现出来再买啊!"

推销员对顾客说道："现在是最好的购买时间，等到那时就错过机会了。会炒股的人，炒股赚钱的人都是长远投资的。"

顾客最终接受了推销员的说法进行了购买。

策略的优点是成功经验吸引了顾客，从而导致了顾客购买。缺点是具有较大的说服难度，一般顾客看问题都比较现实。

注意事项：对不同的产品，要采取灵活的策略。

（十三）"没有预算"的策略

在经济萧条时，每个推销人员在拜访公司或政府机构时一定都会听到这个"没有预算"的理由来拒绝购买商品。推销人员跟公司的总裁或一级主管见面时，推销人员常常会听到顾客说："产品或服务不在预算中。"在这时千万别打住了，推销人员要如何继续进行推销，关键是要分清不同的推销对象。

【参考范例】

"某某先生，我完全可以了解这一点，一家管理完善的公司需要仔细地编制预算，预算是帮助公司达成目标的重要工具，但工具本身是具有弹性的，对吗?你身为高级主管，应该有权为了公司的财务利益跟未来的竞争性来弹性地利用预算，对吧?"（给出时间让你的顾客作出反应）

"我们在这里讨论的是一个系统，能让贵公司具备持续的竞争力。告诉我，某某先生，假如今天有一项产品，对你公司长期的竞争力和利润都有所帮助，身为企业的决策者，你会让预算来控制你还是你来控制预算呢?"

对非营利公司及政府单位的方法："我知道每一家管理良好的机构会以精密的预算来控制他们的财务，所以我知道你的办公室会随着大众快速改变的需要而改变。事实上真的也是如此!"

在顾客有反应后，继续说："这表示你身为这么有效率的机构总裁，一定可以灵活地运用你们的预算，而不是死守在规定里，不然你的员工如何能快速地经由你的机构受利于新发展和新科技呢?"

“所以您身为总裁应该有权弹性使用预算，让组织可以履行它的责任。”“我们在这里讨论的是一个能立刻持续地节省成本的方法。告诉我，某某先生，在这些条件下，你的预算是有弹性的还是硬梆梆的规则呢？”

最终顾客让步了，接受了推销人员的说法。

策略的优点是推销员可根据预算问题来展开推销。缺点是预算与顾客对于产品需求的关联度不一定是成正比关系的。

注意事项：推销人员必须要以理服人，让顾客接受推销品。

(十四）鲍威尔的策略

顾客有时会相信推销品的质量和推销人员的服务，也相信如果作出购买决定会对他们的业务产生很大的帮助。但顾客总是迟疑不作出购买决定。顾客总是瞻前顾后，影响顾客作出决定的因素不是购买的好处，而是万一出现的失误。就是这“万一的失误”使顾客不敢承担作出正确的购买责任。

对于犹豫的顾客，我们采用“鲍威尔”成交法。推销员对顾客说：“某某先生，美国国务卿鲍威尔说过，‘拖延一项决定比做错误决定浪费更多美国人民、企业、政府的金钱和时间’，而我们今天讨论的就是一项决定，对吗？”

鲍威尔的策略适合性格比较软弱的顾客，推销人员必须主导整个推销过程，这种顾客的潜意识里需要别人替他作出购买决定。软弱型的顾客总是需要听取别人的意见而自己却不敢拿什么主意。这种顾客，推销员就必须学会主导整个购买过程，千万不要不敢为你的顾客作决定，反而要明白，推销人员的决定可能就是你的顾客的购买行为。

策略的优点是推销人员必须主导整个推销过程。缺点是当推销人员为顾客所作出的购买决定不符合顾客心中的意愿时，就可能使整个推销失败。

注意事项：推销人员主动的替顾客拿主意、做决定，但必须符合顾客的潜在需要。

(十五）“别家可能更便宜”的策略

在推销生涯中，推销人员可能会经常碰到“别家的产品比你的产品便宜”之类的话。

这当然是一个价格问题。但推销人员必须首先分辨出顾客真的是认为你的产品比别家的贵，或者只是用这句话来跟推销人员进行讨价还价。了解顾客对产品的品质、服务的满意度和兴趣度，这将对推销人员完成一笔交易有莫大的帮助。

不过无论顾客是什么态度，用下面的成交法都能有效地激发顾客的购买欲望，除非顾客真的对产品和服务不感兴趣。

【参考范例】

推销员和顾客说：“某某先生，别家的价格可能真的比我们的价格低。在这个世界上我们都希望以最低的价格买到最高品质的商品。依我个人的了解，顾客购买时通常都会注意三件事：①产品的价格；②产品的品质；③产品的服务。我从未发现有任何一家公司可以以最低价格提供最高品质的产品和最好的服务，就好像奔驰汽车不可能卖到桑塔纳的价格一样，对吗？”说完这句话后，最好留下时间给你的顾客作出反应。因为推销人员说的是经济上不折不扣的真理，顾客几乎没有办法来反驳你，他只能说“是”。

接着，推销员对顾客说：“先生，根据您多年的经验来看，以这个价格来购买我们的产品和服务，是一种很正当的交易条件，您说对吗？”让你的顾客作出回答，因为你的产品的品质和服务确实符合这样的价格，你的顾客如果不是故意刁难，应该不会作出否定的回答。

推销员再继续问：“某某先生，为了您长期的幸福，您愿意牺牲哪一项呢？您愿意牺牲产品的品质呢？还是我们公司良好的服务？某某先生，价格对您真的那么重要吗？有时多投入一点来获得他们真正所想要的产品，也是蛮值得的，您说是吗？事实上，大公司的低层采购人员都致力于从供应商那里尽量获得最低的价格。然而，有经验的采购人员都了解，低价位产品产生的问题往往比它能够解决的问题还要多。资深的采购人员，基于他们的经验，更在意获得最高品质的产品，远胜于那些低价位的产品。他们似乎都能因此为公司作出较好的决定。某某先生，您说对吗？”最终的结果是顾客接受了推销人员的产品。

策略的优点是抓住价格这个关键点，让顾客看到比价格更重要的东西。缺点是顾客的感受在过程中被关注的不多。

注意事项：提到的别家的价格必须是唯一的不足，如果只是托词，那么推销员的推销策略要灵活采用。

（十六）“不要”的策略

推销员会遇到顾客直接跟你说“不要”，而没有其他的话加以润饰。推销员迟早都会遇到的，先思考一下这个问题，以便当你听到“不要”时，不会太震惊。通常推销员会听到一些柔性的拒绝，像是“您的产品都非常好，但我们目前还未考虑这种产品（或服务）”。学习优秀推销人员针对这种情形下所使用的成交法，有助于提高销售业绩。

“先生，在这个世界上有很多销售人员在推销很多产品，他们都有很好、很具有说服力的理由来要你投资在他们的产品和服务上，对吧？”

“当然，先生，您可以向任何一位或全部的推销员说不，但是，在我的行业（说出你的产品和服务），我是一个专业人员，我的经验告诉我一个无法抗拒的事实，很少有人对我的产品说不。当他对我的产品说不，事实上，他在对他自己未来的幸福、快乐和财富说不。”“先生，假如今天您有一项产品，顾客非常需要他，非常想拥有它，您会不会因为顾客一点小小的问题而让他对您说不要呢？所以，我今天肯定不会让你对我说不。”

【参考范例】

推销人员向一位冷面老板推销保险。王老板劈头就说：“我对保险没兴趣。”

推销人员接着说：“我们不一定要谈保险嘛！不晓得王老板对什么有兴趣？钓鱼、股票……哎，桌子上的照片是你拍的么？”

王老板装作没听到，执着地要打发眼前这个人说：“我不需要保险。”

推销人员又说道：“或许吧，那不晓得王老板认为哪一种人需要买保险？”

当王老板犹豫思索时，推销人员帮顾客下了一个台阶说：“我看来看去，还是您这种人最适合买保险！”

王老板不甘示弱说：“我哪里比较适合？”

推销人员露出一脸面相师的神情：“一看就知道你福气大、耳垂厚，不会发生事情，我们最喜欢跟这种人卖保险，沾一点福气。”

这下子听得王老板心花怒放，滔滔不绝地跟推销人员提面相的事情，还介绍他去哪里看相最准。其实，这位推销人员真正提到保险的部分，还不到 10 分钟，其余的时间都是王老板在发表他的高论。推销人员的保险最后还是成功地卖出去了。

策略的优点：利用顾客的虚荣心理，变被动为主动，拉近与顾客的距离。缺点是比较冒险的策略，一旦没有拉近距离，顾客会十分反感。

注意事项：推销人员除需要掌握丰富的知识外，还要能察言观色。当推销人员在推销过程中遇到拒绝的时候，更要懂得如何恰当地提问和找话题。

（十七）“是，是”的策略

如果推销人员的推销品品质优良，而且若干产品的优点正符合顾客的需要，在顾客承认这些优点之前，要先准备一些让顾客只回答“是”的问题。如“某某先生，我们的产品比 A 产品省电 20%，对吗?”、“我们的机器比 A 公司的机器便宜 500 元，是吗?”

当然，这些问题必须能表现出产品的特点，同时推销人员要有把握顾客必定会回答“是”的情况下才提出。掌握了这个诀窍，推销人员就能制造一连串让顾客回答“是”的问题。最后，推销人员要求顾客签订货单时，顾客才也会心甘情愿地回答“是”了。

【参考范例】

推销人员问道：“您现在需要哪份资料，这里资料很多，您是准备专业课考试来买模拟试卷的吗?”

顾客说：“是的。”

推销人员接着说：“那你先看看这些不同专业的试卷，其中这个专业的试卷有连续四年的模拟卷。”

顾客说：“比较全啊!”

推销员耐心地问：“您现在自己去买模拟专业试卷比较费时间吧?”。

顾客回答：“是的。”

推销员关心地问道：“我知道这个购买过程的，那么你从我这里买，可以省掉一些麻烦了，卷子都是原装的，你急需吗?”

顾客说：“是的。”

推销员说：“现在我也是尽快处理这些资料和书，所以很便宜，刚才有个人买走一份了。你要买吗?”

顾客说：“是的。”

推销员说：“那你就挑挑，需要的试卷都买去吧!”

顾客说：“好的。”

由以上案例看到，只有这样提问，顾客才会被推销人员的问题一步一步引导说“是”，直至最终成交。

策略的优点：整个推销过程显得流畅，换位思考是这个策略的最大优点。缺点是不在价格上产生变化，显得产品价值不是很大。

注意事项：需要熟练的掌握提问方式和句子，否则顾客不会被引导成功。

总之，这就是其他推销成交的应对策略，推销人员在使用这些策略时，一定要分清推销成交中的时间、顾客的具体状况、推销品的档次和品质。只有具体情况具体分析，才能正确地使用这些成交应对策略，才能获得推销成交，提高推销业绩。

知识链接

推销产品时应在适当的时候经常使用下面的语言

1. “你下一步有何打算?”

2. “是什么原因妨碍你做出购买决定?”

3. “如果我们能满足你现在提出的需要，我们现在可以谈谈具体的细节问题吗?”

4. “为了得到你的同意，我还要做些什么?”

5. “可以请教一下，除了我们以外，还有谁在与你联系? 你认为他们哪一方面做得更好?”

6. “你认为我们现在离合作还有多远?”

7. “你希望什么样的运输方式?”

8. “你希望什么样的付款方式?”

9. “你对产品最感兴趣的地方在哪里?”

10. “你愿意为我们的产品提出宝贵意见?”

第三节 推销成交业绩

一、推销绩效评估

一般而言，销售绩效评估的工作大致要经历制订销售指标评估计划、确定评估标准和方法、收集数据、分析评估、结果运用五个步骤。

(一) 推销绩效评估的一般程序

1. 事先制订计划

为了保证销售指标体系评估顺利进行，必须事先制订计划，在明确评估目的的前提下，有目的地选择评估的对象、内容和时间。

2. 确定评估的标准和方法

推销绩效评估指标必须有标准，这些标准可分为定量标准和定性标准。定量标准如销售量、销售额、回款额等这些客观数字，即不以考核者或被考核者的个人转移为转移的标准。

所谓定性标准，是针对销售绩效评估中的定性指标作用。如在评选优秀推销人员时，规定10%的推销人员可选为先进，80%的推销人员为较好，10%的推销人员为较差。对推销人员工作的好坏可划分为若干个等级，这些等级就是定性标准。

3. 收集数据

成熟的经验是注重长期跟踪，随时收集相关数据，使数据收集工作形成一种制度，可依靠销售信息管理和市场调查分析提供的各类数据作为销售绩效评估的基础。

4. 结果分析

分析评估的目的、标准和方法，对所收集的数据进行分析、处理和综合。

5. 结果运用

得出评估结果并不意味着评估工作的结束，还需要把评估中发现的不足反馈到销售绩效评估指标实施控制环节当中去，另有一些方面的内容应该反馈到人力资源部门，作为推销人员的薪酬评估之用。

（二）推销绩效评估数量指标

推销绩效评估是公司按照有关政策和标准定期对推销人员的业绩进行考评的一种工作方法。推销绩效评估有助于提高推销人员的销售业绩和推销能力。通常，推销人员的推销绩效高，说明推销人员的工作做得好；反之，就差。

（1）销售额。这是推销目标中最基本的指标，是从量的角度考察推销人员工作业绩的主要指标，也可用销售量来表示。

（2）销售目标达成率。这是实际销售额与目标销售额之比，可以用来衡量推销人员销售目标的完成程度。

（3）折扣率。这是推销人员对顾客所让出的折扣额占销售总额的比例。如果折扣率增加的幅度超过了销售额增长的幅度说明利润下降，如果折扣率增加的幅度小于销售额的增长幅度说明企业的盈利增加。折扣率反映了推销效率的高低。

（4）毛利率。销售总额减去产品成本，再减去推销中折扣的金额为毛利额。毛利额与销售金额的比就是毛利率。毛利率的高低，反映了产品的盈利水平。

（5）货款回收率。这是收回货款金额与销售金额之间的比例，回收率越高越有利于企业资金周转。回收率低则会造成资金周转困难，而且意味着具有一定的风险。

（6）推销费用。推销费用是为完成推销任务而耗费的各项支出。费用的增加必然造成销售成本的增加，利润下降，因此费用应当有所控制。但推销费用往往与推销次数有关，而推销次数又与推销成果成正比，要提高推销成果就应当增加推销次数，而次数的增加也意味着费用的增加。推销人员处理好推销费用、推销次数与推销成果的要点是保推销费用的增长率不低于销售业绩的增长率。

二、推销绩效评估的主要方法

推销绩效考评的方法很多，根据考核的目标，可选择以下几种方法：

（一）对比分析法

对比分析法是推销绩效考核评估中最常见、最基本、最简明的方法，按照对比对象的不同可分四种情况。

（1）与计划相对比。说明计划销售完成情况。其公式为：

计划实现程度 = 推销实际指标水平/推销计划指标水平

如果取得推销的成绩或成果达到了预期目标则表明推销工作做得好。如果还未完成，则要查明推销工作未完成的原因。

（2）与前期或历史同期相对比。其指现在有关推销指标与前期或历史同期的有关指标相比较，用于考察推销活动发展变化。其公式为：

推销发展状况 = 现在推销业绩/前期或历史同期推销业绩

（3）与先进企业相对比。用本企业的指标与先进企业的指标对比，以找出差距和原因，挖掘潜力。其公式为：

推销先进程度 = 本企业实际指标水平/先进企业实际指标水平

（4）与所花费的代价比较。任何成绩或成果的获得（所得）都需要一定的时间、精力、财力或物力（所费），如果所得小于所费就不合算；反之，如果所得大于所费则有业绩。所得大于所费的数额越大成绩也就越显著。

（二）比率分析法

（1）趋势比率分析法，又叫动态比率分析法。它是讲某项销售指标不同时期的数值相比，得出比率，以观察以后各期的发展趋势。趋势比率有两种：

①定基趋势比率。它是指以某一时期的数值固定为基期数值计算的趋势比率，其公式为：定基趋势比率 = 比较期数值/固定基期数值 ×100%。

②环比趋势比率。它是指以每一比较期的前期数值为基期数值计算的动态比率，其公式为：环比趋势比率 = 比较期数值/前期数值 ×100%。

比如评估推销发展趋势，就可用历年（月）推销额（量），计算出销售增长率（定基趋势比率计算）。也可采用企业销售额与同行企业基期销售额比较，或用计算出的销售增长率与前一期（年，月）的销售增长率进行比较（环比趋势比率计算）。如果趋势比率分析值少于100，就要分析其具体情况，找出主要原因，提出改进措施。

（2）相关比率分析。相关比率分析即两个相关的指标数值进行对比，得出比率，从推销活动的实际工作中进行分析。这种方法多用于评价推销业绩的水平。如将纯利润与全部投资相比，求出投资收益率；将销售指标与费用指标对比，可找出推销工作中的薄弱环节等。

（3）构成比率分析。构成比率分析是对其构成及该项销售指标的变化趋势进行研究和剖析。如企业推销费用项目构成分析，推销产品品种构成分析等。如某一产品的销售额与企业总的销售额相比得出比率后将它的前期和其他产品构成比率相对比，以发现其变化情况。

（三）因素分析法

因素分析法即在几个相关联的因素中，把其中一个作为可变量，其他作为不变量，再依次替换，以得出各个因素对推销工作业绩的影响程度的方法。在使用这种方法时要注意各种因素的从属地位和相互关系。

这种方法时将评价对象的主要因素进行分解，并按确定的标准尺度制作出一份考核比例表，然后进行打分，最后以合计总分的形式考察评估对象的优劣状况的一种评价方法。如对推销员的服务质量、经济效益、竞争能力的评估，就可分别就影响服务质量、经济效益、竞争能力的各种主要因素按一定的标准和实现情况得出分数，然后根据总分算出推销人员工作业绩的高低。推销绩效考核中的困难正像其他许多领域一样，推销人员的业绩考评也有许多潜在的陷阱，特别是在定性考评中，对推销人员的评价会出现障碍。

一般说来，在考评中经常出现的五种主要障碍是：

1. 晕轮效应

这是从初始的一组经验中归纳出下一组的趋势。比如一个推销人员在过去的几年中都表现很好，而去年却表现较差，但上司也许仍将他（她）视为一个好的表现者，并给他的等级比其应该得到的要高。

知识链接

晕轮效应

晕轮效应（英文 The Halo Effect），又称“光环效应”，属于心理学范畴。晕轮效应指人们对他人的认知判断首先是根据个人的好恶得出的，然后再从这个判断推论出认知对象的其他品质的现象。如果认知对象被标明是“好”的，他就会被“好”的光圈笼罩着，并被赋予一切好的品质；如果认知对象被标明是“坏”的，他就会被“坏”的光圈笼罩着，他所有的品质都会被认为是坏的这种强烈知觉的品质或特点，就象月亮形式的光环一样，向周围弥漫、扩散，从而掩盖了其他品质或特点所以就形象地称之为光环效应。有时候晕轮效应会对人际关系产生积极效应，比如你对人诚恳，那么即便你能力较差，别人对你也会非常信任，因为对方只看见你的诚恳。

2. 分布错误

理论上任何一组推销人员都有真实的业绩分布。一般情况下这个分布接近正态曲线。有三种分布错误即集中趋势，严格和宽松。集中趋势是将平均等级给所有员工；严格是绝大多数的人被评为较差；而宽松是绝大多数得到较高的等级。

3. 自我效应

这个趋势是评价者用自我理解的东西作为评价下属的标准。一般说来，评价者认为由于被评价者是下属，因此做的不好。相似错误是将下属视为与自己相似。

4. 系列效应

许多定级工具是用一系列处理不同的工作内容的量表组成。通常，它们的效果是一致的。定级者趋向于给所有的量表相同的等级。

5. 评价者的偏见

在评价考评的过程中，如果考虑了与业绩无关的一系列因素则会产生偏见。如营销主管或经理认为从别的职业转来的人注定是销售差的人员，那么他在评价考评时就会产生偏见。

本章内容小结

前面所学的内容都是为了最终实现推销成交。推销人员要善于识别和捕捉客户的购买信号，如果没有促成客户及时成交，推销人员的推销工作照样可能前功尽弃。机不可失，时不再来，一旦信号出现，就要恳请客户购买，或者请客户下订单，或者请客户签订合同。

推销人员要知道和掌握的及时促成交易的基本方法有：微不足道成交法 、假定成交法、总结利益成交法、紧迫成交法、亲子成交法、请求成交法、从众成交法、保证成交法、不要成交法、富兰克林成交法等。推销人员要根据不同的推销环境选择适合客户的推销成交方法，增强推销成交成功的力度。

推销成交不是一个简单的买卖行为，推销人员除了要抓住推销成交信号、签订购买合同外，对客户进行追踪管理也是推销成交的工作内容之一。因此，推销成交后，推销人员还应当建立好客情关系。

最后，推销工作业绩的好坏可以自评，也可以通过企业的相关推销业绩考评指标来加以评价。这些都是推销人员在推销成交工作中要解决的问题。

本章内容模块

第七章 推销成交策略

- 模块一 推销成交概述
  1.推销成交的概念
  2.推销成交的信号
  3.推销成交的注意问题
- 模块二 推销成交方法
  1.推销成交方法的基本类型
  2.推销成交方法的运用以及注意的问题
  3.其他推销成交的应对策略
- 模块三 推销成交业绩
  1.推销绩效评估
  2.推销绩效评估的主要方法
  3.推销绩效考核中的困难

本章思考题

1. 通过观察顾客的购买信号，对促成交易可带来什么帮助？
2. 推销成交方法有哪些？你掌握了哪些推销成交技巧？
3. 推销业绩评估的指标和方法有哪些？

第八章
推销追踪管理

◆ 学习目的和要求

推销追踪管理有助于实现企业经营利润，进一步维护企业与顾客之间的关系，维持企业与顾客关系的可持续发展。通过本章的教学应使学生掌握如下几个方面的内容：

1. 售后服务的技巧和方法；
2. 对可能出现的呆账判断技巧；
3. 催款的技巧和方法；
3. 顾客投诉的原因及处理技巧；
4. 客情管理的内容和方法；
5. 大顾客管理方法。

走进推销

重视推销追踪管理

小张是一位推销办公用品的推销员，刚开始推销时，要达成一笔交易非常吃力。但在后来的日子里，小张总是在工作之余去回访首次推销成功的公司。该公司办公室的人员都和小张非常熟悉，认为她为人热情，办事可靠，和她成为很好的朋友，对她公司的产品也很满意，于是就把和自己有业务关系的其他企业介绍给小张。

很快，那些公司也购买小张的产品，小张通过和这些新的顾客真诚地交往，又有了更多的朋友。不久，小张在这个城市就有了一大批顾客。不仅小张的推销业绩节节上升，而且小张本人也受到了领导的重视和提拔。

问题讨论：

1. 小张的成功对你有什么启发？
2. 你认为顾客追踪管理主要包括哪些内容？

第一节　顾客追踪管理概述

顾客追踪管理是现代推销中非常重要的一项内容，对顾客需求（新需求）的重视，已经成了企业发展中的一个共识。企业进行顾客追踪管理的最终目的，就是要通过采取较为特殊的追踪方式，加深顾客对您的印象；调整推销人员的姿态，试着帮助顾客解决其现实问题，最终形成销售，实现利润。

根据美国专业营销人员协会和国家销售执行协会的统计，2% 的销售是在第一次接洽后完成，3% 的销售是在第一次追踪后完成，5% 的销售是在第二次追踪后完成，10% 的销售是在第三次追踪后完成，80% 的销售是在第 4 至 11 次追踪后完成的。然而，几乎形成鲜明对比的是，在我们的日常工作中，80% 的推销人员在追踪一次后，不再进行第二次、第三次追踪。少于 2% 的推销人员会坚持到第四次追踪。

显然，在销售进行过程中，如果没有进行有效的追踪，就会有碍于推销活动的效果显现，同样，在推销人员与顾客成交签约以后，对顾客的追踪管理也是不容忽视的。可以说，顾客成交后的追踪管理，对于企业今后的可持续发展将更有价值和意义。

在本章中，我们所探讨的顾客追踪管理就是指顾客成交后的追踪管理。

一、顾客追踪管理的含义

顾客追踪管理的概念可以确定为，推销人员在成交签约后继续与顾客交往，并完成与成交相关的一系列工作，以更好的实现推销目标的行为过程。

推销目标是在满足顾客需求的基础上实现自身利益。顾客利益与推销人员利益是相辅相成的两个方面，在成交签约后并没有得到真正的实现。顾客需要有完善的售后服务，推销人员要回收货款以及发展与顾客的关系。于是，顾客追踪管理就成为一项十分重要的工作。

二、顾客追踪管理的意义

（一）体现了以满足顾客需求为中心的现代推销观念

顾客追踪管理使顾客在购买商品后还能继续得到推销人员在使用、保养、维修等方面的服务，购买后如果在质量、价格等方面出现问题也能得到妥善的解决。这两个方面使顾客需求得到真正意义上的实现，使顾客在交易中获得真实的利益。

（二）可以最终实现企业的经营目标和推销人员的利益

企业经营目标是获得利润，推销人员要获取报酬，只有收回货款后才能得以实现。而在现代推销活动中，回收货款往往是在顾客追踪管理阶段完成的。

（三）有利于提高企业的竞争力

随着科学技术的进步，同类产品在其品质和性能上的差异越来越小。企业间竞争的重点开始转移到为顾客提供各种售后服务上。售后服务是否完善，已成为顾客选择商品时要考虑的一个重要方面。而各种形式的售后服务正是顾客追踪管理的一个重要任务。

（四）有利于获取重要市场信息

通过顾客追踪管理，推销人员可以获取顾客对产品数量、质量、花色、品种、价格等方面要求的信息。因此，顾客追踪管理，实际上就是获取顾客信息反馈的过程，使企业开发新的产品。

三、顾客追踪管理的内容

(一)做好售后服务工作,为企业创造更大的价值

1. 售后服务的概念及意义

售后服务是指商品出售之后所提供的服务。对于推销人员而言,热情、方便、周到的售后服务,可以帮助推销人员消涂顾客的后顾之忧,树立顾客对商品的安全感和对企业的信任感,巩固已争取到的顾客,促使他们继续购买、重复购买。同时,通过这些顾客间接的宣传和辐射性的传导,还可以争取到更多的新顾客,开拓新市场。因此,每个推销人员都必须认真研究售后服务的技巧。

售后服务是销售活动的重要组成部分,但是,在日常工作中还是有很多推销人员认为只要自己将产品卖给顾客、收回货款就万事大吉了,其他就是售后服务部门或其他相应的专业部门的事情了。持这种态度的推销人员大多缺乏全面战略眼光,他们并不清楚,如果自己能积极主动地协助其他部门的人员为顾客提供更加满意的服务,将会为自己带来怎样的回报。其实,当顾客出现问题时,推销人员积极主动地为顾客提供良好的售后服务,是增强和巩固友好顾客关系的重要方式之一。很多优秀的推销人员都是通过这种方式获得越来越多的忠诚顾客,并签下更多订单的。因此,为顾客提供良好的售后服务,应该成为推销人员必须履行的义务。

2. 售后服务管理的原则

(1)主动提供顾客需要的服务

在交易结束后,推销人员应该主动向顾客提供顾客需要的服务。如果不确定顾客需要哪些服务,则应提前进行询问,这样不仅能充分体现推销人员对顾客的关切和关注,让顾客感受到来自推销人员的关心;同时,推销人员还能够通过主动询问尽可能及时地了解顾客遇到的困难,从而及时、有效地帮助顾客解决这些问题。

要注意的是,在向顾客主动提供服务时,推销人员应该态度诚恳,不能敷衍塞责;要坚持不懈地进行这项活动,不要三心二意,时冷时热。此外,推销人员还要在征求顾客意见的基础上保证尽可能地为顾客提供最及时、最有效的解决方案。

(2)提供有效的售后服务

许多顾客在产品刚刚投入使用时都可能面临很多问题,比如对产品功能了解不充分,结果难以熟练地使用产品,或者产品本身出现意外等。当顾客遇到这些问题时,他们有时会直接联系企业的售后服务部门,有时会寻求当初与自己洽谈的推销人员帮助。如果顾客找到了推销人员,那么推销人员就必须尽自己所能地为顾客提供令其满意的服务。假如你不能解决顾客的问题,那么也要主动帮助顾客联系相关的服务人员,而不应该推卸责任,消极对待顾客。

(3)积极兑现服务上的承诺

信守承诺是推销人员必须具备的一种美德。作为一名优秀的推销人员,要时刻谨记自己曾给予顾客服务上的承诺,并身体力行,这样才能赢得顾客的信赖。当推销人员做到言行一致时,他不仅能成功地完成一次销售,更能赢得顾客的信任,长此以往,就会取得事半功倍的效果。相反,如果推销人员言而无信,那么顾客就会因为推销人员的一次失信而终身都不再购买公司的产品。

所以,推销人员在给顾客承诺时一定要仔细地考虑清楚,看看自己是否具有足够

的能力履行这个诺言；如果没有，就不要为了促成交易而轻易许诺顾客。一旦对顾客承诺了，就要尽力去实现。

3. 售后服务的内容

售后服务包含的内容非常丰富。主要包括：提供技术指导、技术咨询服务，为用户解决技术上的难题；提供零配件和备用件的服务；搞好安装、调试和大型商品的输送服务；建立维修网络和巡回检查服务；实行商品的“三包”服务制，即包退、包换、包修。通过这些服务活动，能消除顾客的后顾之忧、提高企业信誉等。随着竞争的加剧，新的售后服务形式更是层出不穷，它能提供给顾客更多利益和需求的满足。

（二）及时回收货款，真正实现销售

售出货物与回收货款，是商品交易的两个方面，缺一不可。实际上，销售的本质就是将商品转化为货币，在这种转化中补偿销售成本，实现经营利润。收不回货款的推销是失败的推销，会使经营者蒙受损失。所以，在售出货物后及时收回货款，就成为推销人员的一项重要工作任务。

在现代推销活动中，赊销、预付作为一种商业信用，它的存在是正常现象，关键在于如何才能及时、全额地收回货款。对此应该从下列几个方面加以注意：

1. 在商品销售前进行顾客的资信调查

顾客的资信主要包括顾客的支付能力和信用两个方面。在推销前，从多方面了解顾客的资信状况，是推销人员选择顾客的重要内容，同时也是能够及时全额地回收货款的安全保障。所以，作为推销员，必须精通资信调查技术，掌握顾客的信用情况，以保证能确实收回货款。

2. 在收款过程中保持合适的收款态度

如果因为采取不恰当的态度而影响收回货款，那是得不偿失的。因此，推销人员应针对不同的顾客、不同的情况，采取相应的收款态度。一般情况下，收款态度过于软弱，可能无法收回货款；收款态度过于强硬，容易引起冲突，不利于企业形象，而且会影响双方今后的合作。所以，推销人员在收款时，要态度认真，有理有节。这样，既有利于货款的回收，又有利于维持双方已经建立起来的良好关系。

3. 正确掌握和运用收款技术

推销人员掌握一定的收款技术，有利于货款的回收。例如：

（1）成交签约时要有明确的付款日期，不要给对方留有余地；

（2）按约定的时间上门收款，推销人员自己拖延上门收款的时间，会给对方再次拖欠以借口；

（3）争取顾客的理解和同情，让顾客知道马上收回这笔货款对推销人员的重要性；

（4）收款时要携带事先开好的发票，以免错失收款机会，因为顾客通常都凭发票付款。如果确实无法按约收款，则必须将下次收款的日期和金额，在顾客面前清楚地做记录，让顾客明确认识到这件事情的严肃性和重要性。

这里介绍的只是一些常用的收款技术。在实际工作中，还需要推销人员针对不同顾客，灵活机动，临场发挥。无论采用何种技术，目的是明确的，即及时、全额地收回货款。

（三）恰当处理投诉，巩固并扩大顾客群

即使是最优秀的推销员，也不可能保证永远不发生失误或不引起顾客的投诉。当顾客不满意时，他可以说出来，也可以一走了之。如果顾客不说出来，推销人员就很难发现他们不满的真正原因，可能连消除不满和误解的机会都没有，而进行投诉的顾客却给予了推销人员解释和弥补的机会。

据调查，如果投诉问题得到解决，将会有60%的顾客会继续向你购买，若能迅速解决投诉的问题，将有90%～95%的顾客愿意成为你忠诚的顾客。因此，顾客投诉并不可怕，关键是如何对待投诉，消除顾客不满、改善与顾客的关系。

1. 顾客投诉的内容

因为销售的各个环节都有可能出现问题，所以投诉也可能包括多个方面，主要可归纳为如下几点：

（1）质量投诉，主要包括产品在质量上有缺陷，产品规格不符，产品有故障等。

（2）买卖合同投诉，主要包括产品数量、等级、规格、交货时间、交货地点、结算方式、交易条件等，与原买卖合同的规定不符。

（3）货物运输投诉，主要包括货物在运输途中发生损坏、丢失和变质，因包装或装箱不当造成的损失等。

（4）服务质量投诉，主要包括对企业各类人员的服务质量、服务态度、服务方式、医护技巧等提出的不满和抱怨。

2. 处理投诉的原则

推销人员在处理投诉时要遵守以下原则：

（1）礼貌接待，安抚情绪

无论顾客的态度如何，无论顾客是否有误解，不要与顾客发生争执，也不要争辩，要充分地聆听顾客的陈述，善于运用有声语言和身体语言表达对问题的重视，站在顾客的角度表达理解，并展现积极解决问题的态度。

（2）适时致歉，缓和顾客情绪

如果确实是由于我们的不足之处而导致问题的发生，就应诚恳地就事件进行道歉。如果只是顾客误解，也应有道歉的语言，以舒缓顾客的情绪。

（3）调查事件原因，并拟订改善对策

掌握良好的沟通技巧，积极与顾客及公司沟通，尽快了解事情发生的来龙去脉，寻求双方认可的解决方案。

（4）处理迅速，赢得顾客信任

处理速度及时、合理，响应要迅速，并把问题解决的步骤和进程及时与顾客沟通，以赢得顾客的信任。

（5）检讨结果，避免同类投诉发生

检讨结果，留档分析，避免同类投诉发生。对每一起顾客投诉都应及时寻找问题发生的根源，并提出整改方案。同时对其问题和处理做详细的记录，及时吸取教训、总结经验，以避免同样事情的发生。

（四）反思整个推销过程，不断提高推销技能

推销过程结束后，推销人员应回头对整个推销过程的每个细节进行回顾、总结，这个环节是推销人员绝对不可忽视的。它可以使推销人员对自己在推销过程中的成功之处和失败之处有一个清醒的认识，有利于推销人员总结经验、发现问题，更好地做好今后的推销工作。

一般来说，推销人员应该从以下几个方面总结：自己的顾客追踪计划是否周密？在顾客追踪过程中有没有需要改进的地方？通过这次顾客追踪活动，自己有哪些收获？在顾客追踪管理的技巧和方法上有哪些新突破？顾客追踪管理是否达到了预期目标？下一步的工作打算是什么？

对于这些问题，推销人员应认真回答，并作为资料保存起来，相关问题要及时和企业沟通、反馈，以使企业及时改进产品和服务，更好地满足顾客的需要。没有总结就没有提高，推销人员应该善于学习，善于积累，用心体会每一个顾客追踪管理的细节，使自己不断进步，逐渐成为一名优秀的推销人员。

第二节　推销追踪管理的内容

一、售后服务管理

重视售后服务是赢得顾客并最终赢得市场的法宝之一。没有售后服务的销售在顾客眼里是没有信用的销售；没有售后服务的商品，是没有质量保障的商品；而不能提供售后服务的企业和推销人员，其最终也无法赢得顾客的信赖和忠诚。

（一）售后服务的技巧

企业的销售活动是一个连续的活动过程，成交并非是顾客开发工作的结束，而是下次销售活动的开始。在成交之后，推销人员要向顾客提供服务，以努力维持顾客，因为这对合同履行、下次交易等诸多方面都有直接影响。

很多公司往往更青睐于和其他顾客做更多的生意，而忽略了售后服务环节。然而，假如公司无法提供恰当的售后服务，则很可能使原本满意的顾客变得不满意。

尽管售后服务的准确内容取决于特定的产品或市场状况，但对很多推销人员来说，售后服务仍然是一种确保顾客满意的普遍技巧。

知识链接

影响顾客关系的推销人员的行为

积极的行为	消极的行为
主动积极的电话访问	仅仅回电话
进行推荐	只做辩解
坦陈直言	使用冗长而令人生厌的交流方式
表示谢意	—
作出服务建议	等待服务要求
使用“我们”等解决问题的语言	使用“我们负有…”的法律语言
不回避个人问题	仅仅对问题作出反应
谈论“我们共同的未来”	隐藏个人问题
日常回应	谈论过去
承担责任	紧急情况反应
计划未来	推卸责任
	—

对照图表，结合实际，我们可以看出，有技巧的，好的售后服务应该包括以下步骤：

1. 发一封表达诚挚谢意的信

大约在交易达成的两天后，无论是写在公司信纸上的正式信函、一张非正式的便条或仅仅是一张明信片都能用来清楚明确地表示对顾客的谢意。

售后感谢信

亲爱的××女士：

对你的持续购买我们深表感谢。像您这样的顾客是非常友善的，为了表达我们诚挚的谢意特附上一份感谢证书和优惠证，我们将给您和您的公司，提供所能提供的最高的优惠率。

这一优惠率只给精选出来的、有资格享受最大的优惠和购买特权的特别顾客。我们希望在我们未来的业务中发挥它的作用。

再次感谢您的支持！

推销人员×××

2. 检查送货情况

在送货的那一天，推销人员应电告顾客，这不仅是为了确定一下货物已送出，更为表明推销人员对顾客应该得到的服务的重视。一旦发生了送货不能执行或收到时货物损失等问题，推销人员可以采取恰当、及时的行动。问题发生了，应该由推销人员而不是其他人告诉顾客有关的消息。

3. 确保买方公司的雇员了解所购产品的功能或用途

买方对卖方及其产品有恰当的认识，进行应有的培训常常能够对投诉防患于未然。

4. 如果产品要求安装，推销人员应该在送货后立即拜访对方

拜访，一方面可以确保产品恰当地安装和不发生任何问题，另一方面拜访也能向买方公司表明推销人员对建立长期业务关系的关心，显示推销人员及其公司的诚意和可信度。通过提供好的售后服务，推销人员能够保证他们的顾客满意，作为回报，这种信任将建立起良性的业务循环关系。

案例资料 8-1

不收费是赔本买卖吗？

前几天，小刚的汽车出现不明原因的声响。他去了几家汽车维修部，都查不出原因。最后来到一汽大众维修站。修理工先是给车上“架”查找，又到外面试车，最后打开发动机盖，修理工趴在车头上在行驶中查找原因，终于听出响声是因轮胎螺丝松动。修理工把螺丝拧紧，安上拆卸下来的其他部件，告诉修好了可以走了。小刚来到收款处交款，收款员告诉他不收钱，并开了出门证。朋友不解，觉得一点钱不收说不过去。好不容易才查找出故障原因，起码也得收点工时费呀。工作人员解释道：“我们维修站有具体价格标准，这样的毛病是不收费的。”小刚深受感动，说：“连查毛病带修理都不收费，这样的服务谁还信不过？以后车有毛病，就上这儿修啦！”

良好的售后服务也提供潜在的贸易机会，因为满意的顾客通常是潜在的新顾客的最好的信息源。一些满意的顾客相信，推销人员的售后服务所带来的利益有所回报的方式是向推荐对该产品或服务感兴趣的人。

（二）完善售后服务的方法

为顾客创造舒心的感觉，要求推销人员集中分析顾客的需要，并尊重和承认这些需要。在售后服务中，一张为订货而表示谢意的手写便笺、售后一个问候或顾客是否满意的电话都传递给顾客这样的信息：他是重要的，与你做生意是值得信赖的。要使顾客在售后感到舒心，关键在于消除他们在作出购买决定后的不安全感。

只有那些通过良好的售后服务减少甚至是消除这种不安的推销人员和公司，方能在培养顾客忠诚度和促进重复购买的竞争中遥遥领先。当知道自己处在推销人员及其公司的关心和照顾中时，顾客才可能真正感觉良好。

1. 售后服务的程序

在了解与顾客建立融洽和谐关系的售后服务的重要性后，推销人员要建立和发展售后服务程序。这一程序主要有以下行为：

（1）在公司内建立一套制度，以确保所有顾客或潜在顾客提出的信息、抱怨或解决问题的要求都能得到恰当的和有效的处理。

（2）建立常规检查制度，收集顾客对所购产品的看法。

（3）在常规的基础上，满足用户公司中的关键人物的信息需求，确保他们每一个人都能收到所有的通知。当然，这种接触的频率应建立在有销售潜力的基础上。

（4）使每一位顾客都能找到你，留下可以在晚上和周末与你联系的电话号码。你尽可能放心，这些号码将仅在极端危急的时刻才用。

（5）通过与顾客分享有用的信息，并保持日常联系，使顾客感到他也是你工作网络的一部分。

通过建立和完成一种标准化的售后服务程序，每一个推销人员都可以与带来重复购买的忠诚顾客建立各自的关系。

2. 完善服务措施

（1）验核订货，调整规模

通过验核订货，确保合同执行和货品的发送做到及时、安全，能即刻得到顾客的好感，尤其是新顾客，在此基础上，要帮助顾客调整订货规模。由于顾客很难准确预测出需求量，订货量也就难以把握，在执行合同过程中，生产状况、市场态势都在发生变化，推销人员应帮助顾客调整订货规模，酌情增减。实际上，经过销售以及卓有成效的随访、登门拜访等工作，往往都能得到对方的追加订货。

（2）送货服务

对购买较为笨重及体积庞大的商品，或一次购买量过多，自行携带不便时，以及有某些特殊困难的顾客等，均应提供送货服务。其形式包括自营送货和代营送货。前者是由企业用自有设备送货，后者是指企业代客委托固定联系的运输单位统一送货。这将对方便消费者购买，促进产品销售起到非常重要的作用。

（3）安装与使用

顾客购买的商品，有的在使用以前需要进行安装，而顾客往往没有有关的安装设备和安装技术，更有甚者，由于不知产品的起码知识，顾客还有可能造成新购物品的损坏，然后根据保单要求赔偿。为防止这类问题发生，就得注意测量顾客对所购产品的特性、特点、使用方法等方面了解的程度，让顾客学会单独操作，必要时应在送货时入户帮助安装。同时，还要注意信息反馈，对使用过程中出现的问题，须适时给予解决，排除不满，避免让矛盾发展、激化，必要时宁可做些赔偿，也绝不能失去一个顾客。

（4）“三包”服务

“三包服务”指包修、包退、包换服务。包修是指对顾客购买本企业的商品，在保修期内实行免费维修，超过保修期则收取维修费用，有些产品，实行终身保修，如中意电冰箱，在超过保修期后也不收取维修费，只收材料费，并且还为顾客提供上门维修服务，因而在消费者中树立良好的形象，产品畅销不衰。包换是指顾客购买了不合适商品可以调换。包退是指顾客对购买的商品不需要，或者感到不满意，或者有严重的质量问题时，能保证退货。商品的“三包”服务是树立企业信誉，促进销售的竞争手段，是一项重要的经营策略。每个企业都应根据不同商品的特点和不同的条件，制定具体的商品“三包”办法，正确处理购销矛盾，为顾客提供各种方便。

案例资料 8－2

联想的售后服务对我们有什么启示？

“太感谢你了，让你大老远跑来给我修电脑。联想服务真是快!”陈先生握住联想服务工程师的手，不住地说道。原来，家住郊区的陈先生圣诞节那天买了一台联想电脑，全家正高兴，没想到家里的电路偏巧出现短路。等到电路故障排除时，发现电脑无法启动，这下全家可犯了愁。当时陈先生想打电话给联想让其派人来修，但考虑自己住得太偏僻，从县城过来得花三四个小时，联想服务肯定无法及时上门检修。于是想请个懂电脑的朋友来帮忙，朋友一听说是联想的电脑，马上建议：“联想电脑不用自己修。打电话报修吧，联想服务不错的!”陈先生便抱着试试的想法给联想打了电话，没想到联想服务工程师接到报修电话后两小时就赶过来了，并且当场修好了电脑。联想服务工程师解释说，为了快速解决顾客问题，联想实施的是实时调度，他正好在周边地区服务，维修站便打手机通知他，让他来这里上门检修。

（5）包装服务

商品包装是顾客服务中不可缺少的项目。商品包装的形式多种多样，如单独商品包装、组合商品包装、散装商品的小包装、礼品包装等。企业对商品的包装要讲究精致、美观、坚固、耐用、便携，同时，还可以在包装物上刊上企业的名称、地址、服务方式等内容，同时也可做一些广告宣传。

（6）提供知识性指导和产品咨询服务等

顾客在购买商品后的使用中，经常会遇到这样或那样的问题，推销人员必须像对待自己的问题那样对待顾客的问题。因为从长远看，只有顾客获得成功，你才能再次与顾客进行交易，从而来扩大自己的成交额。同时，推销人员处理顾客所遇到的问题的速度，也体现了你对顾客的重视程度。

知识链接

优秀的服务有助于密切顾客关系

IBM（国际商业机器公司）曾做过这样的广告："IBM 就是最佳服务的象征。"这家生产、销售计算机的企业以提供世界上最好的服务作为经营的宗旨。为了实现这一目标，公司专门挑选一批优秀的技术人员担任为期三年的主管助理。在这三年之中，他们唯一的任务是对任何顾客的抱怨困难，必须在24小时内给予解决。有一次，美国佐治亚州，亚特兰大市一家公司使用的 IBM 计算机出了毛病，在几小时之内，IBM 公司即派出八位专家检修，其中四位来自欧洲，一位来自拉丁美洲，还有一位来自加拿大。为了确保公司与顾客的密切关系，该公司每月征询顾客对员工服务质量的满意程度，定期进行员工服务质量的检查，以此作为员工奖励的评定标准之一。

3. 提高售后服务质量

服务质量是衡量企业在出售产品和提供劳务时，对用户及消费者服务程度和服务水平的考核标准。努力提高服务质量，对巩固服务效果，增加顾客购买，促进产品销售起着非常重要的作用。如何提高服务质量呢?

（1）树立正确的服务观念

"真正的销售始于售后"，其含义就是，在成交之后，推销人员能够关心顾客，向顾客提供良好的服务，既能够保住老顾客，又能够吸引新顾客。你的服务令顾客满意，顾客就会再次光临，并且会给你推荐新的顾客。具有正确的指导思想，才能使企业有明确的奋斗目标和方向。

（2）保持良好的服务态度

观念的改变决定了做事态度的转变，而态度又决定行动，推销人员服务态度热情、周到、和蔼可亲，以礼待人，尊重顾客，是赢得顾客好感、赢得持续性订单的关键因素。

（3）服务要一视同仁

所谓服务一视同仁，就是不管顾客是谁都同样热情接待。但有些推销人员、售货员所经常犯的毛病是，重视买贵重物品的顾客和身得西服革履的顾客，对购买便宜商品的顾客和喜欢挑选商品的顾客往往比较冷漠。实际上，这样做推销人员就把这些顾客拒之于门外了，因为不论是谁，如果他受到不平等的对待，心理就会对推销人员或企业产生一种偏见，以后很难来此重复购买了。

案例资料 8－3

吉拉德成功的秘密在哪里?

卖汽车，人品重于商品。一个成功的汽车销售商，肯定有一颗尊重普通人的爱心。

一天中午，一位中年妇女从对面的福特汽车销售商行，走进了吉拉德的汽车展销室。

她说自己很想买一辆白色的福特车，就像她表姐开的那辆，但是福特车行的销售人员让她过一个小时之后再去，所以先过这儿来瞧一瞧。

"夫人，欢迎您来看我的车。"吉拉德微笑着说。

妇女兴奋地告诉他："今天是我55岁的生日，想买一辆白色的福特车送给自己作为生日礼物。"

"夫人，祝您生日快乐！"吉拉德热情地祝贺道。随后，他轻声地向身边的助手交待了几句。

吉拉德领着夫人从一辆辆新车面前慢慢走过，边看边介绍。在来到一辆雪佛莱车前时，他说："夫人，您对白色情有独钟，瞧这辆双门式轿车，也是白色的。"

就在这时，助手走了进来，把一束玫瑰花交给了吉拉德。吉拉德把这束漂亮的花送给夫人，再次对她的生日表示祝贺。

夫人感动得热泪盈眶，非常激动地说："先生，太感谢您了，已经很久没有人给我送过礼物。刚才那位福特车的销售人员看到我开着一辆旧车，一定以为我买不起新车，所以在我提出要看一看车时，他就推辞说需要出去收一笔钱，我只好上您这儿来等他。现在想一想，也不一定非要买福特车不可。"

后来，这位妇女就在吉拉德那儿买了一辆白色的雪佛莱轿车。

所以，不论顾客地位是高是低，年龄是大是小，穿着是好是坏，购买的量是大是小，推销人员都应一视同仁，平等对待，这在各类服务工作中都是很重要的。

(4) 服务要独具特色

顾客对商品的需要是多方面的，对服务质量的要求也多方面的和具体的，而且顾客类型不同，服务的具体要求也是不同。

(5) 服务设备现代化是提高服务质量的重要环境

科学技术的高速发展，也为人们生活带来了更新更高的要求，人们对服务的要求是舒适、方便，企业经营者就必须看到这一发展趋势，不断改进和美化企业经营环境，尽可能增添各种现代化设备，提供多功能服务，以适应现代人们生活的需要。

4. 常见的售后问题

一个好的顾客方案需要解决许多售后问题。尽管这些问题有针对特定公司而言的特殊性，但仍然存在一些一般性的问题，诸如价格变动、交货延迟、安装粗劣、促销信息缺乏、付款信誉不佳和培训不足等。

(1) 价格变动

价格变动，尤其是提价，如果处理得不当，很可能产生问题。发生的任何价格变动，应该立即记录到公司的价格表上。每当价格变动，尤其是提价，推销人员应通知顾客以便他们能采取合适的行动。

(2) 交货延迟

延迟交货是用户经常产生不满的售后问题。一项延迟的交货可能影响顾客的计划，并且如果延迟导致了缺货则在一段时间里可能减少顾客的销量。一旦出现推销人员无法控制的延迟交货，推销人员应该使他们的顾客对按合同精确交货的预期最小化，并及时地让顾客了解延迟及其原因。推销人员可以借助核实订单是否准确、是否包含了所有必要的信息、手续是否齐全等，帮助制止某些交货延迟的发生。

(3) 安装粗劣

某些产品，顾客的满意与产品的恰当安装密切相关。通常，产品的安装不是推销人员的责任，但尽其所能保证安装恰当地完成是良好服务的原则。组织优秀的安装人员或直接监督安装完成这一任务。至少，每一个推销人员应该与顾客联系，确认在安装期间没有什么问题发生。

(4) 促销信息缺乏

推销人员必须确保每一位顾客清楚地了解任何可能得到的促销资金或者津贴。大部分公司按照金额和产品给顾客促销津贴，这些津贴可以是合作广告、产品购买数量、促销展示或新产品试用等形式。无论何种形式，推销人员应该使每一位顾客清楚津贴及其利用方式。

(5) 培训不足

某些特殊的产品，用户公司的人员接受良好的产品使用培训是很重要的。在一些例子中，这一技巧是如此复杂，以至于培训就是售后服务不可分割的部分，没有培训，顾客的满意度将大大降低；培训不足，顾客可能无法恰当地使用产品，也会产生不满。

二、货款回收管理

售出货物与回收货款，是商品交易的两个方面，销售的本质就是将商品转化为货币，并且通过这种转化，实现经营利润。每个推销人员都希望自己的顾客在收到货物后能立即付款，但是在现代社会中，即使一再强调诚信的重要性，仍有一些人或企业在各种利益的驱使下，严重缺乏付款意识。如果，货款不能及时收回，那么推销就成为了失败的推销，这必然会给公司带来很大损失，有时这种损失甚至可能会使公司的资金周转受到严重影响，使企业蒙受巨大的损失。因此，目的明确，及时全额的收回货款，就成为了推销人员的一项重要工作任务。要完成这项任务，需要推销人员在事先强化顾客的回款意识，并针对顾客欠款的原因，采取有针对性的方法进行解决。

(一) 及时回款的意义

任何一桩业务，只有在货物发出、货款收回的情况下，才表示销售过程圆满完成。

1. 及时回款对本公司有利

任何一家公司，对自己的产品或服务的销售额或销售量都会保持着急切的关注态度；同时，任何一家公司也同样注重货物的回款，有些公司甚至为了能更加及时地收回货款，宁愿牺牲一定程度的利润。这些公司之所以如此注重回款的重要性，就是因为及时收回货款可以为公司减少很多损失，有时及时收回的货款还可能直接为公司创造巨额效益。

如果推销人员在保证成交量的前提下，能减少赊欠货款，那么公司的资金周转就会更加灵活。这对新产品研发、生产加工、原材料购进都会起到促进作用，保证公司销售额和整体利润的不断增长。相反，一旦货款不能及时收回，公司的资金周转就可能会出现问题，那么其他所有的生产与经营活动都必将受到影响，最终公司的利润也受到影响。

2. 及时付款能保证顾客的长期利益

表面上看，及时收回货款对产品所在的公司意义重大，但事实上，对顾客的长期利益也是十分有利的，毕竟很少有顾客能够依靠拖延付款时间而获得更长远的利益。在与顾客进行联系的过程当中，推销人员应该在一定的时机向顾客传达及时付清货款对其自身的种种益处。比如，及时付款有利于顾客建立良好的信誉度，还能够促进顾客迅速延伸产品效益，有利于顾客在今后的购买过程中掌握更多的主动权。如果不能及时付清货款，那么当顾客今后再急需货物时，推销人员就会持谨慎态度，这将导致顾客处于十分被动的局面。

3. 有利于双方保持长期合作

如果在多次交易中推销人员与顾客都能在回款问题上达成一致，那么在今后的业务当中，双方之间就很容易建立一种友好的长期合作关系，这对于双方长远利益的实现具有重要意义。相反，如果以往交易中的货款一直难以收回，那么双方今后的合作就会因此受到阻碍，这对于双方长期利益的实现具有较大伤害——销售一方的货物销售量会受到影响，利润因此降低；顾客一方的需求难以得到满足，可能会因此导致其他问题。更重要的是，如果双方的长期合作关系因此受到破坏，今后如果再想确立，双方所付出的努力就更大了。

（二）及时判断可能的呆账

回笼的货款是推销人员业绩的体现，如果公司的应收账款增多，回款率下降，出现巨额呆账、死账，就会影响公司经营和可持续发展，因此，推销人员必须要学会通过各种渠道和信息判断顾客那里是否出现了不良的财务状况。

一般来说，引起“呆账”的顾客表现，有以下几点：

1. 进货异常

推销人员平时要深入了解顾客的经营状况、库存数量以及当前的市场情况等，以便对该顾客的每月进货量、进货种类、进货时间等，在内心有个概算。如果顾客不正常订货，那么更应深入了解原因。

2. 货品流向不明

如果发现某顾客的生意并没有比以前好很多，但是最近向自己进的货一下子就不见了，而且订货次数屡屡增加，推销人员就要注意该顾客是否“转售同行”，或者“填支票洞”。如果真是这样，那么货款回收就会出现很大困难，必须及时采取有效措施进行处理。

3. 削价求售

如果顾客出现削价求售的情况，那么很可能是顾客的经营出了问题。这种顾客虽然近期内不一定会倒闭，但如果长期以债养债，资金问题必然十分严重。因此，如果你发现顾客有长期削价求售的情况，推销人员必须选择一个最有利的时机，诱使其提前付款，并终止往来，或者选择比较保守的方式保持往来。

4. 延期付款

如果发现顾客的进货消化速度很快，没有什么库存，但要求付款时却一直拖延不给，这显然是其财务结构不良，推销人员对此应小心谨慎，防患于未然。

5. 会计人员突然离职

如果企业的财务出现了问题，那么最先察觉到大事不妙的一定是企业的会计人员。因此，当顾客公司的会计人员突然离职时，推销人员要马上追查该会计人员的离职原因，同时从各种角度衡量该顾客的财力是否出现了问题。

6. 对本公司过分捧场

如果某顾客一向与公司交易不多，但最近却一反常态，对本公司非常成交过分捧场，进货量也大大增多，连公司里不太畅销的产品也愿意大量购进货，对品质也不再计较。此时，推销人员必须提高警觉，深入求证该顾客公司是否有发生倒闭的可能。

7. 老板经常不在

顾客公司里的老板最近突然变得经常不在公司里，早出晚归，找不到人。此时，推销人员更要增加拜访次数，查出老板经常不在是否与该公司的信用“红灯”有关。

8. 第六感觉

一位优秀的推销人员时刻注意观察分析周围环境变化，久而久之对环境就会有一种洞察先机的第六感觉。当推销人员走入顾客公司时，如果有不祥的第六感觉，那么你必须相信自己的感觉，立即暂停出货，赶紧收款，并立刻着手求证。

（三）催款的方式和技巧

催款要掌握一定的方式、方法；否则，难以向顾客施加压力，效果也就难以保障了。

1. 注意说话技巧

良好的语言能力不仅在推销过程中具有重要意义，在收款过程中同样重要。作为一位合格的推销人员，在收款时必须掌握一定的语言技巧。因为这不仅有利于调节气氛，还有助于沟通彼此间的感情，达到说服顾客的目的。在与顾客交流时，推销人员要表现出足够的专业水平，说话要目的明确，有理有据，条理清晰，而且要知道什么该说，什么不该说，这样才能表达出自己的目的和意愿，起到说服顾客的作用。

2. 控制自己的情绪

在催款时，一定要与对方进行良好的沟通，保持理性，不可随便发脾气或者威胁对方；否则，只会让结果更加糟糕，不利于收款的顺利进行。如果推销人员在催款过程中咄咄逼人，将会破坏此前辛辛苦苦建立起来的良好合作关系。顾客一旦产生抵触心理，就会在还款过程中故意制造各种障碍。因此，在面对欠款的顾客时，即使你很愤怒，也要努力控制自己的情绪，保持清醒与主动，不要轻易就被顾客激怒。

3. 准备好充分有效的资料

在开始催款前，推销人员要准备好各种资料，比如销售合同、对账单等，以应付顾客可能提出的各种托辞，不能让催款活动败在资料和信息的缺失上。

4. 选好合理的催款时间

推销人员要知道，无论是电话还是上门催款是需要花费很多时间和精力的，所以推销人员需要熟悉对方的习惯，根据实际情况确定催款的时间。同时，在催款前要留有充分的准备时间，因地制宜是非常重要的，要尽量避免因为时间过于紧凑而无功而返。例如：电话催款可以选择在对方刚刚上班不久的时候打电话比较合适。

5. 通过倾听掌握信息

沉默是最高明的说话术。在催款时，推销人员一定要善于倾听顾客的谈话，不要轻易打断顾客的谈话，只有在必要的时候才开口。要时刻注意顾客谈话的每一个细节，并要通过顾客的声音、语气等，弄清楚顾客的真正意图，通过顾客传达过来的信息研究下一步对策。

6. 做好应对顾客无意付款或故意拖赖的心理准备

当顾客无意付款或故意拖赖时，推销人员一定要主动出击，坚持“款不结清，誓不罢休”的态度，绝对不要姑息。首先，可以由主管会同律师一起上门催讨，声势排场要大，表现出严肃感，不可有笑容或卑屈的神情。而且，语气要严肃，态度要坚决，不能心软，要义正词严地表明收不到钱绝不撤回。同时，你要传递给顾客的态度就是：今天必须解决，绝不可改日再行商议。事实上，很多存心拖赖的顾客，都是打着能拖多久就拖多久的算盘，只要催款人义正词严地表现出“非收回不可”的决心，他们大部分会解决拖欠的款项。

（四）对不同顾客运用不同的催款方法

不同的顾客在面对付款时，表现出来的行为也各有不同。对此，推销人员要能够把握住不同类别顾客的不同心理，并采取相应的有效措施，及时收回账款。

1. 经营不佳

原因分析：由于顾客扩大业务或经营不善等原因造成自己紧张，没有足够的资金支付欠款。

对策探索：与其建立某种信任、友谊，用温情打动顾客，争取顾客的理解和同情，让顾客知道马上收回这笔货款对推销人员的重要性。这样不仅能收回账款，还能多交一个朋友，进一步友好往来。感情一旦建立了，一切问题便能迎刃而解了。

2. 贪小便宜

原因分析：由于顾客喜欢贪小便宜，在付款时不是对零头尾数拒绝给付，就是将事先谈好的折让比率提高要求。他们的想法就是尽量占便宜，只要有利可图，就一定会在付款时想尽各种理由将货款打折。

对策探索：对付这种顾客，推销人员在收款时可以先验证一下该顾客过去是否有短付的前科，公司是否会同意该折扣的尾数不必收回，如果坚决收回，是否会得罪顾客。弄清这些问题后，再用和蔼的口气和坚决的态度，向顾客解释遵照交易条件能获得的长期利益。如果顾客要求折扣的金额不多，而且顾客过去的付款信用良好，那么不妨做个顺水人情；如果顾客信用不佳，且有短付的前科，最好不要接受顾客的折让要求，不妨先礼后兵，施加高压政策，务必设法全数收回，绝不姑息；否则，增加日后收款的难度。

3. 大吐苦水

原因分析：顾客以产品销路为借口，故意不按时结款。这种类型的顾客经常在推销人员收款时说些“利润微薄、销售不佳”等大吐苦水的话，其实他们这样做的目的不过是想让推销人员给予他们账期上的特别优惠。

对策探索：推销人员可以多加倾听，让其适度地抱怨，解除其心理压力，然后适当给予他们赞美，激发他们的荣誉心，让他们了解到依约付款是一流顾客的具体表现，再适当向顾客提供一些能够增加利润的秘诀。

4. 态度傲慢

原因分析：这类顾客在推销人员处理结账事宜时，通常会摆出一副“我是大爷我怕谁”的傲慢姿态。顾客之所以这样做，往往是由于自卑心理在作祟，他们故作无情，是不想让人看出内心由于理亏而造成的软弱。

对策探索：对于这类顾客，推销人员要多说一些夸赞他们的话，并多向其请教成功经营的经验和秘诀，做个好听众，满足他们的虚荣心。并为他们多提供一些具体有效的服务，让顾客慢慢认识到自己的存在价值，了解到推销人员对他们的感恩之情。

5. 犹豫不决

原因分析：这类顾客在付款时，所表现出来的态度多是举棋不定、犹豫不决。这是因为他们唯恐自己先付款会吃亏，有暂时拒绝付款的意思。他们对待付款所持的态度是“谨慎保守”，一定要等到别人都付清了账款，自己才愿意付款。

对策探索：针对这类顾客，推销人员可以先强调顾客信用的重要性，帮助他们坚定依约付款的信心和决心。如果无效，可以列举其他顾客付款的事情，拿出其他顾客已付清货款的现金、支票或本票等。如果仍然无效，不妨向其说明不按时付款将会面临的各种困扰。

6. 出纳不在

原因分析：出纳有事外出无法结账，此种情况一般发生在小公司。此种情况也可能是顾客拖延付款的借口。

对策探索：了解顾客公司制度是否完善，如果是借口，就软磨硬泡，不断催款。

7. 老总出差

原因分析：老总出差在外，其他人不敢擅自作主结账，或为顾客拖延付款的借口。

对策探讨：观察对方是否在撒谎，故意躲避偿还。如果情况属实，推销人员没有必要再催促，因为找不到决策人，只能浪费自己的时间；如果顾客是故意敷衍，则要根据具体情况采取相应的对策。

8. 故意拖欠

原因分析：顾客原本信用较差，故意赖账，拒绝还款。欠款只是为了满足自己爱占便宜的心理，而且是存有侥幸，希望能够避开追讨。

对策探讨：出其不意，上门催讨；对于长时间的恶意拖欠，可以诉诸法律；向顾客诉说你的难处，争取得到顾客的理解和谅解；在未收到货款前，暂时停止供货，让顾客知难而退；在有其他人的情况下，也不离开，继续要求顾客还款。这样，顾客往往碍于面子，就会偿还欠款。

实际上，收款之道贵在洞悉顾客的内心，然后准确掌握顾客的想法，针对不同情况提出有效的应对方法。做到了这些，推销人员自然就能游刃有余，全胜而归。

三、顾客投诉管理

如前所述，顾客投诉无论是对公司还是对推销人员都是很有价值的信息来源和工作经验，只有采取适当的方法及时处理顾客投诉，给顾客满意的答复，然后针对投诉改进产品质量或是服务流程等工作环节，才能促进企业在曲折中不断发展。

但是，消除顾客的不满并非易事，它需要详尽了解顾客的投诉内容，分析投诉原因，解决顾客最想解决的问题，努力提升顾客满意度以及推销人员和公司在顾客心目中的形象，最终达到顾客与公司都满意的效果。

（一）顾客的投诉原因及处理

1. 产品质量

投诉原因：因劣质产品或假冒产品等原因引起的投诉。

处理方法：真诚道歉，退换商品。如果因使用商品给顾客造成了损失，要给予赔偿，如赠送新产品或做经济上的补偿。

2. 货物运输

投诉原因：因产品在运输过程中损坏、丢失或因包装不当引起顾客投诉。

处理方法：分析责任承担者，然后视具体情况而定，如属包装不当，销售方要真诚道歉，并给予补偿。

3. 使用不当

投诉原因：因推销人员对产品说明不够准确到位，或对使用方法讲解不清楚而引起的投诉。

处理方法：推销人员要承担责任，诚恳地向顾客道歉并给予补偿，如用旧产品换新产品，并给予安慰。

4. 接待服务

投诉原因：因顾客对推销人员不礼貌的服务态度而产生的投诉。

处理方法：要向顾客赔礼道歉，保证以后改进工作，不再有类似的情况发生。

5. 顾客误会

投诉原因：由于顾客情绪、偏见、道听途说或缺乏经验等引起的对产品、服务或推销人员的不满而产生的投诉。

处理方法：心平气和、耐心仔细地把事情的原委告诉顾客，请他理解。说话态度要委婉、诚恳，不要一味强调自己是无辜的；否则会再次引起顾客的怨气。

6. 顾客不讲理

投诉原因：有些顾客性格粗鲁，故意挑剔或无故大喊大叫，甚至辱骂、要横。

处理方法：应本着"有理、有利、有礼"的原则来处理，如果应付不了，及时向上级汇报。

案例资料 8－4

空调的安装费该谁来负担？

七月十八日，顾客王某到华联综合超市购买了一台LG空调。回到家，王某按照厂家告知的维修电话，与空调厂家联系，登记安装。因为天气炎热，空调销售猛涨，空调厂家的安装不能及时满足顾客的需要。王某足足等了半个月，每天打电话催促，空调厂家答复他还要排队等侯。

眼看天气日趋炎热，家中老人、小孩有中暑的危险，花费了几千块钱，白白扔在家里，王某没有办法，只好自己花了120元钱，请人给安装了。八月三日，王某来到华联，找到值班经理："我在你们华联购买空调，没有享受到免费安装的服务，还耽误了这么长时间。这笔安装费请你们给报销。"

（二）顾客投诉的处理技巧

1. 从倾听开始

倾听是解决问题的前提。在倾听顾客投诉的时候，不但要听他表达的内容还要注意他的语调与音量，这有助于你了解顾客语言背后的内在情绪。同时，要通过解释与澄清确保你真正了解了顾客的问题。

（1）主动倾听的4项要求

专注：专心听说话者说什么，摒除所有可能分心的想法。人脑处理"听"的速度约为"说"的6倍，所有人在听的时候会有很多的剩余时间用来分心，但是假如能够利用这些时间来深入理解琢磨对方的意图，那么分心的可能性小了，理解的准确性高了。

同理心：设身处地站在说话人的立场，了解其想要传达的讯息，而不是自己想要知道的。

接受：客观地倾听，不加判断，无条件接受说话者所说的。接下来会有足够的时间了解真实情况。

适当肢体语言反馈：倾听时尽可能了解说话者所要传达的内容。听内容，更要听其感觉。保持目光接触，肯定地点头或报以适当的面部表情。

（2）重复对方的话

重复对方的话的意思是当对方说了一段话后对来访者谈话内容及思想加以综合整理，用自己的语言反馈来访者。适时地用自己的话重述一次，最好是引用来访者谈话中最有代表性、最敏感、最重要的词语，一方面让对方觉得自己在认真地听，另一方面也在帮对方整理思路，让对方冷却一下发热的头脑，使得来访者有机会再次剖析自己的困扰，重新组合那些零散的事件和关系。

例如，你听了顾客反应的情况后，根据你的理解向顾客解释一遍：

“王先生，来看一下我理解的是否对。您是说您一周前买了我们的传真机，但发现有时会无法接收传真。我们的工程师已上门看过，但测试结果没有任何问题。今天，此现象再次发生，您很不满意，要求我们给你更换产品。”

向顾客澄清：“我理解了您的意思吗?”

认真倾听顾客，向顾客解释他所表达的意思并请教顾客我们的理解是否正确，这些都向顾客显示了你对他的尊重以及你真诚的想了解问题。这也给顾客一个机会去重申他没有表达清晰的地方。

2. 认同顾客的感受

顾客在投诉时会表现出烦恼、失望、泄气、发怒等各种情感。你不应当把这些表现当做是对你个人的不满。

愤怒的情感通常都会在潜意识中通过一个载体来发泄。因此对于愤怒，顾客仅是把你当成了倾听对象。

顾客的情绪是完全有理由的，是理应得到极大的重视和最迅速、合理的解决的。所以让顾客知道你非常理解他的心情，关心他的问题：

“王先生，对不起让您感到不愉快了，我非常理解您此时的感受。”

不用担心顾客会因得到你的认可而越发的强硬，表示认同的话会将顾客的思绪引向关注问题的解决。

3. 表示愿意提供帮助

在处理顾客投诉的时候，你可以尝试以下的语句：“让我看一下该如何帮助您。”“我很愿意为您解决问题”。

正如前面所说，当顾客正在关注问题的解决时，我们体贴的表示乐于提供帮助，自然会让顾客感到安全、有保障，从而进一步消除对立情绪，取而代之的是依赖感。

4. 解决问题

针对顾客投诉，每个公司都应有各种预案或称解决方案。我们在提供解决方案时要注意以下几点：

（1）为顾客提供选择；

（2）诚实地向顾客承诺；

（3）适当地给顾客一些补偿。

5. 让对方感觉到我们一直在努力

准备好表格，让对方填写起来。对方会觉得处理的程序非常规范。

拿出自己随身携带的小本子，在对方说话时，记录下来。当对方快讲完时承诺一定会认真处理，同时将小册子放进口袋。

当着对方面打电话给相关部门，并在电话里批评和斥责相关部门的失误，语气里可以稍微带一些愤怒。

（三）处理投诉的流程

顾客投诉处理一般可分为以下几个步骤：

1. 鼓励顾客解释投诉问题

这一步骤的主要工作有两个：一是了解事情的来龙去脉，以便帮助顾客解决问题；二是疏导和安抚顾客情绪。因此，在顾客投诉这一段时间，推销人员应多聆听，让顾客充分陈述问题，而不要打断他，创造机会让他尽情倾诉委屈和愤怒，同时推销人员还要及时表达对顾客刁蛮的理解，等顾客发泄之后再与其商讨问题的解决方案。所以，在处理投诉时，要记住先处理情绪，再处理问题的重要原则。

2. 复核事实，判断事情真相

因为用户总是强调那些支持他的观点的情况，所以推销人员全面、客观认识情况变得很重要，只有深入了解事情真相，才能找出令人满意的解决办法。但推销人员很容易受竭力为自己的不满讨个说法的顾客的影响，因此，这一步骤的工作要求推销人员谨慎处理，通过复述、询问等方法仔细核实事情的经过，并由此判断事情的真相。

3. 提供解决办法

在倾听顾客意见，并从顾客的立场出发考察每一种因素之后，推销人员有责任迅速采取行动和提出公平合理的最终解决办法。顾客一般会非常看重你对投诉的及时反应，推销人员应该尽一切可能加速反应或从公司得到行动方案。

当得到快速解决和公平的对待后，大多数顾客均会表示理解和满意。销售人员务必让顾客理解公司提出的解决办法是公平合理的。为了劝服顾客认识方案的合理性，有时需要大量细致的说服解释、反复保证或提供担保。在任何情况下，推销人员都不应该一味迎合顾客，因为，仅仅迎合顾客并不能建立起友谊，反而可能导致顾客失去对推销人员和公司的忠诚。

4. 公平解决索赔

为了帮助公司提出公平合理的解决办法，推销人员必须获得顾客索赔的金额、顾客索赔的频率、顾客账户的规模、顾客的重要程度、所采取的行动对顾客和其他顾客可能的影响程度等信息。在检查了所提供的信息之后，公司或推销人员才可据此整理出相应的妥善解决方案。

5. 建议推销

建议推销是一种建议顾客购买与主要产品相关的其他产品或服务的过程。它适合公司有相关产品或服务项目，能够帮助顾客解决遇到的问题或有助于增强顾客的满意水平时运用。也许有些推销人员会认为建议推销不是一种服务，而是对顾客的打扰。然而，只要能恰当地运用，它将有助于发展与大多数顾客的关系。

6. 核实满意度，表达对顾客的感谢

当顾客已初步接受解决方案时，事情并没有全部结束。因此，在这个阶段，推销人员应主动核实顾客是否还有需要解决的问题，并确定顾客对投诉处理的结果是否满意。此外，如果推销人员还能主动对顾客指出的工作不足表示感谢，这会让顾客认为推销人员是一位负责任和宽容大度的人，从而，会因投诉时粗暴而感到惭愧，产生补偿的心理，成为忠实顾客。

（四）处理顾客投诉时的注意事项

在处理投诉时，推销人员应记住，优异的销售业绩和利润来自满意顾客的重复购买的部分，多于新顾客的购买。进行第一次交易的成本几乎总是高于重复销售的成本。正确地处理投诉是提供给推销人员一个向顾客重复购买产品和宣传公司的机会。当一位顾客确实有抱怨，推销人员和公司应该努力处理，直到顾客满意为止。所以，在处理顾客投诉时，应该特别注意以下事项：

（1）顾客在投诉时，免不了会言语激烈、态度强硬。这时，不要露出不耐烦神色或表现出不愿意接待的态度。要避免以下情况发生：情绪激动，与顾客争执；挑剔顾客态度不好，说话不礼貌，伤人自尊；直接回绝顾客，对此置之不理；自己去做其他事情，把顾客晾在一边。

（2）顾客投诉很大程度上是因为顾客采用产品后，利益受损了，因此，顾客投诉往往是希望得到物质和精神上的补偿。应该尽量多给顾客一些补偿。因为顾客如果得到了额外的补偿，就会理解企业的诚意而对企业再建信心。

（3）顾客提出投诉后往往希望得到重视，如果条件允许，应尽可能提高处理问题的服务人员的级别，以此来化解顾客的怨气和不满。

案例资料 8－5

同样是顾客投诉，为什么处理结果差异会这么大？

一位顾客在购买××公司的打印机后，由于当时时间紧迫，没有试用，回去安装使用时发现打印的稿子不清晰。于是，他找到那位销售人员：

“我这才买了几天，你看看这打印出的效果，乱七八糟的。”

经过检测后，销售人员发现该打印机确实有质量问题。

推销人员：“买的时候为什么不当场试用一下呢？要不也不会有这种麻烦。”

顾客：“我是相信你们产品才没有试用……”

销售人员换了一台新打印机给顾客。

推销人员：“以后买的时候记住提出检查；否则，不会这么轻易就给换的……”

顾客：“你怎么说话的？明明是你们的产品质量有问题，为什么不换？”

推销人员：“……”

销售人员的态度激怒了顾客，两人生气地争吵了起来。这时，另一位销售人员以中间调解人的身份来劝说顾客，但他的口气明显在袒护同事：

“不是已经给你换了吗？就不要吵了。”

顾客一听更生气，于是气愤地说道：

“我要退货，对于这样的服务，我要找消费者协会来解决……”

销售人员还是毫不让步。

推销人员：“告吧，你以为我怕你啊……”

顾客：“……”

结果，一件容易处理的事情，却由于销售人员的错误做法而使问题严重化。

下面这位打印机销售人员的做法与前面销售人员的做法恰恰相反。一天，××公司的推销人员小刘接到了顾客的投诉电话。

顾客："你们公司的效率怎么那么差?"

推销人员："李科长，很抱歉！我姓刘，能否告诉我究竟是什么原因让您这么生气?"

顾客："上个月跟你们公司订了一台打印机，说好这个月6号送货过来，今天都12号了，为什么到现在还没看到货啊?"

推销人员："李科长，真是抱歉，延误了贵公司的作业，我马上帮您查出货单，真是抱歉，这是本公司的疏忽，我会向主管反映此事。麻烦您给我贵公司的电话号码，查到出货单，马上回电话给您，请不要生气。"

顾客："好吧。"

五分钟后，推销人员刘某拨通了顾客的电话。

推销人员："李科长您好，我是××公司的小刘，我已经帮您查过了，您订的打印机因为缺少一个零件，所以，延误至今没有给贵公司送过去，本公司未能及时告知，这是我们的疏忽，我已经跟经理报告过了，经理也已经下达命令给生产科，15号之前一定把打印机给您送过去，经理会亲自到贵公司向您致歉，真是抱歉!"

顾客听到推销人员的解释，不满情绪大减。

第三节　客情关系管理

在日常销售工作中，推销人员经常提到"客情"这个词。客情是什么呢？客情，其实就是顾客关系的一个通俗叫法。它是指合作双方建立起来的持久的、相互信赖的、具有巨大商业价值和个人价值的双赢关系。客情是推销人员职业生涯中最重要的基础之一，没有良好的客情，就不会有企业和推销人员发展的空间。因此，企业要建立顾客忠诚，除了要做好服务、对顾客关怀备至外，还要做好客情关系管理的工作，这是销售业绩得以持续提升的重要保障。

一、有效客情管理的好处

有效的客情管理能带来以下几种好处:

(一) 提高顾客忠诚度

人们有尝试新事物的欲望，但在现实中却又十分讨厌变化，担心变化可能要付出代价。如果你能深入了解顾客需求的变化，保证老顾客持续满意，并不断构筑更多、更牢固的客情，会使忠实的顾客越来越多。

(二) 降低成本

良好客情使你拥有更多老顾客。有研究显示，开发一个新顾客的成本相当于维护一个老顾客的5~10倍。而且，当推出新产品时，对老顾客有针对性的投入效率更高。与你关系密切的忠诚客户愿意每年买更多次，每次买得更多，买更贵的产品，他们会使你的业绩持续提升。

(三) 扩大顾客圈

良好的客情还能为你赢得很多新顾客。因为忠诚的老顾客会主动地帮忙向新顾客推荐，而且成交率达到60%，而自己去拓展新顾客的成交率难以达到10%。良好的客情也有利于发展和壮大自己的顾客队伍。成交之后，经常访问顾客，了解产品的使用情况，提供售后服务，与之建立并保持良好的关系，可以使顾客连续地、更多地购买推销品，并且可以防止竞争者介入，抢走顾客。同时，老顾客还会把他的朋友介绍给推销人员，使其成为推销人员的新顾客，使顾客队伍不断发展和壮大。

知识链接

值得学习的奔驰汽车公司的销售服务措施

德国著名的奔驰汽车公司的销售服务措施简直就是撒向全国乃至全世界的两张网。它的第一张网是推销服务网。任何一位顾客或潜在的顾客在它的推销处或推销人员那里，都可以对其汽车的样式、性能、特征等得到全面的了解。而且，根据顾客的不同需求和爱好，对诸如车型、空间设备、车体设备、车体颜色，甚至不同程度的保险钥匙等，都可以分别给以满足。第二张网是维修网。奔驰公司在国内共设了1000多个维修站。维修站的工作人员技术娴熟，态度热情，修车速度快。在任何一条公路上，汽车出了故障，车主只要向就近的维修站打个电话，维修站就会派技术人员来帮助修理，或者将车拉到站里进行修理，一般的修理项目当天就能完成，不影响车主使用。

（四）信息反馈

从原有顾客群体中，可以获得许多有益的销售信息，包括政策、行业趋势、各地域的市场环境变化、竞争对手信息、其他顾客的资料及采购信息，还有其他有利于销售的各类信息等。一方面，通过与顾客保持联系，可以获取顾客各方面的反馈信息，作为企业正确决策的依据；另一方面，通过做好成交的善后处理工作，能使顾客感觉到推销人员及其所代表的企业为他们提供服务的诚意，便于提高推销人员及其企业的信誉。

二、客情管理的内容

针对推销人员个人的客情管理工作的基本内容主要包括顾客信息管理、联系人管理、时间管理、潜在顾客管理、销售管理、电话销售、顾客服务、电子商务等方面。

（一）顾客信息管理

搜集并记录顾客基本信息、与此顾客相关的基本活动；顾客方联系人的选择；交易订单的输入和跟踪；建议书和拦驾合同的生成；顾客的分类；顾客信用限度的分析与确定等。

（二）联系人管理

联系人概况的记录、存储和检索；跟踪与顾客的联系，如每厂联系的时间、方式、过程的简单描述、联系的任务等；顾客的内部机构的设置概况记录等。

（三）时间管理

设计约见、活动计划；进行事件安排，如会议、电话、电子邮件、传真；备忘录；查看销售团队中其他人的安排，以免发生突；把事件的安排通知相关的人；制定任务表、记事本、提示等。

（四）潜在顾客管理

业务线索的记录、整理；销售机会的分析；潜在顾客的跟踪。

（五）销售管理

记录、整理销售信息，以便随时查阅；制作销售业务的阶段托告，并及时记录业务所处阶段、进行历史销售状况评价、分析成文的可能性；对自己负责的地域（地区）、行业、相关顾客、联系人等进行维护；根据利润、领域、优先级、时间、状态等标准，制定将要进行的活动、业务、顾客约见、联系等方面的计划；销售费用、应收账款管理。

（六）电话联系

设计专用的电话本、电话列表，并把它们与顾客、联系人和业务建立关联；拟定电话内容草稿等。

（七）顾客服务

服务的安排；跟踪与某一业务相关的事件；服务协议和合同；订单管理和跟踪。

（八）电子商务

推销人员还可以设计个性化的界面，与顾客保持多种方式、不限时的沟通。

三、客情管理的基本工作

客情管理的目的有两个：一是通过有规划地广拓客源，科学地层层筛选及维护，建立资源丰富的顾客宝库；二是在现有顾客中产生最大的销售回报。客情管理的工作便围绕此展开。其具体的方法有以下几个：

（一）建立顾客档案

要进行有效的客情管理，首先要对顾客有充分的了解，能及时了解顾客的各种变化，能够科学地将各种相关资料记录、分析、整理、归类，也就是要建立顾客档案。顾客档案应包括以下三种资料：

1. 顾客基础资料

销售人员应通过各种渠道积极收集顾客的基本信息，包括顾客名称、性别、年龄、地址、电话、传真、电子邮件等。

案例资料 8－6

推销员应该掌握顾客哪些情况呢？

几年前，某地有一个电信计费项目，A 公司志在必得，召集系统集成商、代理商组织了一个十几人的小组，住在当地的宾馆里，天天和顾客在一起，并帮助顾客编写标书，进行测试，关系处得非常好，大家都认为 A 公司拿下这个订单是十拿九稳的，但是投标的结果却出人意料。

中标方的销售代表是一个普通的女子，姓刘。事后，A 公司的销售代表问她：“你们是靠什么赢得那么大的订单呢？要知道，我们的代理商也很努力呀！”刘女士反问道：“你猜我在签这个合同前见了几次顾客？”A 公司的销售代表就说：“我们的代理商在那边呆了整整一个月，少说也去了 20 次吧。”刘女士说：“我只去了 3 次。”只去了 3 次就拿下了 2000 万元的订单？肯定有特殊关系吧！但刘女士说在做这个项目之前，她一个顾客也不认识。

个中原因是什么呢？

刘女士第一次来该地，谁也不认识，就分别拜访电信局的每一个部门，当拜访局长的时候，局长却出差了。经过询问，她知道了局长入住的那个宾馆，并马上给那个宾馆打电话说，“我有一个非常重要的顾客住在你们宾馆里，能不能帮我订一个果篮，再订一个花篮，写上我的名字，送到房间去?”

然后，她又打了一个电话给她公司的老总，说这个局长非常重要，现在在北京出差，无论如何你要在北京把他的工作做通。

她马上中断了拜访行程，赶了最早一班飞机回到北京。下了飞机直接就赶去宾馆找局长。等她到宾馆的时候，发现老总已经和局长喝咖啡了。

在聊天中他们得知，局长将有两天的休息时间，就请局长到公司进行参观，局长对公司印象非常好。一起吃完晚饭后，刘女士又邀请局长观看当时北京正在上演的话剧《茶馆》，这是因为她曾经问过办公室的工作人员，得知局长喜欢看话剧。

以上的努力自然使局长很高兴。第二天刘女士又开车把局长送到了机场，然后，对局长说：“我们谈得非常愉快!”一周之后，刘女士的公司老总带队到某地进行了技术交流，而她当时有事没有去。

老总后来对她说：“局长很给面子，亲自将所有相关部门的有关人员都请来，一起参加了技术交流，在交流过程中，大家都感到了局长的倾向性，所以，这个订单就顺利的拿了下来。后来，刘女士又去了两次，第三次合同就签了下来。”

A公司的销售代表听后说：“你可真幸运，刚好局长到北京开会。”

刘女士掏出一个小本子，说：“不是什么幸运，我所有顾客的行程都在上面。”打开一看，上面密密麻麻地记了很多人的名字，时间和航班，还包括顾客的爱好是什么，他的家乡在哪里，这一周在哪儿，下一周在哪儿出差等。

2. 经营资料

经营资料是指顾客的相关经营情况和信用情况。包括企业目标、服务区域、销售能力、经营现状、现存的问题、发展潜力、销售实绩、未来的对策、信用状况、支付能力、经营管理者及业务员的素质、与其他竞争者的关系等。

3. 行为资料

行为资料是指顾客购买行为的记录。如顾客与本企业交往的历史、参与购买的人员和部门、各部门对产品的评价、每次订货量和订货频率、每次交易纠纷的情况记录、双方合作的情况、使用竞争对手同类产品的情况等。

顾客档案的建立有利于推销人员深入地了解顾客需求，从而更有效地提供销售服务。要使顾客档案的作用发挥得更好，在建立和使用顾客档案时，应注意：定期更新、及时更新、档案完整、不要将档案束之高阁，应充分应用到各个方面。

（二）顾客分级管理

顾客管理的一个重要原则就是要做好对重要顾客的管理。在此，介绍一种按成交额和发展潜力对现有顾客进行分级管理的方法。推销人员可根据成交额和发展潜力两个指标把顾客划分为一级顾客、二级顾客、三级顾客、四级顾客四个级别。

（1）一级顾客，即非常重要的顾客，是在过去特定的时间内，购买金额最多的前1%，且具有最大发展潜力的顾客。针对这类顾客，推销人员应花大量的时间来维护关系。首先，要密切注意其生活状态、经营状况、财务状况、人事状况等的变动，以便及时提供相应的服务和调整销售策略。其次，要经常拜访，努力维系双方的感情。最后，应优选处理这类顾客的投诉。

（2）二级顾客，即主要顾客，是在特定时间内，消费金额最多的前5%，且具有较高发展潜力的顾客中，扣除VIP顾客后的顾客。这类顾客较易变为忠诚顾客，因此值得推销人员投入时间和金钱来建立关系。对于这类顾客，推销人员要关注他们的订购频率和数量的变化，同时也要经常拜访，提供较竞争对手更多、更好的服务。

（3）三级顾客，即普通顾客，是在特定时间内购买金额最多的20%顾客中，扣除前两种顾客之外的顾客，他们具有低成交额和中等发展潜力的特点。对于这类顾客，推销人员一方面可从中设法找出“明日之星”，把其培养为二级顾客；另一方面，应适当控制时间和精力的投入，向他们提供必要的服务，与这些顾客保持联系，让他们知道，在他们需要的时候，总是会伸出援助之手的。

（4）四级顾客，即小顾客，是除上述三种顾客外，剩下的顾客。这类顾客往往购买量少，要求却较高，忠诚度很低。对这些顾客推销人员应提供有限的服务，以保证重要的顾客得到充分的重视。对顾客分级进行管理，可以有效地提高推销人员的工作效率，从而获得最大的销售回报。

（三）建立伙伴关系

所谓伙伴关系，是指推销人员在分类管理的基础上，选择有发展潜力的重要顾客，利用自身的资源和能力，帮助顾客成长和成功，从而培养双方互信忠诚、长期合作的关系。建立伙伴关系的方法有以下几种：

（1）增加财务利益。财务利益是指向经常购买或大量购买的老顾客提供奖励，是使用价格优惠与顾客建立和保持关系的较传统的方法。运用这一方法常用的手段有批量价格优惠和老顾客时间价格优惠。优惠的形式有折扣，赠送商品、奖品等。通过增加财务利益，可以建立长期的、相互影响的、增加价值的关系，保持和提升来自老顾客的收入。但这种方法的缺点是，容易被竞争对手模仿，对价格敏感的顾客难以维持忠诚。

（2）加强社会交往。加强社会交往是指将经济利益与社交手段结合起来，在给顾客提供金钱利益的同时，与顾客保持人际交流。这一策略不但将顾客当做有个性的“经济人”，同时也将顾客当做有个性的“社会人”。

这一方法的优点是长期建立的社交关系较难被竞争对手模仿，有利于顾客对推销人员形成依赖性，这样既可以获得短期销售效果，同时，也可以获得长期推销效果。运用这一方法常用的手段有：将服务个别化、私人化；认真履行对顾客的承诺；为顾客提供主动快速的服务。

（3）强化结构性联系。结构性联系是指将顾客整合到服务过程中，使推销人员与顾客两者之间产生结构性的相依关系。运用这种方法实施起来较复杂，需要推销人员深入分析自己的资源和顾客需求，寻找双方的结合点，从而实现资源共享、利益共分、风险共担的关系。这种关系一旦形成，竞争对手就很难打破，顾客也更乐于与你一起成长。

案例资料8－7

王刚是怎样和顾客建立伙伴关系的？

1985年，保险推销员王刚认识了一位孙先生，他是一家小造船厂的老板，而他的工厂在长明（新加坡），离王刚的公司很远，去孙先生那里总是很麻烦。

这家工厂才刚刚起步，顾客秉持着能省则省的理念，将废弃的车厢改装成办公室，还得走很长一段烂泥路才能叫得到计程车。但是王刚仍然不放弃这位准顾客，最后，孙先生终于被王刚的毅力所感动，买了一份保额为20万元的终身保险，一年保费约两三千元。

工厂经过初步的创业期后，1987年，顾客的事业已经做得相当有声有色，这当中，王刚依然常常去找他。每次见面，不免谈起自己的目标，他总会很爽快地说："如果我签成了这个合约，我就再跟你买一张保单。"

"好，我一定会帮您祈祷，我们一起努力！"

多一份祈求，果然多一份力量，由于这位顾客的产品质量好，信用也好，渐渐在同行中打出了名气，吸引了更多的客商和他签约。

他也真的说到做到，每签一次约，就向王刚买一份保险。

就连生儿育女的事，他也会豪爽地说："如果我老婆生的是儿子，我就跟你买保险。"

"一定会生儿子的。"王刚祝福他。

顾客果然生了个儿子，王刚也顺理成章地多了一张保单。

年复一年，王刚和孙先生的交情已经从朋友变得像兄弟一样，不仅如此，他的太太、小孩也和王刚成为了很好的朋友。

如今，孙先生已经是新加坡数一数二的大造船厂老板了，他们一家通过王刚每年缴出的保费都接近500万元。

（四）顾客流失管理

顾客流失的原因是多种多样的，有些是与推销人员或产品有关的，例如服务、价格、产品质量等因素，还有些原因并不是推销，或企业的原因，例如顾客因财务状况恶化而减少购买，顾客的生活或经营状况发生改变而不再需要购买或顾客遭遇新诱惑等。

面对顾客流失，你可以综合运用以下几种方法，力图留住有价值的顾客：

（1）增进与顾客的沟通。通畅的沟通，是深入了解顾客和迅速响应的前提，与顾客保持持续而有效的双向交流，一方面可以及时了解顾客的真实想法、顾客流失的原因以及竞争对手的动向，另一方面也可以及时了解顾客在自身发展中的新需求、新动向，以便于推销人员将企业的新信息及时传递给顾客，或为顾客制订更符合需求的方案。同时有助于强化双方感情，对维系关系、培植友谊起着重要作用。

（2）提供可靠的产品和服务。顾客流失的原因千差万别，但究其根本，主要是需求不能得到全部满足。因此，鼓励顾客留下来的最好方法是深入了解其真实需求，并提供好的产品和优质的服务，设法满足顾客。要向顾客提供满意的产品和服务，推销人员需要提高服务能力和响应速度，加强内部沟通和协同，保证顾客得到优质的产品和服务。

（3）设置障碍，防止顾客流失。虽然采取了鼓励顾客留下的措施，但有时综合环境会让顾客重新审视是否继续这种长期存在的业务关系。这时，有一些障碍是非常必要的，这样可以约束那些有益的长期顾客离去，克服他们暂时的不满情绪。

四、客情关系管理的基本方法

对客情关系进行管理，需要采用科学的管理方法。一般来讲，主要有巡视管理、关系追踪与分析筛选。

（一）巡视管理

管理顾客，必须首先了解顾客。而要了解顾客，就要多与顾客进行接触，倾听顾客意见。接触的途径就是实施巡视管理即走访顾客。推销人员在进行巡视的时候，至少要做三项基本工作：

（1）倾听。倾听可以帮助你了解顾客的真实情况，加强与顾客的沟通。倾听的方式既可以是拜访顾客，如开顾客会议，也可以是热情接待来访顾客，还可以利用现代通信工具与顾客进行沟通交流。倾听即深入到顾客中去，倾听他想说的事情，了解他不想说的事情；从另一方面来看，倾听是个很好的市场调查机会，借此可以了解顾客对企业产品是否满意。同时要认真处理顾客来函来信，及时消除顾客的疑惑。现在许多企业通过安装顾客免费"热线"投诉电话来处理顾客抱怨和倾听顾客的心声。

（2）教育。教育是相互的，一是对顾客进行教育，引导顾客树立正确的合作、消费等观念，教会顾客如何购买、查询和使用企业的产品和服务；二是虚心接受顾客的意见，将顾客信函、来电公布在企业醒目的公告牌上，把真实、完整的信函和来电让大家看，使推销人员倾听到顾客的心声。

（3）帮助。帮助顾客解决购买、接送、安装、支付、使用等方面所产生的问题，为顾客提供优质服务：指导顾客的业务，培训顾客的员工，帮助顾客提高经营绩效。

（二）关系追踪

关系追踪能指导推销人员如何与顾客打交道。推销人员能与顾客主动搞好关系，那么他就能与顾客做成交易，进而培养顾客的忠诚，建立长久的业务关系。

（1）为每个大顾客选派精干的大顾客业务代表。对许多企业来说，重点顾客（大顾客）占了企业大部分销售额，推销人员与重点顾客打交道，除了进行业务访问外，还要做一些其他事情，比如邀请顾客一起外出共同进餐，或者一起游玩，对他们业务提供有价值的建议等。因此，很有必要为每个重点顾客安排一名专职的业务代表。这名业务代表既要承当销售人员的职责，又要充当公关经理的角色。其职责：一是协调好顾客组织机构中所有对购买有影响的人和事，以顺利完成销售任务；二是协调好企业各部门的关系，为顾客提供最佳的服务；三是为顾客的业务提供咨询与帮助。

（2）加强对顾客的追踪。对顾客的追踪是与顾客建立长久关系的有效途径。美国销售培训大师汤姆·霍普金斯认为，对顾客的追踪有四种方法：

一是电话追踪。电话追踪也许是最常见和成本最低的，同时也是最难将追踪活动转化为销售和长久关系的追踪方式。顾客可能通过自动应答机器以及语音邮件等设备回避接听你的电话。推销人员必须很有创意并激起对方足够的好奇使他们希望与你交谈。

二是邮件追踪。这是一种常见的追踪方法，但是邮件应别具特色。和电话追踪一样，也应该使人的计划个性化，以使顾客或潜在顾客有所记忆。比如可以在邮件中包含额外优惠，即当顾客回信时将会得到的物质鼓励，也许是特别促销折扣或者优惠券。如果推销人员应用这个方法，让顾客知道你将在几天后打电话以求得他们的反馈，那么这个要打的电话就会为有效的追踪联系开辟另一扇大门。这是一个良性循环，顾客感到自己被尊重，并且你在与他们联系时可以受到热情的欢迎。

三是温情追踪。每个人都喜欢得到别人的感谢，并且我们都同意这个世界上缺乏宝贵的正面激励。所以应利用追踪系统让顾客知道你感谢他们为你带来生意。温情追踪应该成为你销售保留节目的永久部分，一般采取短信致谢、电话道谢、邮件祝福等形式。

四是水平追踪。水平追踪是指在不同的时间，采用不同的追踪方式对同一顾客进行追踪。例如在下次销售会议上，可以采用另外一种追踪办法；同一级别的其他推销人员对顾客的追踪等。

（三）分析筛选

分析筛选是指企业推销人员每年年末时对手中掌握的顾客进行筛选。筛选是将重点顾客、好顾客保留，而淘汰无利润、无发展潜力的顾客。在筛选时推销人员应将顾客数据调出来，进行增补删改，将顾客每月的交易量及交易价格详细填写，并转移到该顾客明年的数据库里。有些顾客数据库里仅填写了顾客名称及地址，其他交易情况则空缺，此时就应将该顾客有关情况记录进去，诸如顾客组织中主管人员的性格志向、营业情况、财务状况，甚至将竞争对手情形一并记入。这些数据资料十分重要，是推销人员开展销售工作不可或缺的。

当市场不景气时，推销人员更要加强对顾客的筛选。在筛选顾客时，可以从五个方面衡量顾客，作为筛选依据。

（1）顾客全年购买额。将 1 ~ 12 月份的交易额予以统计。

（2）收益性。即该顾客毛利额的大小。

（3）安全性。推销人员要了解货款能否足额回收。顾客今年的货款没有结清，哪怕他发誓明年购买量是今年的几倍、十几倍，都应坚持要他结清货款。

（4）未来性。推销人员要了解顾客在同行中的地位及其经营方法，看其发展前途。

（5）合作性。推销人员要了解顾客对产品的购买率、付款情况等。

针对上述五种衡量指标逐一打分，满分为 100 分，其中购买量 40 分、收益性 10 分、安全性 30 分、未来性 10 分、合作性 10 分。对顾客作如此筛选之后，对于那些不能给企业带来收益的或者收益很少的顾客，要给予特别处理，甚至“丢弃”。

五、大顾客关系管理

大顾客，也称重点顾客，关键顾客即 KA（Key Account），是市场上卖方认为具有战略意义的顾客。大顾客在服务行业有的也叫 VIP 客人。大顾客是企业收益的主要来源。针对这群金字塔顶端的顾客，企业不仅要花心思经营，而且还要制定针对大顾客的方法和策略。

大顾客关系管理是卖方采用的一种方法，目的是通过持续地为顾客量身定做产品或服务，满足顾客的特定需要，从而培养出忠诚的大顾客。

知识链接

高效率的 ABC 顾客分类法

中国移动公司按照 ABC 分类法（在顾客管理中，就是把公司全部顾客按购买金额的多少，划分为 A、B、C 三类。A 类为大顾客，购买金额大，顾客数量少；C 类为小顾客，购买金额少，顾客数量多；一般顾客，介于 A、C 类之间。管理的重点是抓好 A 类顾客，照顾 B 类顾客），对个人顾客中占总数 10%，其通信费合计占运营商通话费总收入 38% 的高端顾客群，实施优先、优质服务。中国联通公司则分别给连续 6 个月通信费大于 300 元、500 元、800 元的 CDMA 或 GSM 顾客颁发三星、四星、五星级服务通行卡，星级会员享受所有与其会籍相匹配的通信优惠，同时还可以享受到其他如全国范围内的预订房等通信外的优惠服务。

（一）大顾客的选择标准

识别大顾客，并以个性化服务提高其满意度和忠诚度，是把握这部分顾客的最佳办法。

能够拥有一批稳定的大顾客队伍，同时能够在顾客服务、管理等方面强于竞争对手，就能够最后赢得市场竞争的优势。公司选择大顾客的标准通常有以下几个：顾客的购买数量（特别是对公司利润高的产品采购数量）、购买的集中性、对服务水准的要求、顾客对价格的敏感度以及顾客是否希望公司建立长期的伙伴关系等。是否建立大顾客管理部，要视企业的规模而定。对于规模小的企业，顾客数量较少，大顾客更少，不必建立大顾客管理部；如果企业的大顾客有 20 个以上，那么建立大顾客管理部就很有必要了。

（二）大顾客的管理工作

建立大顾客管理部，并从以下几个方面做好对大顾客的工作，是抓好大顾客的有效手段：

（1）优先向大顾客供货。大顾客的销售量大，优先满足大顾客对产品的数量及对系列化要求，是大顾客管理部的首要任务。尤其是在销售上存在淡旺季的产品，大顾客管理部要及时了解大顾客的销售与库存情况，及时与大顾客就市场发展趋势、合理的库存量及顾客在售旺季的需货量进行商讨。在销售旺季到来之前，协调好生产及运输等部门，保证大顾客货源需求。避免因货源断档导致顾客不满的情况。

（2）充分调动大顾客中的一切与销售相关的因素，包括最基层的营业员与推销人员，提高顾客的销售能力。许多推销人员往往认为，只要处理好与顾客中、上层的关系，就意味着处理好了与顾客的关系，产品销售就畅通无阻了。其实不然。产品是否能够销售到最终消费者的手中往往与基层的工作人员如营业员、推销员、仓库保管员等有着更直接的关系，特别是对一些技术性较强、使用复杂的大件的商品。

（3）向大顾客及时提供新产品。大顾客在对一个产品有了良好的销售业绩之后，在他所在的地区对该产品的销售也就有了较强的商业影响力。新产品在大顾客之间进行试销，有利于收集顾客及消费者对新产品的意见和建议，具有较强的代表性和良好的时效性。但大顾客管理部应该提前做好与大顾客的前期协调与准备工作，以保证新产品的试销能够顺利进行。

（4）充分关注大顾客的一切公关及促销活动、商业动态，并及时给予支援或协助。

抓住一切机会加强与顾客之间的感情交流，如参加大顾客的开业庆典等。

（5）安排企业高层主管对大顾客的拜访工作。一个有着良好营销业绩的公司的营销主管每年大约有三分之一的时间是在拜访顾客中度过的。而大顾客正是他们拜访的主要对象。

大顾客管理部的一个重要任务就是为营销主管提供准确的信息，协助安排日程，以使营销主管有目的、有计划地拜访大顾客。

（6）根据大顾客的不同情况，与每个大顾客一起设计促销方案。每个顾客因区域、经营策略等的不同，所呈现出的经营环境也就不同。大顾客管理部应该协调推销人员及相关部门与顾客共同设计促销方案，使顾客感到他被高度重视，他是营销渠道的重要分子。

（7）经常征求大顾客对推销人员的意见，及时修正推销人员的言行，保证渠道的畅通。推销人员是企业的代表，推销人员形象的好坏，是决定企业与顾客关系的一个至关重要的因素；顾客管理部对负责处理与大顾客之间业务的推销人员的工作，不仅要协助，而且要监督和考核。对于工作不利的人员要上报上级主管，以便及时安排合适人选。

（8）对大顾客制定适当的奖励政策。生产企业对大顾客采取适当的激励措施，如各种折扣、销售竞赛、返利等，可以有效地刺激大顾客的销售积极性和主动性，对大顾客的作用尤其明显。

（9）保证与大顾客之间信息传递的及时、准确。大顾客的销售状况事实上是企业市场营销工作的"晴雨表"。大顾客管理很重要的一项工作就是将销售状况及时、准确地统计、汇总、分析，上报上级主管部门，以便针对市场变化及时调整生产和销售计划。

（10）组织每年一度的大顾客与企业之间的座谈或联谊会。每年组织一次企业高层主管与大顾客之间的座谈或联谊会，听取大顾客对企业的生产、服务、营销、产品开发等方面的意见和建议，对未来市场的预测，对企业的下一步发展计划进行研讨等。这样的会议，不仅对企业的决策非常有利，而且可以加深与大顾客之间的感情，增强大顾客对企业的忠诚度。

本章内容小结

顾客追踪管理是现代推销中非常重要的一项内容，对顾客需求的重视，已经成为了众多企业的一个共识。本章所讲授的顾客追踪管理，主要着眼在成交签约以后，推销人员与顾客的继续交往，并完成与成交相关的一系列工作，以更好的实现推销目标的行为过程。

售后服务是企业赢得顾客并最终赢得市场的法宝之一，推销人员可以通过掌握售后服务技巧，完善售后服务的程序和措施，提高售后服务质量，有效解决售后服务中的常见问题来提高顾客满意度，维持和扩大企业的顾客群，为企业创造更多的利润。

货款回收不仅是考核推销人员推销业绩的指标，同时也关乎企业可持续经营的多个方面，因此，重视回款，及时判断可能出现的呆账是推销人员必须练好的基本功。此外，推销人员还要掌握催款的技巧和方法，针对不同的顾客运用恰当的催款方法，达到货款回收的目的。

顾客投诉无论对企业还是对推销人员来说都是很有价值的信息来源，推销人员必须理解顾客投诉的原因，并能够正确的处理顾客投诉，掌握必须的顾客投诉处理技巧。

有效的客情管理可以提高顾客忠诚度，降低成本，扩大顾客圈，得到有效的信息反馈。因此，推销人员必须掌握客情管理的内容，掌握顾客分级管理的方法，能够通过巡视管理，关系追踪，分析管理等方法提高客情管理的质量，对于大顾客关系管理给予足够的重视。

只有掌握了顾客追踪管理的方法和技巧，从中得出关于顾客追踪管理方法的心得体会，才有利于推销工作的深入开展。

本章内容模块

第八章 推销追踪管理

- 模块一　顾客追踪管理概述
  - 1.顾客追踪管理的含义
  - 2.顾客追踪管理的意义
  - 3.顾客追踪管理的内容
- 模块二　推销追踪管理的内容
  - 1. 售后服务管理
  - 2. 货款回收管理
  - 3. 顾客投诉管理
- 模块三　客情关系管理
  - 1. 有效客情的好处
  - 2. 客情管理的内容及基本工作
  - 3. 客情管理的方法
  - 4. 大顾客关系管理

本章思考题

1. 顾客追踪管理的意义是什么？
2. 售后服务的技巧有哪些？怎样提高售后服务质量？
3. 呆账出现的预警信号有哪些？面对不同的顾客该怎样催款？
4. 处理顾客投诉的技巧及注意事项有哪些？
5. 客情管理的内容是什么？
6. 客情管理的基本工作有哪些？
7. 如何做好大顾客关系管理工作？

参考文献

[1] 黄元亨. 推销实务. 北京：高等教育出版社，2005.

[2] 刘文广，庞如春. 现代推销技术. 北京：中国财政经济出版社，2005.

[3] 一分种情景销售技巧研究中心. 一分种情景销售技巧. 北京：中华工商联合出版社，2005.

[4] 薛辛光，随兵. 实用推销技术. 北京：中国经济出版社，2008.

[5] 李光明，李伟萁. 客户管理实务. 北京：清华大学出版社，2009.

[6] 范爱明，王智. 与客户交往的69个禁忌. 北京：机械工业出版社，2008.

[7] 刘俊. 优秀推销员技能培训手册. 深圳：海天出版社，2008.

[8] 罗宇. 破解销售的23个难题. 北京：人民邮电出版社，2008.

[9] 马良吉. 最佳销售员成交技巧训练. 广州：广东经济出版社，2009.

[10] 张鹤. 核心销售技巧. 北京：中国纺织出版社，2006.

[11] 王林建，丁彦之. 销售指标. 北京：企业管理出版社，2008.

[12] 宋豫书. 最佳销售员全能训练. 广州：广东经济出版社，2009.

[13] 张秋林. 现代推销理论与实务. 南京：南京大学出版社，2008.

[14] 邱少波. 现代推销技能. 上海：立信会计出版社，2005.

[15] 乔布，兰开斯特著. 推销与销售管理. 7版. 俞利军，译. 北京：中国人民大学出版社，2007.

[16] 石赟. 推销要懂心理学. 北京：北京理工大学出版社，2009.

[17] 马登. 推销之神全集. 2版. 刘树林，译. 北京：中国发展出版社，2005.

[18] 林平. 推销为王. 北京：海潮出版社，2006.

[19] 徐旗. 推销员. 北京：中国经济出版社，2003.

[20] 章瑞华. 推销的艺术. 2版. 上海：复旦大学出版社，2004.

[21] 梁敬贤. 推销理论与技巧. 北京：机械工业出版社，2005.

[22] 孙奇. 推销学全书. 北京：中国长安出版社，2003.

[23] 方军. 推销实用全书. 北京：中国华侨出版社，2008.

[24] 林有田. 15分钟金牌推销员. 北京：中国海关出版社，2004.

[25] 肖军. 推销理论与技巧. 长沙：湖南大学出版社，2009.

[26] 孙鹤翎. 推销员口才训练. 北京：中国纺织出版社，2002.

[27] 一鸣. 金牌推销员的成功话术. 北京：企业管理出版社，2008.

[28] 宁一，编译．犹太商人的交谈策略．北京：中央编译出版社，2004.

[29] 樊文娟．消费心理学．北京：中国纺织出版社，1997.

[30] 李光明．现代推销实务．北京：清华大学出版社，2009.

[31] 方光罗．销售心理学基础．北京：中国财政经济出版社，2002.

[32] 戈恩．把冰卖给爱斯基摩人．崔贵子，译．上海：上海社会科学院出版社，2005.

[33] 汪鉴．消费者认知导向的整合设计观．北京：机械工业出版社，2005.

[34] 朱雪梅．以上海女性为例谈都市女性情绪消费．青年记者，2009（6）.

[35] 陈树．营销心理学．铜陵：铜陵职业技术学院，铜陵心理论坛，2009.

[36] 文磊．推销理论与技巧教案．湖南：湖南信息科学职业学院，2009.

[37] 易水寒．做生意要多研究顾客心理．徐州矿工报，2009.

[38] 于文博．销售冠军的10个策略．北京：海潮出版社，2003.

[39] 屈云波．业务员推销技巧与成功的销售训练．北京：企业管理出版社，1999.